国家出版基金项目
NATIONAL PUBLICATION FOUNDATION

"十三五"国家重点图书出版规划项目

梁方仲遗稿

梁方仲 著 / 梁承邺 李龙潜 黄启臣 刘志伟 整理

听课笔记

SPM

南方出版传媒

广东人民出版社

·广州·

图书在版编目（CIP）数据

梁方仲遗稿/梁方仲著；梁承邺等整理. —广州：广东人民出版社，2019.1
ISBN 978-7-218-13211-2

Ⅰ．①梁… Ⅱ．①梁… ②梁… Ⅲ．①中国经济史-研究-文集 Ⅳ．①F129-53

中国版本图书馆 CIP 数据核字（2018）第 235808 号

LIANG FANGZHONG YIGAO

梁方仲遗稿

梁方仲 著

梁承邺 李龙潜 黄启臣 刘志伟 整理　　版权所有　翻印必究

出　版　人：肖风华

出版统筹：柏　峰　周惊涛
责任编辑：陈其伟　周惊涛　柏　峰
装帧设计：彭　力
责任技编：周　杰　吴彦斌

出版发行　广东人民出版社
地　　址：广州市大沙头四马路 10 号（邮政编码：510102）
电　　话：(020) 83798714（总编室）
传　　真：(020) 83780199
网　　址：http://www.gdpph.com
印　　刷：广东信源彩色印务有限公司
开　　本：787mm×1092mm　1/16
印　　张：257.5　字　数：3600 千
版　　次：2019 年 1 月第 1 版　2019 年 1 月第 1 次印刷
定　　价：960.00 元（全八册）

如发现印装质量问题，影响阅读，请与出版社（020-83795749）联系调换。
售书热线：(020) 83793157　83795240　　邮购：(020) 83795240

整理说明

　　本书（卷）选辑了梁方仲先生于其不同时期的各种听课笔记。所选辑者，就时间而言，跨度大；就专业内容来看，既有经济学、商学、经济史学、历史学者，也有哲学、思想史、文学、社会科学诸方面者；就梁先生生平而观之，这些笔记有成于其学生时期的，更有属他已成名、成家后的壮年、老年年代的。这些笔记的披露，使人们对梁先生一生勤学、不断学习新知、追求博大专深的治学态度和留下之印记，自会有具体而深刻的印象。所选辑讲课人士均为学界大师、大家或知名人士。他们的讲课内容丰富，学术价值自无需赞言。从听课笔记可以窥见他们之讲课内容，有的整体未见有以文稿形式公开出版者，或者其中部分内容不一定存于其文稿中。同时，听课记录者对听课内容亦可能有其特别自身的领悟。显然，《听课笔记》的内容无疑深具学术参考价值。

　　以上就是《听课笔记》整理工作的初衷。

Contents 目录

财政学讲授大纲

陈岱孙 讲

（甲）绪论

Ⅰ．财政与财政学

①财政的意义

②财政与国家论

③财政学的对象与范围

Ⅱ．财政学史的发展

①西洋关于财政思想的发展

②中国关于财政思想的发展

Ⅲ．财政的类型与社会结构的发展

①社会经济结构简说

②集体经济结构与财政类型

③个人经济结构与财政类型

④财政的任务与地位

（乙）公共支出

Ⅰ．公共支出的意义与本质

①意义

a. 公共职务与人民之需要

b. 人力物力之支付

c. 在现代之重要性

②本质

a. 消耗性

b. 生产性

c. 平论

Ⅱ．公共支出的原则

①利益

②经济

③合法

Ⅲ．公共支出的分类

①重要性

②分类各标准

③各国分类例举

④中国公共支出类别

Ⅳ. 公共支出的增加

①史实例举

②增加的涵义

③增加的原因

Ⅴ. 公共支出的制裁

①制裁的基本问题

②制裁的具体机构与技术

a. 人民与政权的问题

b. 经济计划问题

c. 财务制度问题

Ⅵ. 中央与地方公共支出的分配与划分

①基本性质

②划分的构成因素

③各国情形例举

④中国中央地方支出的分配

（丙）公共收入

Ⅰ. 公共收入的意义与分类

①意义

②分类

a. 分类标准举例

b. 各国情形举例

c. 中国收入类别

③公共收入内容演变趋势

Ⅱ. 中央地方收入的分配与划分

①基本性质

②划分构成的因素

③划分的制度

④各国实况举例

⑤中国中央、地方收入划分的情况

Ⅲ．公产收入

①性质与区别

②在收入中之重要性——各国举例、中国情况

③公有土地收入——农林矿业等

④其他不动产收入

⑤动产收入

Ⅳ．公业收入

①意义与重要性

②公营的原则

③公业的类别

④适宜问题

⑤投资问题

⑥经营问题

⑦定价问题

⑧各国实况举例

Ⅴ．中国公业

①概论

②交通业

③工业

④金融业

⑤贸易业

Ⅵ．行政收入

Ⅶ．赋税收入——赋税的意义与发展

①意义

②发展与趋势

a. 西洋简况　b. 中国简况

Ⅷ．赋税术语

Ⅸ赋税基本原则

①原则的作用

②过去各说举例

③现社会应有的原则

Ⅹ．赋税的分配

①合理分配

②普及问题

③政策工具

④利益与能力

⑤比例税与累进税率

⑥差别待遇

Ⅺ．赋税转嫁

①释义与类别

②基本认识与转嫁条件

Ⅻ．赋税制度

①单一与复合制

②制度决定的因素

③各国制度举例

④中国税制

ⅩⅢ．关税

①性质与类别

②主要税类

③税则

④负担问题

⑤在各国财政中之地位

⑥中国关税——沿革、现制、收入

②在不同经济制度财政中心之地位——英、苏二国举例

③所得税制中之问题

④中国所得税——沿革现制

XXII．遗承税

①性质

②史的发展

③在不同经济制度财政中之地位

④遗承税制中之问题

⑤中国遗承税

XXIII．企业税

①性质与标准

②在不同经济制度财政中之地位

③周转税——苏联之周转税

④中国之企业税简史

⑤现行之工商税

⑥摊贩营业牌照税

XXIV．交易税

①性质

②现制

XXV．屠宰税

①性质

②现制

XXVI．印花税

①性质

②中国印花税的发展

③现制

XXVII．公债概论

①性质——在不同经济制度下本质之不同

②对于社会经济所发生之影响

公共收入

陈岱孙讲

整理说明：此文记于20世纪30年代前后1—2年间。其时梁氏正在清华大学经济系求学。原稿没有注明讲课人姓名，编者初步判断授课者为陈岱孙。而现稿可能是记录者将课堂所记并阅有关参考书后综合而成的"结合物"。

公共收入虽是对公共经费而言，然在历史上两者有时竟分不开。如战争时都有当兵之义务，同时自己供给自己的刀枪，供给自己的衣食。Service 的贡献，是公共收入。而所为的是公共事业所以一部分又是公共经费。

直至货币经济开始，用货币方法，取之人民，再用出去，在此时期，公共经费与公共收入始分开。

Ⅰ. 公共收入的种类

分类有许困难之点。但不可过于有准确之分类，譬如规费（Fees）也可算为半私收入（quasi – private）。以后可以讲到。

A. Bodin　分为七类

①官地 Land domain　上古直到中古直到 Bodin 时都认为官地收入是最好的收入。此种收入在历史及事实均有其相当价值，故许多财政学家都主张应保留的。Bodin 亦如此主张。

②战利品 Conquest from enemies。

③礼物 Gifts。

④贡品 Tributes。

以上三种 Bodin 以为非普通的收入，不甚重要。

⑤公营商业　Bodin 在原则上不赞成 pub. trading，不过若与重税相较，他还是主张用 pub. trading。

⑥Duty 关税　他认关税为很公平的原则。外国商业本国营业受本国之保护，当然有纳税捐钱之义务。从此吾人又可知 Bodin 之学说与当时人之关税观念相同，就是以为关税之最终付与者是外国商人。但现在都承认至少有一部分转嫁于消费者，则仍旧税本国民人也。

⑦Tax 赋税　取之公民（Tax From Citizen）他很加慎重之考虑。以为税在普通时不应该用。有特别事故，方可加税，且要得人民允许。

B. cameralists（财政学家）

①Pub. Domain　在 cameralists 看来此种收入也是很重要的一部分。

②Regalian Rights 特权（皇帝）　设大儿子成武士、女儿出嫁，都要缴纳相当之款。

③Tax　与 Bodin 意见相同。

C. Adam Smith（亚当·斯密）在《原富》中分为两种：

①从君主特别产业中拿出来，此又可分为两种：

a. Stock（股票）资本　可以作生意，得利息与盈余的。他以为国营生意是不好的，很好的政府未必是很好的商人。公营事业，除邮政外，都在反对之列。至于将款借出去，也是不好，因有时靠不住。

b. Public Land（公有土地）　Smith 以为政府是腐败的组织，政府官吏的效率都是弱的，故政府管理田地，不如私人去管理为佳，此根据其 Laissez – Faire Policy（不干涉政策）出发。

②从人民收入（From the revenues of the people）

Smith 以为第一项不重要。他偏重税收（Taxes），但其分类法，不适于现在情形。俟以后再讲。

D. H. C. Adams

①Direct Revenue（直接收入）　所有公家土地，公营事业的收入，是用 cooperative personality（合作的个体）得来的都属于这一类。

②Deviative　租税属于这一类。

③Anticipatory　公债属于这一类，借将来的钱以办现在的事业。

Adams 分类之方法太不明确。如在某标题之下，又包含若干，令人难以捉摸，等于不分。

E. Seligman, E. R. A.——比较最详细，最值得讨论。

(1) Gratuitous—Gift 礼物。

(2) Contractual—契约上的收入，立在商人地位上的收入。

(3) Compulsory $\begin{cases} \text{Eminent Domain 不必得人民许可用官价买来。} \\ \text{Penal Power 惩罪权} \\ \text{Taxing Power} \begin{cases} \text{Special Assessment 特捐} \\ \text{Fees 规费} \\ \text{Taxes} \end{cases} \end{cases}$

特捐（Spec. Ass.） 譬如王府井大街修马路，政府用强逼方法取特捐。

Seligman 对 Fees 详细的分了一下。规费的目的是拿来作公共的用途，而所得利益则为私人的利益。如学校费、律师手续费，最初享受国家的职务的利益的是私人，而最后的利益是公共的。税是以租税之能力为标准，而规费则全视所受的利益如何来规定。此外规费之特点，在其不致超过国家的费用。

对于 Seligman 之分类之批评，第一是规费与税往往不能分得很清楚。Bastable 对 Seligman 之分费，认为不满意。略谓规费不致超过国家之所费事实上如此分法不大明了。以英国邮局作例，邮局作两种，寄信的费曰 fees，但此 fees 超过国家的费用。Postal Post 虽然也是 fee，但不是国家的专利。

另外一点，Seligman 说国家的行为与规费相等，如领养孩子之 Birth Certificate（出生证），政府对于规费有若何之职务。

Special Assessments 最重要的是美国，英国发明的。从不动产提出一部分特捐来改良不动产就是 Real estate improvement。例如王府井大街修路利益虽可普及全城，但得到利益最大的却就是不动产之地主。故应加以特别税。

①修道之目的，是为 Public Interest（公共利益），但结果尚有 Special benefits。Special benefit 可以测量，此为与租税不同之第一点。

②特捐多为 Local goverment（地方政府）开设，此与税不同之第二点。

③特捐之征收是用之于特别事务，国家不能使之作别用。

④特别捐只有 Proportional，没有 Progressive。与 Fees 之不同点：

a. 特捐只能用于土地与不动产的改良。

b. 规费加于个人，关系是个人与政府的。没有阶级的关系。至特捐则专对某阶级而设。

c. 特捐只纳一次。

特捐大部分为美国所采用，将来是否能成为普遍的，很成问题。

此外可批评的，为特别捐未必依地皮之大小为比例，大地皮地主所得的利益未必比例的与小地皮地主所得相等。

F. Lutz 的分类比较最适用

1. Commercial Revenue　包含政府所有的企业，如电车、自来水……此与 Seligman 之 Contractual 相同。

2. Administrative & Miscellaneous（管理费及杂费）——如结婚证书费乃 administrative。

3. Taxation。

4. Loans—借将来的收入。

5. Bookkeeping Revenue or Transfers　这与 Bookkeeping Expenditure 相对照的。

以后所讲都是国家的收入。

Ⅱ. Public Domain

我们可以将国家收入分为租税的收入与非租税的收入及 Public debts。非租税收入可分三种：

①Pub. Domain。

②Industrial Domain。

③Administrative Revenue。

今先讨论 Public Domain。

A. Land　土地的收入是很古的，中古的 Feudal lords 大半是地主当时之政治组织，是根据此种经济状况而产生。中古后，国有土地，逐渐消灭，在绝对上渐渐减少，相对上的收入渐渐加多——特别是租税变成很重要。

现在国有土地最多之国为革命前俄国。但俄国经济情形落后，较西欧相差甚多。此外便算欧战前之德国，但多为林地。英国则除Crown land 之后，都是私有。法国也不多。美国合众国原来有地很多，但以卖地为收入，后来渐渐变成信托人（trustee），美国最初地广人稀，随便将地给予私人，目前当有许多大学靠土地之收入以维持。后来改为卖政策，最初用贱价卖给殖民地发起人。其后政府觉到要产生大地主阶级，于是不出卖很大的地。可买价贱但只限于可能耕种之面积。从地主变成信托人。

理论上是否国有土地为很好收入的财源呢？古学者都认定为很好的收入，并且为经常的收入，如 Justi 与 Bodin 足以代表当时之意见。Physiocrats 与 Smith 反对此种主张。Physiocrats 理由至简单，就是只主张税 net product（单一税）。A. Smith 则用 utilitarian point of view 来立说。他主张 pub. domain 管理往往不好的。私人有 Self-interest 的心理，经营事业比较好。用租税的方式税私人管理的土地所得为较多，此其理由一。卖官地以还债，此其理由二。用租税方法取之人民，所得更多，此理由三（与第一相同）。英国学者大多如是。

德国学者，以为公债不能还了就没有。①官地可以作公债的担保。此反对之理由一。②官地可以作种种之试验、模范之农业。③不承认政府无管理土地之能力。④地价涨价属于私人，若归国有，则涨价之利益将属于社会全体。

从私有土地归国有，其办法有以下两种：

①没收——社会主义的办法。

②买回来——财政力量办不到，用借债的方法。但从财政眼光看来，国营土地是否可以付利还本。此疑问一。土地归公之后，土地税收断绝，可否补足，此疑问二。前后收入，是否可以作新经费之源，此其三。在现在政治组织之下，有无管理土地之能力。此

其四。

除财政上的问题，还有社会政策的问题。就是 Better distribution of lands 如何将荒地分配于人民。此问题在新国家如美国、澳洲及中国西北各地都很重要，以上所讲为耕地。下面所讨论为林地矿产。[1]

B. 林地　反对耕地国有的人，亦赞成林地国有这完全根源于社会政策。

人的生命很短，所顾虑到为目前的利益，若森林则为长期始可生产的事业。若归之私人，则行见所有树林尽被砍伐。一方面对于木材之影响，一方面对于天气水旱影响。故均不宜私人办，此乃社会问题，非财政问题也。

C. 矿地　与森林相同。

Ⅲ. Industrial domain

或以为公共收入有一种趋势。最初君主财产与国家收入无别。后来有 Regulian Revenue，现在则有 Taxation. 此乃一部分人之主张，另有一部分谓将来会进而从 industrial domain 得来。此即谓将来公营事业有极大的发展。

大战前欧洲各国，特别是德国，普鲁士诸邦公营事业，蒸蒸日上。故又主张 industrial domain 可以替代 tax 之收入者。但战后，各国财政困难，情势一变。将来是否可以继续扩充，很成问题。但普通趋势（国家地方政府包括在内）Industrial domain 比 Landed domain 发达。

A. 公营事业之动机

①冒险事业私人办不到，必须公家经营。例如澳洲开发时之修造铁路。

②独占事业　如电灯。

---

[1]　参考 Assig.：Bastable, pp. 183-257, or Lutz, ch. 9, 10, 11, 12, & 13, Bullock, ch. 4, 5, 6, 7。

③保存天然富源 Conservation of Natural Revenues　　如开矿。若为私人经营，必完全根据自私心理，恐怕于公共利益，有损。

④在军事上或行政上所必须之事业　　如沿海铁路，若从商业眼光去看，未必有利，一则沿海有港口，二则难与海船竞争。但在军事行政或国际上都非常重要。例如印度铁路，完全为军事，或完全为防止荒年。

⑤社会政策　　如 State socialism 所采取之原则，就如保社会卫生，也有许多公共事业要国家去办。

B．公营事业之优劣观

甲、认公营事业是坏的

①A．Smith 说政府没有经营企业之能力。他以为公营事业有三条件：

a．资本要小——轻而易举。

b．管理简单。

c．收入要准确而快。

②他第二点上说公营企业政府财力不足时借债是危险的事。

③政府将公营事业都拿去办，愈办愈多。私人行为，愈变愈少。Industrial domain 之收入是否足与租税相抵，若不能，则要增加税率。

④Industrial domain 是私经济的行为，收入不能预测，对于财政预算上很危险。

英国学者自 Smith 到 Bastable 都反对公共企业。

乙、认公营事业为有利的——德国派

①普通反对公营事业，基点在于政府不好。德国派以为是政府官吏的关系，非组织之关系。德国公营铁路，收入很大。

②很大的收入，当然可以减少租税。

③不应只从财政上着眼，公营事业，可以改革社会经济之分配等等。

此上两说吾人不能认为绝对的不对，盖此非理论或全部问题乃实行与内部问题。

C. 可以由政府办的事业

①独占事业　不应只注重收入而应兼及事业之性质。

②产生结果对于人民生活有重大关系。如盐、糖，此属比较不大重要者。

③所产生大部分为国家所用　如军火等。

D. 不必由国家办的事业

①可以自由竞争的——由此可得到质量之改善，价格之减低。

②技术组织甚少——如小规范之农业。

公营事业能否办到，从经验上可以看到一部分。战前德国，公营事业成绩甚佳。此因其政府的能力。又若美国私人经营事业甚多，此其特点。

E. 兹将各种公营事业分述如下：

甲、邮局　最早及最普通。不但看为国家商业之一种，亦看为国家职务之一种。财政学家都主张应由国家去办，Smith 亦这样主张。罗马时已有邮政之形式。为军事上之利便，中古时也有种形式。后来因为①公家报告之传递，②独占事业轻而易举之一种，乃由国家办理。英国 Charles Ⅰ 政府已有组织。到 Crownwell 时由国家独占。政府之目的，一方面办此事业，一方面赚钱。到 1840 年有 Penny Letter Post 之规定。邮律统一。当时因减少寄费，Gross income 亦减，后乃渐渐增加。

其他各国大多有同一之趋势，就是：①先与民局并立，后来独占；②有 uniform rate。

中国邮局，19 世纪中叶始设立。以前通信机关，官有驿站。直到 20 世纪始废止。民有民局或信局，职务与现在邮局相似，既可寄信，又可汇钱。

新邮政成立于 1860 年左右，通商条约结好，公使馆有信件，交到总理衙门，再由驿站转送到海关后由海关转，冬天由旱路，夏天水路。各地设立邮务局，如上海、镇江。1876 年中英烟台条约，原有设立大规模之机关之款项，后未有列入。1878 年多设立了许立邮务局，但尚未正式成立。

1896 年正式由上谕总理衙门办理，是时由 Sir Robert Hart 管理。1911 年始脱离总税务司而独立，事业逐渐扩充。1922 年各国在中国邮局取消。近年中国邮政局每年都有 Surplus。邮局所经营之事业，从前可以载人（现在不载人），但主要是递信。后来扩充到：①包裹（Postal Post），寄费视（charge what the traffic could bear）。②汇兑。③Postal saving。④fiscal agent 政府金融代表。⑤新锡兰管理人口生死统计。

故邮政所办事业不止一种，与 A. Smith 之轻而易举，收入准确不同。

现在邮政是否应由政府经营？Lutz 说美国最好的趋势不好。固发生疑问。但此情形可以由两方面解释：①美国新加 Rural delivery，飞机递送，都很费钱。②目的若在便利人民，则不应计盈余之多少。

邮局应由中央政府经营之理由：

①规模要大，各处都要设立。

②长时期的工作。

③Routine work。

④事业虽多，但资本所需较少。

乙、电报 Jevons 有详细之讨论，谓公营事业要有以下条件：

①管理有集中之系统。

②Routine work。

③资本少，轻而易举。

④可以监察。

Jevons 以为邮政具有以上四条件。而电报需用资本较大，其余与邮局相同。

英国电报由国家办，收入并不很好。美国则为私有。

丙、铁路

A. 赞成铁路国有的理由：

①将来国家发达，铁路利益应属之公家。②若财政上得不到利益。但国民经济上可以得利益。应由国家去办。③属于独占组织可以经济，竞争组织则不经济。如美国实例，两条干线经过两个小城。路线、车站管理在在需费，若由中央管理，可以为有系统的组织。④国家虽无资本，但有信用。

B. 反对铁路国有之理由：

①铁路将来可以得利，乃普通的理由。

②国家要冒种种危险。

③铁路管理复杂，不是 Routine work。

④管理铁路，会引起政治之问题。因人民大部分是消费者，希望铁路价钱低减。同时劳工要求增加薪水。政府介在两者之间，不只是财政上的问题，而是政治的问题，又由此问题，影响到财政问题（加税）。

⑤Gross Recepts 总收入可以多，但 net recepts 纯收入未必多。

经典学派之反对铁路国有，要点在政府能力太差。

C. 各国铁路之情形

①美国　最长但不是最密的国家，完全是私营制度。（按：原稿缺）

VIII.　**Incidence & Social Conditions**

A.　Mobility of Capital

在中国证券交易等等不甚发达，股本公司亦然。故资本流通亦不容易。

B.　Stagnant or Progressive Society

中世纪价格数十年不变，盖其为较固定之社会耳。又如城市之价值，其变动比乡村价格之变动为剧。又 customary price，legal price 等等之规定，与 shifting 亦有密切之关系。

在 Stagnant society 中，例如对于土地之投资，初非如西方之 capitalization，志在求得 average interest，其最重要之动机乃在 security，与家族观念。如中国是也。

各 论

Part Ⅰ Land Tax

Ⅰ. Incidence of Land Taxes

土地税的转嫁有两种：①rural land or agricultural land。②urban land。

农地的地租，由其农产品决定，但农产品的价格，每受天时气候等等的影响，而无轨道可寻。农业品的价格，不受租税的影响。城市土地税则不然。

1. Incidence of Rural Land Tax——应当 according to the form & kind of taxation，农地税的征收才统计有五种：

①according to economic rent。

②according to quantity or quality of land。

③according to gross produce——如征 tithe，ventimes，此种税法，不问生产费如何，征收同一的税额，故不科学。

④according to net profit——如英的 income tax schedule A, and a part of schedule B；日本之土地税均属于此种，此为最科学的税法，但我国无农业会科，故不易举办。

⑤according to selling value——美国无土地净收入税，只有 general property tax。Theoretically Speaking，这一种税法与 according to net profit 是没有分别的。

（1）according to economic rent – levied on owner canon be shifted. It is because tax on rent is tax surplus，五谷的价格是由 marginal land 而定的，但没有地租，故亦没有地税。故亦不能转嫁，so long as the marginal Producer is not affected，此为 tax lived on owner landlord 的情形。

倘若 lived on tenant 则 teniant 必 shift to landlord（backword shifting）。倘若土地税不能转嫁，问：此税能否 capitalized？答：不能够，因为 eco. rent 随五谷价值而变，而五谷价值则时常变换，故税率无法固定，亦无法 capitalized 也。且 capitalized 最重要的条件是 mobility of capital，但土地资本不是易于流动的，故亦无法 capitalized，因土地税不能，故不能 shift，但事实上真是有所谓 eco. rent 吗？答曰：实际上没有，因各国变为 Customary Rent，事实上不是 eco. rent，故此仅为 hypothetic case。

（2）according to quantity or quality 可分为以下各种

（a）Uniform tax according to area. ——此种租税极容易转嫁，And the amount of burden of the Consumer over and above the actual amount lived would be ，举例如下：

(1) Track	(2) yield	(3) price
A	10bu	0.50
B	20bu	0.50
C	30bu	0.50

(4) Total Revenue	(5) Tax	(6) Price B
$5.0	0.50	0.55
$10.0	0.50	0.55
$15.0	0.50	0.55

(7) Total Revenue
$5.50
$11.00
$16.50

From the above illustration. it is evident that the tax livied in this manner would indirectly increase the rent of landlords of lands B + C. It is the worst kind of tax.

(b) according to quality or grade

If the degree of progression of tax is exactly the same as the degree of fertility, then the whole amount would be entirely.

图解:

Track	Yield	Price	Total Revenue	Tax	Price B
A	10bus	$0.50	$5.0	0.50	0.55
B	20bus	$0.50	$10.0	1.00	0.55
C	30bus	$0.50	$1.50	1.50	0.55

(c) according to quality or grade. If degree of progression of tax is more than the degree of fertility, then the tax would be divided partially between the producer and consumer.

Track	Yield	Price	Total Revenue
A	10bus	$0.50	$5.0
B	20bus	$0.50	$10.0
C	30bus	$0.50	$15.0

Tax	Price B	Total Revenue B
0.50	0.55	5.00
1.25	0.55	10.00
2.00	0.55	16.50

(d) A tax which does not fall upon the marginal land——此与 tax on eco. rent 相同

③according to gross produce

Track	Yield	Tax
A	10 bus	1bus
B	20 bus	2bus
C	30 bus	3bus

从理论上讲不管 levied in kind or in money 均要转嫁（cf. Richards），但有相当的 qualifications：

（1）Immediate effect-wholly shifted

（2）Remote effect（qualification I）——在长时期内苛捐过重之结果，每减少农产品的供给，因之人口或亦不免减少。

第二个 qualification：Whether the tax will be shifted or not depends on whether the producer will abandon the land or not，例如在中国的情形，则 producer under the sub-marginal production 有时仍不放弃其土地也。

④according to net profit

Theoretically speaking. selling value is capitalized income net profit，故 tax acc. to selling value 亦可归入此类中讨论，讨论此税时，应注意其为

（1）general profit tax——如英国一切所得均有税是也。

（2）Exclusive profit tax——所谓 exclusive profit tax，乃指 relative 而言，即指由土地所得的 net profit 比其他 net profit 的税特重也。

Orthodox theory——A general profit tax on land can not be shifted，因没有 mobility Capital，either it can be capitalized for the same reason. An exclusive profit tax on land will be shifted. 因对土地的投资得改营他业也。However，these are two qualification to this later conclusion，for（1）these is no absolute mobility labor and capital，且耕种全靠 season，故本年收获不好，农人于明年仍耕种，希望——better time，②又因 Price of a product is often determined internationally，所以在 sub-marginal land 仍有人耕种也。盖也许 marginal produces 不在英国，因即使英国人不种地，但美国人会种，故即使英国人不种，对于世界产麦的总量，没有多大影响，故亦不能影响物价，故亦不能 shift。

结论：土地税大都归地主担负，不能转嫁。第二问题：土地税能否还原？（capitalization）英国情形是不能的。因英国土地税乃 tax on income 也，美国 general property tax 能还原否？答：表面看来似乎是可以的，因人民可以将对于 tangible property 的投资转嫁到的投资也，但事实上亦不能 capitalized，因： （1）the amount of tax is uncertain——美的 tax rate 是每年改变的，因其为 apportioned Taxes——以财产的价值为根据。而财产的财价又根据于各地方的报告，因之各地方有各地方之竞争（少报），各人又有各人的竞争（少报）。且农产品因收获情形而改变，因之 Selling value 亦因而改变，故无法 capitalized；（2）Even assume the amount of tax is certain，但应知务农的人其心理与务商的人的心理不同。此因农业的收入最 irregular 为，因其全靠天时气候而定，故农民唯盼得一好的收获，而不一定将 tax capitalized 也。

Ⅱ. Taxes on urban Real Estate

Real Estate 为美国名词，土地与房产均包括在内，在城市土地中此两项是不能分开的。

城市土地容易 capitalize，乡村则否，此因城市土地之 annual return 及 selling value 均比较容易确定也。

英 local rate 是 levy on occupier，美 levy on owner，我国无城市土地税，只有房捐，英 local rate 按照（gross rent）征收，向 occupier 征收，美则按照 selling value〔土地与房产合计〕向 owner 征收，美大约 house owner 与 landowner 是不分开的，英则不然，故美采取 Selling value 制，英则采取 gross rent 制，英为大陆制。

A. A tax on the ground owner，地基税

It makes no difference whether the tax is on grouned rent or on the selling value of the ground, because selling value is the capitalization of rental income.

This tax cannot be shifted. But there are exceptions：

1. 例如美国之 Garden city，labortown，等均由人为，故可 shift。

2. 又如中国之城市土地，亦可 shift。

Can the tax be capitalized？——It can be capitalized only when the tax is exclusive. In that case the burden falls only the old landowner. This tax would reduce the selling value of the ground on account of capitalization.

B.　A Tax on the Valus of the House.

Actually this tax is on capital.　As smith has said, a capitalist expects an average return from his investment for the trouble and risk he takes. Therefore it cannot be shifted.　Exceptions:

1.　The tax must be an exclusive one.

2.　When the population is stationary or decreasing it cannot be shifted.

3. 在希加税时，已盖成之房子不能人工的减少供给，故亦不能转嫁。

C.　A tax on the owner of house and ground（selling value）

此即为美国之 general property tax 也，按照 selling value 或 rent value 均没有分别。但房子与地皮可以分开卖，但不可分开租。此种 tax 可分开两部分讨论。

1. ground tax 不能转嫁

2. Tax on house，在美国进步社会的情形之下，是可以 shift 的。但 personality of the occupier 是要顾到的，例如 occupier 是一个 Producer，则此种税即为 capital tax（因住房者不过将房子当做 capital goods），亦即一间接之 commodity tax 也，倘若 occupier 为一 laborer，而且 tax 是一种 special tax on labor，则亦必转嫁。至若 occupier 为一有 surplus income 之人，则不能转嫁，房子亦可分为 necessity，comfortable，luxury。富人之房子即属于后一种也。

D.　Tax on the gross Rent.

英国有三个关系人：1. building owner；2. occupier；3. landowner，若美的关系人则只有两个：1. building owner；2. landowner。

英国 local rate 是由住房者征收，故所谓转嫁，就是由住房者转嫁到地主身上（backward shifting）。

Orthodox opinion 以为此种税是可以由 occupier 转嫁到 landowner 的，因税不能将地的 situation 或房子构造改良，故不会增加需要；地主不会因租税而将房屋拆掉，故供给亦不会减少。故此税可由 occupier shift to landowner，但 Seligman 以为此说有缺点：

1. The rent may be so low and tax so high that the owner would prefer to use his land for some other purpose，但此说与事实不甚符合，因 tax 甚少甚至将全部 rent absorb 也。

2. 租税之征收在租房契约成立以后，故 occupier 不能向地主后转。——但 Seligman 此说只适用于短时期，若在长时间，则 Contract 可以 renew occupier，便亦可以转嫁于地主也。

Seligman 以为 in ordinary case the tax is entirely borne by the occupier，有三种情形：

a. 城中房子供过于求时，故租税亦可转至地主。但此在外国进步社会中甚少见。

b. When the owner obtains a monopoly price for the house（in case the supply of houses is exhauted），he is exacting the highest rent the occupier can pay，therefore the tax will be borne also by landowner.

但以上两种情形均甚少见，故。

c. 在普通情形之下，is the case of a district growing in population and prosperity，where there is ever-increasing demand for building lots.

往日 classical school 以为此种税是大部分由 landowner 担负，以为此说有三 minor errors：

1. neglect the relation between the landowner and the houseowner.

2. neglect the relation character of a demand for houses.

3. neglect the relation existence of economic friction.

1. It assumes the supply of houses will be certainly diminished. This is questionable. Seligman thinks, houseowners generally will not abondoned, their houses on according of the tax. But they will try to, 偷工减料，moreover, rent for land occupies only a small part of the rent for building.

2. 加税以后，我们只能变更 the composition of the rent，却不能

变更 demand for houses，故加税以后，人民不过 shift around the hou-ses，由上等房搬至中等房，中等至下等而已，而 total rent 不变也，盖下等房之 marginal rent 亦必因需要增加而提高，与上等房之 marginal rent 降低之影响互相抵销也。In short，the tax may effect the distribu-tion of the rent，it may effect the rent of a particular place．But landown-er as a class would not be effected．在此处我们应问我们对于房子的需要是 elastic，或 inelastic——House is one sense is necessity and in the other is expensive luxury，大约下等阶级对于 house 的 demand 是 quite in elastic，房租增加之后，仍不愿意搬（rent strike），中等阶级亦然。但上等阶级则 quite elastic。

3. mov't of tenants 在 classical school 看来以为是 absolute free 的，但事实上往往不如此。而且从心理上看来住户往往宁愿多出一点租钱，亦不愿搬迁，以免麻烦。故负担仍由 occupier 负担。

故 seligman 以为英之 local rate is largely bonne by the occupier．However，this is a best possible conclusion，but not always certain．The seasoning outlined above will be better borne out by statistics.

中国情形：

中国没有 property tax，亦没有土地税，但只有与此相类之房捐，大约是 acc to rental value，若在北平，则为一种 grade tax，分楼房上、中、下，瓦房上、中、下，灰房上、中、下三种，此外又分 district，如东城，北城各有规定，更又分住户、铺户、机关。但无 Board ap-praisal，只由巡警定之，在此种制度之下：①负担既不平均，marginal producer 无法决定，故 shifting 亦无法决定；②事实上或由房主或由房客交房捐。但无法决定其 shifting 的情形如何。

中国情形与外国的分别：①在中国无所谓 average return，因十个建筑房子的人六个是为自己住的，大半都为 residential purpos，故无所谓 average return，盖无非纯然为 profit 而盖房子也。但上海为例外，因其纯然西方化也。

Part II Incidence of taxes on capital

1. 在现代各国没有真正的资本税，战后盛行之 capital levy 可以说是唯一的纯粹的资本税，但现今各国多已废之。——除了 Switzerland 以外。

现今各国只有 taxes on interest，大概此税可分两种：① direct tax—为所得税；general property tax profit tax（收益税）。② indirect tax—如 commodity tax，此种税有时可转嫁到资本（incidence on capital）上，故称为 indirect tax。

A. A uniform tax on all capital.

1. Special tax 发生的原因

a. 政府特意造成的——如 unearned income 税率较高。

b. 政府无意造成的——如美 general property tax；对 immovable 税额特重是也。

所以 a uniform tax on capital is only a hypothetical case。

2. 倘若 tax 能影响到 supply of labor（特别是 saving）则此 tax 能 shift。

3. upon whom does the burden fall？

a. Not upon the consumer in general，因货币（信用亦然）的生产亦减少，则 general price level 亦不变也，信用量根据于 return of trade，故亦随 production of commoditics 的减少而减少。

b. Partlty upon the laborers——因 marginal productivity 减少，absolute and relative，而且 labor 的 marginal productivity 减少还要比 capital 的 marginal productivity relative 减少也，但此就 short run 而言耳。

c. mostly upon the landlords.

B. A Special tax on Capital

1. In the short run, such a tax cannot be shifted.

2. In the long run, such a tax will be shifted in the 1st instance to the consumers in general will not be affected，因为 taxed industry 的投资因 tax 的关系必改投于他种工业事业中，因之其他各种工业的出产品，其价值亦必低落。故两种势力刚好抵消也，再则问对于工人的影响若何？答：在短时期内没有 mobility，故受损失，若在长时期中，则可不受赋税的负担，但各种工业的工资（Wages in general）将必减低些少，比如根据于 general differs in theory 也，由此可断言，in the longum 与 special tax，其影响本无二致也，于是再问工人能否再将此税转嫁否？答：此为 tax on wages，留待后来讨论。

若工人能 further shift it back to the capitalists，则此种 special tax 又变为 general tax 矣。

Taxes on profits（德文收益税）

Ⅰ. Taxes on Profits 本不应视为资本税之一种，但近今各国本无 pure profit tax，都是连 interest 亦算在内，故可视为 tax on capital 之一种 the shifting of such a tax is a question bet the producer and consumer（in contrast with that lender, borrower.）

Ⅱ. Two Kinds

1. direct profit tax——以纯收入，纯利润等为标准

2. Indirect Profit tax——虽非以公司之收益为标准，但间接地向公司收税，例如 licence tax、Sales tax，等

分论：

Ⅰ. A tax on gross production or gross amount sold——此即 commodity tax 也，分两部分研究：

1. Case of competition – apt. to be shifted.

2. Case of monopoly – apt. to be shifted.

Ⅱ. A tax on gross receipts——此与前种税不同，前种情形之下，tax vary with production，若在 this case，则 tax varies with production and shifting price。

1. competition

2. monopoly

Ⅲ. On net receipt

1. monopoly——绝不能转嫁。

2. competition.

a. 有谓不能转嫁者，因其 does not fall，on the marginal producer〔因其没有 net receipt〕也。

b. 但若 take a longum consideration，则知某种工业若 permanently unprofitable 时，则必停止生产（因其 average profit 无）因之供给减少，故亦可以转嫁。

Ⅳ. A tax of a fixed amount

中国现所征收的营业税即属此种，但非 a tax of a fixed amount，而为 a tax of fixed a mount，中国牙税（当铺税）按照营业的大小，分为等级，各纳税额若干。

1. case of monopoly.

The tax will be borne by the producer，因 monopoly price 必为 maximum price，故不能转嫁。

2. Case of Competition.

因 marginal producer 亦要纳税，故在短时期内，是可以转嫁的，但在长时期内，则 marginal producer 必日渐淘汰，故易构成 monopoly，亦必转嫁，It causes a use in prices immediately。

Taxes on wages.

在各国财政制度中，本无所谓纯粹的工资，考工资税可分两种：① direct tax on wages. ② indirect tax on wages. 头一种为 poll tax，中国的丁税，美国南部亦有行此者，但乃政治上的理由（限制选举），而非财政上的理由也，后一种为 commodity tax，又如 tax on capital，profits，亦属之，故 tax on wages 可称为 Primary or final incidence 之研究。

1. Exclusive or general tax? 先讨论 general wages tax 此种工资税 depends on population。

a. It may reduce population by decreasing immigration.

b. It may reduce population by ceaseing a decrease in birth rate.

①Iron Law of wages – standard of living.

②Wages fund theory $\frac{c}{L} = w$，按照此种学说不能转价。

③marginal productivity——如对劳动者抽税，其 marginal productivity 改变时，可以转嫁；不改时不可以转嫁。

但 wages fund theory 说 decrease in laborer→increase in wages，此亦即为 Orthodox theory. 至于新学说则以为 decrease in laborer（10% – amount of production）（亦减去 10%），则 increase in wages = 0，若 amount of Production 减少不至 10% 时，则 Wages 是增加的。

以上两理论，可用 law of diminishing return 及 theory of marginal productivity 上证明之。

2. A tax on wage in any one line（Exclusive wages tax）

Ⅰ. Taxes on wages of professions

a. Adam Smith 谓此种职业所得的报酬，亦与其 cost of production（即教育费）有一定之比例，倘报酬不到此标准，则人均不参与此种职业，于是此种职业之人数减少，报酬提高，于是可以转嫁。

b. 但 J. S. Mill 则以为 Liberal professions are tanta mount to monopoly，故亦不能转嫁。

c. Seligman 以为应注意到 motives other than economic. In the long um a tax on particular wages is equat to a tax on general wages.

Ⅱ. A tax on wages of common labourers.

Ⅲ. A tax on higher incomes of all laborers.

此种税多半不能转嫁，因此种职业的收入，多半不能预料，属于 quasirent 性质也，但如达不到 average reward 时则可以影响到此种职业界的人数，则可以转嫁。故自大体言之：A tax on all incomes 比 a tax on higher incomes of all labourers 的转嫁为易。

劳动税对于劳动阶级有 ill-effect 否？——假定其他情形不变，而劳动税又为一种特别的税，则劳动阶级所得不偿所失。

Chapter Ⅵ. Incidence of other taxes

1. Income tax

2. Stamp taxes

3. Excises

4. Inheritance tax

5. poll tax

6. custom duties

1. Income Tax

①General income tax——不能转嫁，Because of it falls on surplus net receipts 但所得税有 exemption 及 differentiation，此即为 special income tax。

②Special Income Tax

应问其为 income from land，labor，capital，再就事实上言之，所得税之征收时，即已有不要转税之目的在内。

2. Stamp tax

（1）广义的印花税 tax on acts or business（行为税），此为普通印花税。

（2）狭义的印花税 tax on commodity，此为特别印花税。

①Tax commodity   It's incidence depends upon

a. elasticity of demand and supply.

b. （原文缺）

②Tax on act   It's depends upon.

a. The character of the act 如为经济行为或可以转嫁，但应视其

b. The height of the tax——于此又应分析其是否为 tax on profit，且属于 tax on profit 的那一部分

3. Excises（中国的统税落地税）美国多行之

①应先问其能否及否 evasion 及 transformation 否

②case of monopoly or competition，elasticity of demand and supply，etc.

4. Inheritance tax   secession duty

此种税在英国是当作 property tax 一种对死人而抽者，以为死人在生前所漏去之税，应于遗产之转移时重现之者，倘将 inheritance tax 看作 sucession tax 则为行为税之一种，不能转嫁。

5. Poll tax

不能转嫁，因：①levied on every body。②poll tax 与价格不发生直接之关系。

6. Customs duties

研究此种问题，应注意到 theory of internatinal price。由 theory of international price 可以知道 customs duties 的 incident Tariff 可视为 cost of production 的一种，故加税以后，cost of Production 亦必增加，此种税 shift 与否，视下列五种情形而定。

①To what extent does the importing country constitute the sale market for the taxed commodity? 为本国为外国商品唯一的销售，则转嫁不容易。

②如出口商对于 supply 的操纵愈大，则转嫁愈易。但如在 monopoly 已成之后，则不能转嫁。

③如本国有代替品，则不易转嫁，但要注意下一条件：

④What is ratio of production to cost?

a. Law of diminishing cost——转嫁机会较难，因入口国家得自行制造也。

b. Law of increasing coat——转嫁较易，因入口国自行制造之机会较小也。

c. Law of constant

case of diminishing cost

Price	$10	New Price	$12.00
Domestic cost	$12.50	New domestic Price	$11.00
Tax	$2.0		因生产较大规模

⑤To what extent is demand elastic? 一愈 elastic 愈不易转嫁。

从实际情形看来，入口税由本国消费者负担；出口税由出口者负担。

关于 customs duties，最要紧的为其 effect，但 effect 无法断定，因各国情形不同也。

结论

Incidence 的学说可分两大派：

1. 乐观学派——如 diffusion theory，为保守派，主持租税制度不要更张。

2. 悲观学派——如 Agnosticists，以为租税问题太复杂，不能解决。

我们的态度，既不悲观亦不乐观。

Part Ⅲ   Taxation of Land

Ⅰ. Introductory

在外国土地税不重要，且多属于 property tax，并无纯粹的土地税。在外国注意 valuation，其重要的土地税为 unimproved land tax 与 unearned increment 两种。

英国往日的 property tax 即为 land tax，后乃改为 income tax，produce→property→income，故所得税乃由 Land tax 变化而来也。现在土地税多为地方收，然中央亦有之，但其性质不一样。

Ⅱ. Characteristic of land taxes

L. t. 大约可分三种：如下

1. Profits tax – for revenue——土地收益税

2. unimproved land tax 土地原价税（original value），日本以 3/4 为 original value，3/4 为 improved value ，此种税之目的乃在奖励土地

之改良与建筑企业。

3. unearned increment tax 土地增价税——此为中央政府的税。其目的乃在防止 unearned increment，土地税为 indirect tax，又为 real tax（对物税）（not personal tax）。再从转嫁学说上言之，土地税多半不能转嫁。再则土地税（除去 unearned increment tax 以外）多为地方税，其理由有四：（1）政治上的理由——地方政治与地方人民较有密切的关系，（2）From fiscal point of view——因土地税的管理与征收均甚困难，而地方情形又非本地方人民不熟识也，以前中国亦由知事征收，其故可旦也，（3）From eco. Point of view——租税要 equitable，若土地税归中央，则 equitable 必办不到，例如昔日浙江江苏田税特重是也。若归地方管理，则本地收入用于本地方事务，自无不公平之弊，（4）From point of view of local finance——中央财政得从工业上商业上的收入征收，但地方每因经济落后，无法向此两方面筹款，因土地为地方之最佳税源。昔日中国有协饷省方亦因地方财产太绌也。

Ⅲ. Antiquity of land taxes

从理论上说 poll tax 应比 land tax 发生早，因渔猎社会的发生在农业社会以前，动产之存在比不动产之发生亦早也。

但从历史上证明，则与此正相反，从埃及 Papyrus 的已知很早便有 e. t，但无 Poll tax，再就英国的历史上观察知 Norman conquest 10th. c.，已有土地税，至 Poll Tax 则至十三世纪始发生，中国地税疑亦与丁税同时发生。

Ⅳ. Development of methods of taxation

A. According to area

现在中国仍用与此相类之方法，Rome Jugera（unit of area），英国中世纪时的 Hide（100 acres），当时地广人稀，土地的收获，各处大约都一致，故自有其相当的理由，及后人口增加，恶劣土地亦在耕种之列，故此标准不可用。

B. According to fertility or grade

中国之三等九则，但地位 distance from market 与 method of cultivation 等等的产异，则其收获不会一样，故亦不公平。且 fertility 的决定不能常常 brought up to date，因调查贵太贵，但时代一变，则肥者不肥，新地亦发现，故更不易公平。

C. According to produce

如美、英之 Tithe，法 ventures，日之六公四民、七公三民、五公五民。现之土耳其、埃及现用此方法，其弊：（1）cost of production 不能代表，因之 net income 亦不一样，其纳税能力亦不一样。（2）行政上的困难——如由人民自己估计，则政府受吃亏；如由政府估计，则作弊的机会太多，且估计方法甚难，（3）社会风俗上都不会有真实申报的事情。

D. According to rental or selling value

1. selling value

2. rental value

从事实上看，selling value 与 rental value 不一定有准确的关系，Selling value 大者，rental value 不一定亦大，但在理论上讲，两者是一样的。

现代美、日用 selling value 作标准，英用 rental value 作标准。

A. Smith 主张 tax land acc. to rent。其理由以为地租是由 lease 构成，是准确的，但事实上有以下缺点：（1）rental value not easily determinable。Smith 以为可以用登记的租价作标准，但事实上每有少报租价者。（2）average rental value 不易决定，因房租地租的契约多为长时期间，故契约将满的房租实际上每与初订契约时的房租不相合。（3）有许多土地既没有 rental value 亦没有 selling value，例如遗产的土地，既不出租，亦不出卖也。

E. According to cadastre　台账　收益清册　钱粮册

将各土地的收益，与 cost of production 及纯收益等等记载册中。此种方法比较上最满人意，但亦有困难点：（1）经费太大——法、日之经验均然。（2）费时太多，其尤重要的原因则为。（3）不公平——估计土地的 net produce 非常不易；而且各估计员的眼光亦不一样；再则时间的变迁亦足以影响估计的价值，而修改亦不易，因经费太贵也。All these indicate that land tax should go to the local goverment

因（1）地方收入用于地方事业不致引起嫉视（corresponding of revenue and expenditure）。（2）Amendment 比较容易。（3）本地人调查比较准确。但近今各国对于一部分之土地税亦有拨归中央政府者，此即土地的 net income 税，其实乃所得税之一种也。

Land tax in Rome

1. 共和时期——非重要的收入，当时重要的收入为 Public domain 及 tributes 的收入，此时罗马的土地税为 acc. to produce，什份取一，税的征收为包租制（farming system）。

2. 帝制时代——罗马土地的改革始于 Augustus，其改革土地的动机，传说有二：（1）谓当时 landlords knight 的势力太大，故欲利用财政上的力量去压制之；（2）有谓此纯为财政上的理由，因此时为罗马最盛的时期，国家费用日大。

当时改革的方法：（1）取消 farming system，改为 direct administration。（2）改 produce tax 为 revenue tax（revenue not in its strictly modem sense）。（3）举办 national census，定有三原则：①决定全国 area of cultivation。②决定全国的 output。③以前十年的平均出产去估计每年出产。④制定 Remission System，如水旱时蠲免租税。

Land tax in England

A. Feudal times

no land taxes proper，but feudal aids，因土地之主权在君主之手里，后来此种 feudal aids，converted into monopoly pays fendal aids 为 bridge-bote（造桥征收）、bingotc（筑墙贡助）、hercgeld（战争时征收）。Scutage（shield tax）Dangeld，（英国对 Danes 的求和的贿赂），故当时 land tax 乃 irregular tax，由 irregular tax 转为 regular tax 乃发生人民与君主的冲突，1215 年 Magna carte 规定君主不能随时征收租税。

及至十六世纪乃逐由 infrequent irregular 转到 frequent regular，初为 annual assessment，继为 Remission assessment，继为 monthly assessment。

及 Win Marry 即位，将 monthly assessment 取消，1692 定每一磅征收四先位，由此土地税始有 fixed rate，因之不得不举行土地调查，及至 Pitt 时仍以此为根据。但其后因 intangible property 漏税，土地负担特重，议会屡次要求修改，均未成功，因地主阶级之阻力也。

Pitt's reform1798，此时适为拿破仑战争时期，需用战费；又为整理公债起见，于是有土地税的改革，以上两种为 Pitt 改革的动机。此时的改革，可分两步：（1）Redemption of land tax。（2）making land tax a fixed rent charge，为达到第一目的，故不能不采用第二种办法。凡 redemption land 名曰 exonerated land 以后永不纳税，未赎回的土地名曰 unexonerated land，赎地的办法，是人民向政府购买公债。[1] 及至 18 世纪，又规定以 30yr purchase 的价值可赎土地税。

故在今日英国大部分土地均不用纳税，1922 年统计 16,000 parishes 中 11,000 parishes 已经是 free of tax，剩下之 unexonerated land 理论上亦不用交税，因在 tax rate 1692 已规定，变为 fixed rentcharge，得 capitalized 也，英 1929 土地税收入：

old land tax £ 577,490 = 0.07% of total revenue[2]

1896 1S in 1£ （以前是 4S in 1£）

1896 abatement £ 160 free

£ 400 = several abatements.

英土地税：

1. old land tax

2. general income tax（schedules A，B）A. landed property tax，B. land operation tax

3. increment value tax

a. increment value proper

b. recession duty

c. undeveloped land duty

d. mineral rights duty

1909 年 Loydl George（liberal party）在下议院提出但被上院否

---

[1] 公债的利息应比税额大十分之一。

原来税额　公债加额　　　capitalized value of £ 11 at current rate

£　10　+　1　= £ 11　£ 340 =　　　£ 340　　= £ 11

[2] total revenue = £ 853m.

决，后交 Public vote，下院议案又通过，上院从此无财政否决权。

Increment value tax 以 1900 April 30 为标准（base），为土地转移
（transfer or sales，租借不计）时有剩余价值，则 subject to taxation，
计算的方法：

New value	£ 1 500
original value	£ 1000
Increment value	500
less 10% of £ 1000 = 100	
Tax 20% of	400

第二次增值时则以与第一次的增值的差异为标准，第三次增值则
只与第二次的增值相比较。

Increment value duty 是根据于 Selling value. Reversion duty 亦根
据于 selling value，但只用于 leasehold，即土地使用权复归于地主时
（即契约满期时），倘发生增益，则征收 reversion duty，此种税率是
10% of the increment value。关于 deduction 的方法，以及 exemption
（国家土地农业土地等不纳税）的方法另有规定。Reversion duty 的用
处乃在补 increment value duty 之不足，盖防止土地不转换时所用也，
又应注意两种税纳一种已够。

Undeveloped land duty（闲地税）——Building not for industrial or
trade purpose 亦算作 undeveloped，其 rate 为 $\frac{1}{2}$d in 1 or 4S 2d %（一百
磅），此种税率甚轻远，不及日本用地税之高。

mineral rights duty——tax on the rights work minerals. Rate 1S in
£ 1 = 5%

Land Tax in France

A. Before the revolution

The taille 发源与英国——乃封建制度下的一种制度，与 scutage
性质差不多——初起只向 bondsman 征收，freeman 均不必缴纳，后乃
推到全体，此种税为 apportion 制度，但贵族与 clergy 均不必纳税，在
革命前

Exempted class 300, 000   out of 25, 000

此 300, 000 人有 $\frac{1}{2}$ of 全国的土地。

B. After the revolution

拿破仑有重大的改革，改为 Impôt Foncier（财产税 Cadastral tax），为 apportion tax、1/6 of net revenue。1790 年 240, 000, 000 from with additional centeries 6, 000, 000 from。

1821   150, 000, 000；1835 value of house

1850   Centeries abolished, 1890 house tax separates from the land tax.

1890   land tax 118, 000, 000 reduced to 103, 000, 000.

House tax rate 3. 2%

C. After the War

1904   old land tax abolished.

Land taxation in the U. S.

来源由于英 Scutage 及 tithe，后因经费不足，乃扩充到 house property，继乃扩充到其他不动产，及其他一切动产，遂成今日之 G. P. T.

Land Taxes in Germany

Vogot（noble）bedes→voluntary→necessity bedes→（贵族僧侣本不纳税，若纳税时则名曰 donative monies）

1. 1810 new cadastre taken——但估价每失之过轻或过重故又有

2. 1861 之改革，此时为 apportioned tax，税率为 9. 5%，当时估计每一年可收入 40, 000, 000m，规定每 15 年重新清丈一次，此时仍为地方税，Local commission 之上有 control commission，后者直接属于财政部，4 人由上议院委任。

3. 1893 的改革。

Definition of Taxation

（税收解说）

蔡可选（黄宪儒?·）讲

整理说明：此课笔记估计写于 1930 年代前后 1—2 年，记录者正在清华大学经济系本科或研究生求学。笔记没有记载讲课者姓名，编者推测讲课者一可能是蔡可选，一可能为黄宪儒。蔡可选，安徽巢县人。经济学家、会计学家。1928—1937 年在清华大学经济系任教授。黄宪儒，广东开平人，经济学家，1930 年代前后在燕京大学、清华大学经济系任教授。黄氏为梁方仲硕士论文的指导老师。梁氏论文答辩委员会成员为陈岱孙、萧公权、黄宪儒。

Definition of Taxation

1. Seligman

2. Adams—Very short and defective

3. Bastable

Essentials of a Tax

1. Contribution

2. Compulsory

3. To defray the expenses of the government

Development of the Idea

1. Idea of Justice—In Primitive society every one is equal. Everything given to the leader of the society is considered as a gift. Latin – German – Donative money; English – Benevolence

中国——（《史记·陆贾传》）：平原君朱建母丧，辟阳侯乃奉百金往税。

税，舍也；贡，功也（《说文解字》），赐也（《尔雅·释诂》）。

2. Bede(to pray)　　　　　landbede(German)

3. Aid　　　　L. adjutorium

　　　　　　　E. subsidy, contribution

　　　　　　　G. steuer (help)

　　　　　　　F. contribution

C. 助，殷七十而助

4. Payment of the moral obligation

        F. gebelle

        G. abgabe

        It. dazio

        C. 供奉；供应

5. Legal obligation

Tunoda Meessitar

Military service, watch & ward, repair bridges, roads, & fortifications

租庸调（military service）

        E. Duty

Roman Law

(1) Property captured from the enemy

(2) Property first discovered by somebody

Sacrifice of property (but not of person) was considered as a badge of his honor or of disgrace at the feudal age.

6. Imposition – Compulsory force was greater than that in the 5th stage

        E. imposition, duties, excise

        F. impôt

        It. imposta

        Chinese 徵，征

        German auflage (laid on)

孟子曰："古之为市者，以其所有易其所无。……" 可见古来政府多诿责于商人，以为加税之口实也。

7. Direct taxation

        E. assessment, rate

        C. 赋，量也。（《尔雅·释言》）

Direct tax only began to be paid after the Roman Empire.

The introduction of indirect tax into England & America (during Hamilton's time) was only with difficulty. It was always met with disfavor.

Holland was the 1st country that introduced to a large extent a no. of indirect tax.

Com. law (1360) Edward VI. Prohibition of export of com. In the 16th c. a law enacted forbids the importation rather than exportation of coms. Alternative alternations were made during the subsequent years.

Criteria of justice – ability to pay

In the primitive society everyone is about of the same or equal wealth (mainly of land). Poll tax was used then. 中国之口泉是也。Afterward class tax (which is based according to men's position in the society) was levied. Property tax came next. It is to be remembered that when prop. tax was introduced the poll tax did not abolish. Hence there was one new tax overlapping the other old tax. But poll tax gradually disappeared afterwards.

Reasons for the disappearance of property tax:

(1) There is a gap between property & product.

(2) Distinction observable between income from property & that from labor in an advanced society.

(3) indebtedness – According to the legal sense, the right of property is irrespective of ulterior appropriation of the property. But from the eco. sense, if you borrow money to keep your property, you have to pay interest. You will therefore not enjoy the same right to the property – which you enjoyed before. Hence if same tax is to be levied both on property & property on mortgage, it is not fair.

(4) It fails to distinguish consumption property (garden, or art gallery, etc) fr. production property.

After the defects of prop. tax made known, the French chimney tax or window tax is in force. Later on tax on expenditure (i. e. on consumption) (advocated by Bodin, etc.) is advocated. Excise has been adopted then.

Then comes tax on product or yield of the property. But the estimation of the product is not easily made correct. Moreover, taxes ought to be levied on human beings, not on inanimate thing without reference to its owners. However, a wealthy man may possess different pieces of land stretching over the country. It would be difficult to sum them up & use the graduating tax.

Last comes tax on income. It also has some defects:

1. The difficulty to ascertain what income really means (gross income or net income etc.) Should speculative money, investment, psychic income, etc., be included?

2. 一个年轻力壮的人，无附属的亲属，对于社会慈善事业不甚踊跃的人；与一个年老多病的人，有附属为生的亲属，对于社会慈善事业负有相当的责任，其 income 即使相同，亦不能相提并论。

The retention of property tax on enjoyment to supplement the income would be desirable. Tax on expenditure is also desired so that one can not evade tax when his income derives from abroad.

Net income as opposed to gross income:

1. deduction of all expenses

2. interest

3. any outlay expenses incurred

Additional capital as different fr. income:

The extention of the tax to psychic income involves another principle & is, moreover, very difficult to measure. Hence, the income tax is applied to money income only.

Clear income—

The determination of the clear income on the part of the government is very difficult. It is usually based on the taxpayer's financial conditions,

Definition of Taxation（税收解说）

his children, his dependents, etc.

Basic principles of taxation:

1. Uniformity (relative equality, not numerical equality)

2. Universality

Relative equality means his fiscal ability to pay to the government. No rigid equal treatment of property of equal value is required by the American court. It discriminates generally unearned income (or realized in.) from earned income (or, precarious in.)

In taxation we spoke of equality of sacrifice with reference to production sacrifice only, and not to consumption sacrifice, as James Mill means.

As society progresses, more discrimination is required.

Exemption form taxation – deals with am't as differed from discrimination which deals with nature.

A. Complete exemption of all income up to a certain point.

B. Various treatment of income according to their magnitude irrespective of the am't of exemption.

These two can sometimes be combined.

Exemption is in fact graduation, though these two may mean 2 principles.

Examples:

A. $ 1,000 .... pays $ 0......0%

$$1,500 \ (5\% \text{ on } 500) \quad - \$ 25...... 1\frac{2}{3}\%$$

$$2,000 \ (5\% \text{ on } 1000) \quad - 50......2\frac{1}{2}\%$$

$$2,500 \ (5\% \text{ on } 1500) \quad - 75 \quad 3\%$$

$$3,000 \ (5\% \text{ on } 2000) \quad - 100 \quad 3\frac{1}{3}\%$$

......

$$50,000\dots\dots\dots\dots\dots\dots\dots 4\frac{9}{10}\%$$

$$100,000\dots\dots\dots\dots\dots\dots 4\frac{19}{20}\%$$

Medieval exemptions are not based on the principle of ability, hence they are different fr. the spirit of today.

Arguments against Exemption:

1. Eco. argument – the expenditure for the support of the government is necessary for every citizen.

2. Pol. argument – In democracy with the universal sufferage it is dangerous to have a class to be exempted.

These two are not tangible:

1. As to the eco. argument, if one lives on below the minimum of standard of living, one must ask assistance or relief fr. outside. Then what is the use of taking from other's pocket & then putting into the pocket of government? Moreover, if one lives below the standard of living he will become dangerous to the society.

2. As to the political argument, first whether the gov't has only a single system of tax. If gov't has other systems of tax, such as excise tax, then the poor will have something to pay to the gov't. But if the gov't has only a system of income tax...

Therefore exemption is considered to be reasonable and justifying graduation:

Varying rates either upward or downward (progressive & regressive, the latter is seldom used). Up to a certain point, they become degressive (如百万以上不再增).

Arguments favor the progressive rate:

1. Special compensation theory —to redress the inequality. Some flaws in this theory: the taxing system is so complex that it would be

difficult in this way to redress the inequality. It only puts a heavier burden on the rich to compensate the poor.

2. Faculty theory　Based entirely on the principle of "equal sacrifice". See Seligman "mathematics can not help us here ……" Psychological elements can not be found out, as Seligman says. Psychological pain & pleasure is not measurable, but eco. pain & pleasure is measurable according to Seligman's idea, marginal utility is not measurable.

An attempt for an explicit function of marginal utility:

marginal utility of money $\dfrac{du}{dm} = \dfrac{1.9}{2m}$

m = $1000 per capita ac. to the whole currency in U. S. A 1878 – 1901

Marginal utility of com. $\dfrac{du}{dm} = \dfrac{190}{9e}$ in terms of 10 bushels per capita 1878 – 1880

In Prussia the Engel's Law

1. The greater the income the smaller relatively the percentage of outlay for subsistence. If you find a man spending 60% for subsistence, you will find him no income left at the end of the year. If one spends 40% of income for subsistence, one can live more liberally.

2. The percentage of outlay for clothing is approximately the same as the income.

3. The percentage of outlay for rent, fuel, & light is invariable the same whatever the income.

4. That as the income increases in am't the percentage of outlay for sundries becomes greater.

The ability to pay not includes the consumption part only. The more money one gets, the easier one can get along with production. 中国多财善贾，长袖善舞。Foreign proverb："money is shy."

The sacrifice theory is right when it is deviated from a proportioned rate. But to fix a proportioned rate is by no means an easy task.

Strict proportional rate makes no allowance to exemption, hence it puts more heavier burden on the poor.

System of abatement: They divide the income of people into different scales. To different scales differentiates are applied – allowance is made to those whose financial burden is heavier on account of bad health, etc.

Gossen's Law (Hermann Heinrich Gossen)

1. Every enjoyment as it is prolonged decreases & at length ceases altogether.

Smith gives example of eating.

2. An enjoyment has, when repeated, a less initial intensity & shorter duration than it had before, and its intensity & duration decrease the more, the shorter intervals at which it is repeated.

Marshall holds the prevention of pain as his principle instead of the getting of pleasure.

These laws do not apply to a new enjoyment or an enjoyment before it is formed or during the progress of producing (?) it.

These laws are called Theorem of Human Sensibility. The law given below is called the Gossen's Theorem of Hedonic Maxima.

Given the option of several pleasures & a time (or an am't of money) so limited as not to suffice for enjoying them all to the point of extinction we obtain a hedonic maximum by enjoying each pleasure in such a measure that its intensity at the moment when the period of fluision (= pleasure) expires (or the am't of money expended) is equal to that of every other pleasure.

This principle indicates that the marginal utility of every money is equal.

Sphygmograph – an instrument for the measurement of pleasure & pain in experimental psychology.

Hedomeer – an instrument for the measurement of pleasure.

The Hedonic Maxima, when expressed in mathematic formula, would read as follows:

$$\frac{dF_a\ (a)}{da} = \frac{dF_b\ (b)}{dx} = \frac{dF_e\ (e)}{dx} = \cdots\cdots \frac{dFa\ (a)}{da} = \text{The small incre-}$$

ment of function of a is divided by the small increment of a.

Let m be the total no. of $ to be spent on (a) & (b)

And let x be the total no. of $ to be spent on (a)

∴ Let m – x be the total no. of $ to be spent on (b)

Let $F_a\ (x)$ = ut. of (a) for x $

&$F_b\ (m - x)$ = ut. of (b) for (m – x)

We want $F_a\ (x) + F_b\ (m - x)$ = maximum

$$\frac{dF_a\ (x)}{dx} - \frac{dF_b\ (m - x)}{dx} = 0$$

$$\frac{dF_a\ (x)}{da} \Big/ \frac{da}{dx} = \frac{dF_b\ (m - x)}{db} \Big/ \frac{db}{dx}$$

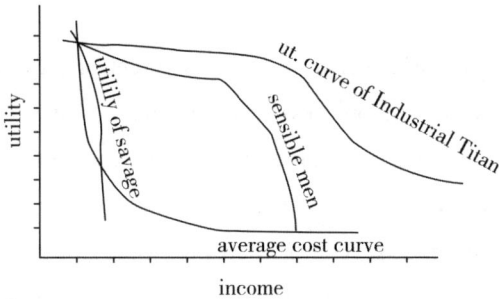

The above diagram shows that the want of the Indus. Titan's is most difficult to satisfy, while the want of savages' is most easily satisfied.

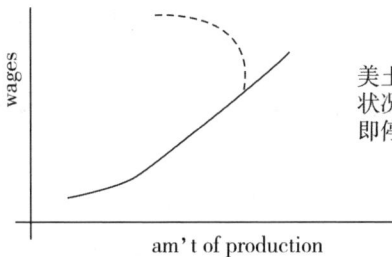

美土人生产（Basket）之状况。工资更增时，生产即停止。

A man with the passion of a grown – up man but with the knowledge of a child is a savage.

The utility of a commodity depends also upon the utility of other commodities. 中国"好一则博"亦此意也。

Hobhouse "The production is more depending upon the society than upon one's self. Therefore one's income depends more on the society than on his ability alone."

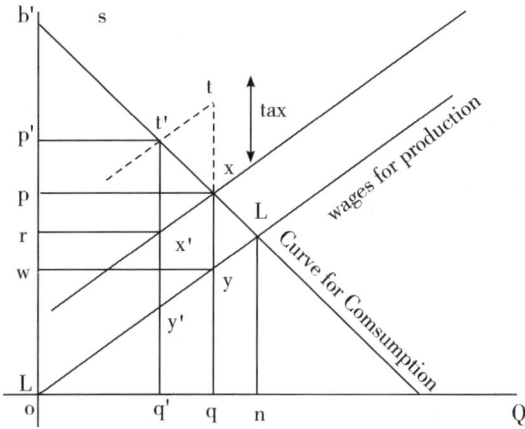

qy = wages

yx = interest

xt = government tax

$ob' = q't = q'y' + y'x' + x't'$

government revenue = □rx't'p'

The losses incident to the collection of this revenue will be as follows:

1. The consumers have to go without a certain amount of goods, q'q.

2. A rise in price reduces the consumer's surplus from △ pxb to △ p' t'b.

3. The laborers producing goods q'q are thrown out of employment.

4. A fall in wages reduces the producers surplus from ▽ a y w to ▽ a

y'w'.

5. The field of investment of capital is reduced by the amount of wages $\square Oq\ y\ w$ to $\square Oq'y'w'$.

The justice of single tax can easily be seen in the diagram also. (Differential gain should be considered in this connection.)

A bounty is best to be put on goods of manufactures.

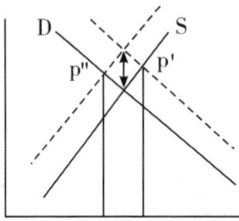

p" is the twice point in this diagram

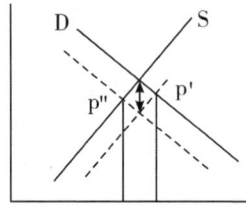

p' is the twice point in this diagram

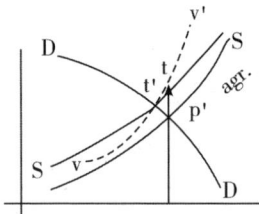

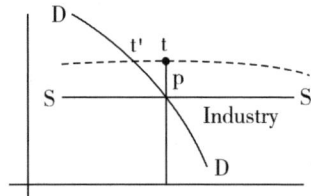

specific tax vs. ad valorem tax
(v=ad valorem tax)

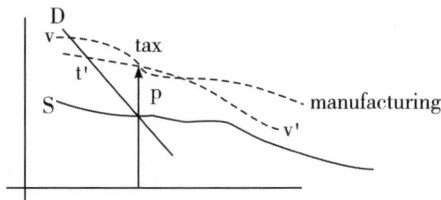

The effect of taxation upon different kinds of goods.

1. If you acquire the freedom to spend beyond the limit of necessity (That is, if you have clear income), what kind of good you spend does the society the greatest benefit?

Answer: Manufacturing good (Because it is of increasing return).

2. It is commonly argued that tax on expenditure (equal ad valorem tax on all kinds of eco. goods, either material or immaterial) is always the best tax because it does not devert the expenditure of individual from its usual channel. Is this statement true?

Answer: The general taxing expenditure is not the best when it is levied on manufacturing goods (of increasing return), & even on industry (of constant return). Therefore, Prof. Marshall suggests that tax solely on the agricultural good be adopted, because the consumer's surplus therefore reduced is the least.

3. Many writers maintain the view that a protective duty on general imports increases the production of the home industry. Is that true?

Answer: Yes!

4. The differential gain does not come into the cost of production. Here the single tax doctrine meets the difficulty.

Rent is a result of variation in demand rather than a change in supply.

The advocate of single tax object to put rate & profit on the same basis on the ground that wage is the income of unearned income while the latter is a kind of earned income.

Single taxer　谓人口增加，可以使地价抬高，但人口增加，亦可以影响商业及他种的收入，不独地租为然也。

An example showing the difficulty in separating of the economic rent from the eco. profit:

If a man invests 　　　　$ 25,000 cap.

　　　　　　　　　　　　30,000 market price

　　　　　　　　　　　　2,000 rent from land

　　　　　　　　　　　　5% current int.

Then, eco. rent = ? 30,000 – 25,000 = 5,000, wh. gives 250 eco. rent eco. profit = ? 2, 000 − 1, 500 = 500 eco. profit

Hint: excess of price − cap. = capitalized rent

excess of actual return − int. on price = profit

eco. rent = 250

eco. profit = 500

5% on cap. $ 25, 000 = 1, 250

actual return = 2, 000

Shifting & incidence

Strikes among the workmen & even revolution are no more than a shifting of taxes.

Taxes really have 3 courses:

(1) imposed on a person − "impact" in English

(2) transferred to another person − "shifting"

(3) rested on some person − (final) "incidence"

Ways of escaping a tax other than shifting:

(1) capitalization

5%	100	bond
1%	80	

(5 : 4 = 100 : 80)

20 capitalized tax

This seems a shifting from the purchaser to the seller. But it is not really so.

For shifting only implies one tax at one time. And in the example given above the purchaser controls various kinds of taxes & even controls the taxes in the future time.

Exchange is the essential of shifting. If no exchange, there is no shifting or capitalization.

A third method of escaping a tax other than by exchange is by way of production. But it is only a kind of evasion & not of shifting. This is by way of cheapening the product. 历史上常有此种实例，即 whisky 的税，使 distiller 有大大的进步。& in 19 cent. beet root sugar tax 即有同样的效果。This kind of escaping is called "transformation". Someone says that transformation depends upon incidence. If there is no incidence there would be no transformation. From this sense, they are opposite.

A fourth kind is called evasion[*]. It differs from the former three kinds in that it does not give anything to gov't at all. It may be either illegitimate or legitimate. The latter is in accordance with law. It only takes place when the people refrain from the consumption of a certain commodity on which taxes are levied. No legitimate evasions can happen without the refrain from consumption of commodity. Leg. evasion may be either intentional or unintentional. The former is such as taxes on state bank notes or taxes on opium. Taxes like these are levied on the purpose that people should not consume such kind of goods.

Sometimes there are combination of legitimate & illegitimate evasions. Legitimate evasion must be an unintentional type.

Special attention should be given to the discussion of capitalization in connection with shifting.

Historical Writers on Shifting

General discussions on excise

Excise is formerly regarded a tax on consumable goods or expenditure. It is generally considered as a tax transferable to the consumable. And it is considered as just. Hobbes, shortly after the 1st imposition of

---

$$* \quad \begin{cases} \text{illegitimate evasion} \begin{cases} \text{intentional} \\ \text{unintentional} \end{cases} \\ \text{legitimate evasion} \begin{cases} \text{intentional} \\ \text{unintentional} \end{cases} \end{cases}$$

1643, holds it is the equality & universality of taxation. His idea on property is the idea on capital. And tax on capital is equivalent a tax on profit. If a tax on property, it means tax on premium on extravagence & it means discouraging saving. Cradock favors the same opinion. He says "all pay it (excise) insensibly without complaint".

Another writer in 16 c. says that "the Dutch excise (for Dutch led that excise & led the commerce at that time) is the most equitable".

Sir Thomas Culpeper 1668 says "... all the laborer pay it cheerfully"

But later on, there are different views. If we take all the parties concerned in a commodity, we will find writers differing in opinion as to the incidence of the excise on the different parties concerned in the commodity (producers, consumers, dealers).

Writers holding that the excise shift from dealers to consumer but not finally on the poor consumer:

1. Thomas Mun, a noted mercantilist, who wrote "Eng. & Treasury," holds that on the long run the employers (or wage – earners) may completely shift the tax to the producers. 他赞成 excise tax. But this theory differs from the modern view in details.

2. William Waterhouse maintains that the tax must be looked upon as loan to the gov't.

3. Another writer 谓国家之有 excise，乃如一救济贫民的银行也。

4. 16 世纪时，又有一学者谓 excise 不但不 hinder consumption，并且 most eqiutable.

5. It is the ratio rather than the quantity that makes a man feel (1/11).

6. Fauquier (1756)　A man has nothing pays nothing. Wages are always at the bare minimum of subsistence. Excise falls on the consumers but not wage-earners. He agrees with Mun, but he differs with Mun in that he thinks the adoption of single tax would be much better than the

excise.

7. Sir William Petty

The first to find out an eco. cycle to be a period of about 7 years. He is the first man to find out the actual am't of circulation of money of England. Also the first one to devote his attention in the study of taxation. His idea is much the same as that of the single taxer, but he does not go the extreme such as nationalization. Excise will shifted to those who bear it most and complain least.

House tax has two natures: ①……② instrument of expense: It will shifted to the occupier, & then to the consumer.

He concludes excise is better than any other tax. He recognizes the defects of general property tax. But he favors the personal property tax. He favors tax on expenditure as an ideal for taxation. He prefers the scheme of levying a tax on every necessary. He suggests a catalogue of all commodities—a list of selected commodities.

8. Some other writers favored the excise on the ground either ① on acc't of breakdown of the general property tax; or ② practical difficulty of evasion.

Houghton – excise would cause the county to thrive.

9. Some writers even go so far as to say the excise improves the quality of the product. Their view may be best represented by that of De Foe. He is right in this respect.

10. Others say that excise promotes the freedom of land & improves the character of saving & frugality & thrift.

11. T. Sheridan (1677) holds that some special excises are good, such as bear tax. He also suggests a tax on bachelor. The eldest son of any grade of nobility do not marry in the due time should pay tax.

Summary

Burnaby tax on malt.

Houghton tax on gov't variety.

Some improve quality of product.

Some improve freedom, & frugality.

Sheridan tax on bachelors.

12. Another writer at about the same period holds the tax might be levied on the rich's surplus.

13. Finally there are growing opinions that excise would effect the consumers. Particular excise on extravagant consumption, esp. on Bricks, are desirable.

以上均为赞成 excise 的论调。但 after Wallpole 的时候，经验上令得许多作家感得 excise 的不可行了。其理由：①Falls on the poorer consumer；②Bad administration of the tax. (question & search house after house) 甚至有人以为 excise is against equality.

Summary (continued)

Some superfluities of the rich.

Some extravagant consumption, Bricks.

Objections to excise：

1. Some maintain a differential rate should be adopted. Other held that the tax should be abandoned altogether. Caire argues that the levy of excise is no more than equality. One writer says when the product of land is taxed the poor pays more than the rich, & vice versa. On this acc't he favors tax on land or on funds. In the middle of 18 cent., one gives no name and the other is Dangeul (Marquis de Phamart.), both maintain that ability to pay is measured not by consumption, but by income. The opposition to excise is strengthened by the arguments ① that it causes the consumer to consume below what he formerly consumes and ② that it consequently causes a shrinking revenue to the gov't.

Dean Swift and John Brooks give very ingenuous argument, "tax on starch reduces the production of starch (meal for hog). This would hinder the development of the colonies. "

Summary

1. Mun — That it would shift to the employer.

Petty [*] — It rests on the work man

$\begin{cases} \text{on the efficiency of high wages} \\ \text{on the efficiency of low wages (?)} \end{cases}$

Tax on necessary good makes laborers work longer than what he did labour in the former time to maintain himself.

2. Thomas Manley (1669)

3. Another writer calls the disadvantage of drinking and suggests the lowering of wages to make laborers living more soberly.

This theory once put out, can not fail to draw the attention that tax serves as an instrument of social reform and labor regulation. John Houghton's (1681) book is the first book on that topic.

4. Three stages in Tucker's opinion：

① Low wage is good.

② Encouragement of immigration.

③ His earlier ideas abandoned；duties on luxury be abolished.

5. Temple wrote a book advocating the excise tax after 5 years. He wrote again that taxes tended to lower the price of labor. Three principles laid down in his book. (1) man inclines to ease until necessity enforces him to work (2) … （原稿缺）

以上均为赞成 excisepp 之论调。至其后则逐渐以为 low wages are not necessarily advantageous to the country, and consequently tax on commodity is by no means good. The idea is adequately represented by Child.

6. Child opposed to the theory of low wage, but still stick to the old idea that excise. induces the laborer to thrift.

---

* The idea of Petty is much similar to that of Houghton.

7. Caire entirely modern in his idea toward excise. (1) He connects wages with land (?) regards manufacturing process, the lowering (?) of largely due to the improvement and invention rather than to the other factors.

8. Nugent argues that no tax will induce the poor to work. He says that the tax will starve the industry but never induce the idle to work or to thrift.

9. In the second part of the 18 cent. , Vandalone...

10. Postlethwayt (1757)   objects taxes on the mass of consumers.

11. J. Massie (1760)   maintains that the excise tax is no better than a "pinch belly tax".

Excise shifted to landowners:

In the second decade of 17 cent. , there were little support of this theory.

Pulteney (1732), Lord Nicholas Lunhust (1733).

Excise falls on the traders (or those who originally bear the tax).

Conclusion:

Excise tends to be shifted to the consumers, and then to the mass of ... (原稿缺)

辩证唯物论（讲课提纲）

毛泽东 讲撰

　　整理说明：1939 年 7 月至 1940 年 4 月，梁方仲受中央研究院社会科学研究所派遣，从昆明起程，先往四川后往陕西、甘肃、内蒙古进行西北土地经济调查。期间，1939 年 9 月和 1940 年 1 月两次进入延安陕甘宁边区调查访问。梁方仲在"文化大革命"检查材料写道，在延安他曾听过毛泽东两次讲话，其中一次为哲学问题。下录梁方仲 1939 年 9 月 21 日工作日记（幸存的两月日记之一）所记，是其读辩证法唯物论（讲授提纲、毛泽东讲）后之撮要。书此撮要，乃是梁方仲听完毛泽东一次有关哲学问题（矛盾论）讲话后，找出毛泽东 1938 年 7—8 月在延安抗日军事政治大学的讲稿的印稿（1938.8.7）来学习理解自己所听毛泽东讲话的内容，这样做可以做到理解较全面而又准确可靠。

九月廿一日　　星期四

　　早八时试温度表，得 36.5℃，洗盥后仍觉疲顿不堪，扶病将昨日读毕之毛泽东讲辩证法唯物论（讲授提纲）撮要如下：

　　第一章　唯心论与唯物论

　　（一）哲学中之两军对战——所有的哲学学说表现着一定社会阶级的需要，反映着社会生产力发展的水平和人类认识自然的历史阶段。

　　（二）唯心论与唯物论的区别——唯物论认宇宙的统一，就在他的物质性。精神（意识）是物质的本性之一，是物质发展到一定阶段时才发生的。自然，物质，客观世界存在于精神之外，离精神而独立，人的认识是客观外界的反映。

　　（三）唯心论发生与发展的根源——在生产发展之后，首先形成此种学说之条件，乃是肉体劳动与精神劳动的分裂。

　　（四）唯物论发生与发展的根源——承认离意识而独立存在于外界的物质是唯物论的基础，这一基础是人类从实践中得到的。劳动生产的实践阶级斗争的实践，科学的实验实践，使人类逐渐从迷信与妄想（唯心论）脱离，逐渐认识世界之本质，而到达于唯物论。

　　第二章　辩证法唯物论

　　（一）辩证法唯物论是无产阶级革命的武器。

　　（二）旧的哲学遗产同辩证法唯物论的关系——现代的唯物论，

不是过去各种哲学学说之简单的继承者，他是从反对过去统治哲学的斗争中，从科学解除其唯心论和神秘性的斗争中产生和成长起来的。

（三）辩证法唯物论中宇宙观和方法论的一致性。

（四）唯物辩证法的对象问题——唯物辩证法是研究什么的？㊀对象是自然历史和人类思维之最一般的发展法则；㊁辩证法、论理学、认识论的一致性——列宁说："三个名词是多余的，他们只是一个东西"。

（五）物质论——哲学的物质观在于指出物质的客观存在，所谓物质，就是说的离开人的意识而独立存在的整个世界，那么这种说法是永远不起变化的，是绝对的。自然的科学观则在于研究物质的构造，例如从前的原子论，后来的电子论等等，这些说法是随着自然科学的进步而变化的，是相对的。辩证法唯物论的物质观，不承认世界有所谓非物质的东西。物质是永久与普遍存在的，不论在时间与空间上都是无限的。意识这种东西，是物质运动的一种形态，是人类物质头脑的一种特殊性质，是使意识以外的物质过程反映到意识之中来的那种物质头脑的特殊性质。

（六）运动论（发展论）——承认运动是物质存在的形式，是物质内在的属性，是物质多样性的表现，这就是世界的发展原理。世界不是别的，就是无限发展的物质世界。

（七）时空论——运动是物质存在的形式，空间和时间也是物质存在的形式。运动的物质存在于空间和时间中，并且物质的运动本身是以空间和时间这两种物质存在的形式为前提的。空间与时间不能与物质相分离。空间和时间都不是独立的非物质的东西，也不是我们感觉性的主观形式，他们是客观物质世界存在的形式。他们是客观的，不存在物质以外，物质也不存在于他们以外。

（八）意识论——意识的来源，是由无意识的无机界发展到具有低级意识形态的动物界，再发展到具有高级意识形态的人类。高级意识形态不但同生理发展中的高神经系统不可分离，而且同社会发展中的劳动生产不可分离。

（九）反映论——我们认识客观世界的能力是无限度的，但我们之接近绝对真理，却每一次有其历史上的确定界限。认识是一个由感觉到思维的运动过程，这个过程是飞跃式地进行的。

（十）真理论——真理是客观的，相对的，又是绝对的。

（十一）实践论（认识与实践的关系，理论与实际的关系、知与行的关系）——人在实践过程中，开始只是看到过程中各个事物的现象方面，看到各个事物的片面，看到各个事物之间的外部联系，这叫做认识的感性阶段，就是感觉（与感觉）与印象的阶段。社会实践（人类的生产活动）是最基本的实践活动，是决定其他一切的东西。人的认识，主要的依赖物质的生产活动而逐渐了解自然的现象，自然的性质（规律性），人与自然的关系，而且经过生产活动（同时也认识了人与人的相互关系）的继续，使人们在实践中引起感觉与印象的东西反复了多次，于是在人们的脑子里生起了一个认识过程的突变，产生了概念。概念这种东西，乃是抓着了事物的本质，事物的全体，事物的内部联系了。概念同感觉，不但是数量上的差别，而且有了性质上的差别，循此继进，使用判断与推理的方法，就可生出理论的结论来。（第一册完全书共六十二页）

第三章　唯物辩证法

这个学说中包含的范畴，首先如下各项：（一）矛盾统一法则；（二）质量互变法则；（三）否定之否定法则。以上是根本法则。同这些根本法则联系着，还有如下各范畴：（一）本质与现象；（二）形式与内容；（三）原因与结果；（四）根据与条件；（五）可能与现实；（六）偶然与必然；（七）必然与自由；（八）练与环①等等。

（一）矛盾统一法则——这是辩证法最根本的法则，讲得比其他问题详细一些。这个问题中，包含下列如许问题。

①两种发展观：㊀形而上学的发展观；㊁辩证法的发展观——主张从事物自己里头，从一事物对他事物的关系里头，去研究事物的发展，即把事物的发展看做是事物内部（反对形而上学或机械论的外因论），必然的独立的自己的运动。即事物的自运，事物发展的根本原因，不在外面而在内面，在于事物内部的矛盾性，任何事物内部都有这种矛盾性，因此引起了事物的运动与发展。

---

①　此处辨识不清，估计记录时有笔误。

②形式论理的同一律与辩证法的矛盾律——辩证法亦认事物或概念的同一性，说的是同时包含矛盾，同时又互相联结，这种同一性就是指矛盾之互相联结，他是相对的，暂时的。形式论理的同一律既然是排除矛盾的绝对的同一律，他就不得不提出反对一概念转变到他概念，一事物转变到他事物的排中律（形式论理学上有三条根本规律，①同一律；②矛盾律；③排中律）。而辩证法却把事物或概念的同一性看作暂时的相对的有条件的，而因矛盾的斗争引导事物或概念变化发展的这种规律，则是永久的，绝对的，无条件的。

③矛盾的普遍性——有两方面的意义：㊀矛盾存在于一切过程中；㊁每一过程中存在着自始至终的矛盾运动。这就叫做矛盾的普遍性或绝对性。

④矛盾的特殊性——首先是各种物质运动形式中的矛盾，都带特殊性。对于每一种运动形式，应当注意他和其他各种运动的形式的共同点，但尤其重要的，乃是注意他的特殊点。任何运动形式，其内部都包含着本身特殊的矛盾，这种特殊矛盾，就构成一事物区别于他事物之特殊的本质。不但要研究每一大系统的物质运动形式之特殊的矛盾性及其所规定的本质，而且要研究每一物质运动形式在其发展的长途中每一过程的特殊矛盾及其本质。不同质的矛盾，只有用不同质的方法才能解决。

⑤主要的矛盾与主要的矛盾方面——在复杂的过程中，有许多矛盾存在，其中一个是主要矛盾，由于他的存在与发展规定或影响其他矛盾的存在与发展。但是矛盾之中，不论主要的或次要的，矛盾着的两个方面或侧面是不可以平均看待的。因为无论什么矛盾，也无论在什么时候，矛盾的方（正？）面或侧面，其发展是不平衡的。矛盾着的两方面中，必有一方是主要的，他方是次要的。然而这种情形并不固定，矛盾之主要与非主要的方面互相变着，在矛盾发展的一定过程或一定阶段上主导方面属于甲方，非主导方面属于乙方；及到另一发展阶段或另一发展过程时，就应易其位置，这是依靠双方斗争的力量来决定的。

⑥矛盾的同一性与斗争性——同一性，统一性，一致性，互相渗透，互相贯通，互相依赖（或依存），互相联结，或互相合作，这些

不同的名词，都是一个意思，说的是如下两种情形：第一、过程每一矛盾的两方面，各以他方面为自己存在的前提，共处于一个不可分的统一体中；第二、矛盾的双方，依据一定条件，各向着其相反的方面转化。这些就是所谓同一性（按：即所谓相反相成之意）。例如苏区的土地革命，已经是并将要这样的过程：拥有土地的地主阶级转化成为失掉土地的阶级；而曾经是失掉土地的农民却转化到取得土地的小私有者。有无得失之间，因一定之条件而互相联结，变为同一性。在社会主义条件之下，农民的私有制又将转化到社会主义农业的公有制，苏联已经这样做了，我们将来也会要这样做。私产与公产之间有一条由此达彼的桥梁，哲学上名之曰同一性，或互渗透。但是"矛盾的统一（同一，合致，均势）是有条件的，一时的，暂存的，相对的；互相排除的斗争，则是绝对的，发展运动是绝对的。（列宁）有条件的相对的同一性，与无条件的绝对的斗争性相结合，就构成了一切事物的矛盾运动。

⑦对抗在矛盾中的地位——对抗是斗争的一种形式，不是一切矛盾都有（但一切矛盾都自始至终存在着斗争），而是某些矛盾在其发展过程中到达了采取外部物体力量的形式而互相冲突时，矛盾的斗争便表现为对抗（按在社会运动的形式，即为革命同战争），对抗是矛盾斗争的特殊表现。凡对抗都包含矛盾性，但凡矛盾不一定都取对抗的形态。（原注：论矛盾统一律完，一九三七，八月七日、原书共四九页）。

今日发出警报两次，第一次在十时半左右，已放枪（即紧急警报之信号），但敌机未来；第二次在十二时半以后，敌机一架飞入市空，始开警报，但未投弹。

午饭后一时体温为 36.7℃，四时体温为 36.3℃，五时骤长至卅八度，复觉发冷。（四时已服金鸡纳霜两片）至六时许热度高至 39.3℃，直至十一时许热始渐退，难过极矣，十二时服泻盐一匙羹，夜半起床大便，尽如臭黄水。（今早大便一次，颇干）

History of Chinese Thought
(中国思想史)

Dr. Hu Shih (胡适) 讲

整理说明：胡适于 1944 年秋至 1945 年春在美国哈佛大学开授《中国思想史》一课。该课只是一大纲，由 1554 张小纸条组成。这是他最后一次要写一部《中国思想史》的尝试，但是接着就被早先其开始的《水经注》问题冲开了，没有完成。参见王汎森《从哲学史到思想史》——胡适的英文〈中国思想史大纲〉草稿》，载《学林·金陵读书》2017 年 12 月 17 日。王氏原文发表于《四川大学学报（哲学社会科学版)》2017 年第 3 期。梁方仲其时有间断（估计与他的其他工作安排有冲突）地参加了听课。

Confucianism established among superstitions in 2nd c. B. C. Leaders in establishment: 1. 公孙弘 2. 董仲舒。In 7 B. C., a century after Tung Chung – Shu, the idea of his was carried out into practical politics. Emphasis were laid on the equal distribution of land, curbing of nobilities and merchants, etc. by Wang Meng (9 – d. 13 A. D.).

董仲舒 's theory of Reciprocal influence between heaven and man. Heaven gives warnings by the following methods: 1. Catastrophes, tsai 灾; 2. Anomalies(异). This gives rises to Fu ming(符命) or propitious signs, and ch'an(谶) or prophecy. Read, A. Forke: Wang Ch'ung Lun-Heng(1907) not complete translation, only 44 chapters out of 84, many errors in translation. Read 1st and last two chapters respectively.

1. Practice of 无为
2. Superstition and occultism
3. Official Establishment of Confucianism (last lecture)
4. Naturalism makes the First Revolt

经
纬

In 两汉 private teachers prevailed. 经 (conf. classics) 纬 (apocrypha)经 There were 36 groups of Apocrypha existing in Han. But they were suppressed and prohibited by gov't as they contained 谶 (prophecies) in them. Much of the geography and astronomy, astrology contained in 谶 (a part of first century B.

C. a part of first century, A. D.).

Development of Science

1. astronomy — in 104 B. C. （武帝时）a committee was set up to revise the astrologic system and held responsible for the calendar reform. T'ai Ch'u（太初）calendar was introduced. This is quite scientific calendar. The committee included Ssu – ma Ch'ien. "Moon" month includes $29\frac{43}{81}$, solar year, $365\frac{385}{1539}$ days. In years 104 – 75 B. C. there has been long fight for the calendar. 11 different schools engaged in this contest. In every case the new calendar stood the test, and the contest was silenced. In 62 – 85 A. D. a second contest about calendar emerged. 王充（27 – ?100）lived during that time. Ch'an 谶——→推背图——→nostradamus（recent poet writing about Hitler, Mussolini, etc. ）Tso（焦氏）commentary on Ch'un Ch'iu, 班固 is a contemporary of 王充（studied under 班固's father），五行（five elements）. Acc. to 班固汉书，王莽 ordered the court physicians to dissert the dead body of prisoners and tested the circulation of blood. Encouragement of aviation.

Wang Ch'ung（王充）native of 浙江, came to capital Loyang and studied in National Academy under 班彪. In 86 – 88 he became an assistant of prefecture of Yangchow（扬州）. He wrote in plain and spoken language which is different from the prevailing conventional style. "Lun – Heng" may be termed as Critical Essays. In later years, he wrote a book "How to preserve health in old age?" which is lost. Lun Heng was written about 60-90A. D. "疾虚妄" It hates "untruth" was the main idea of Lun – heng. Lun – heng, serves as a weighing scale for the weighted thing, and sets up a criterion to distinguish truth from falsehood. Disproof of Kung Kung（共工）story（Puchow）.

1. Fundamental Philosophy

    54（Forke's translation ch. 3）

    14（Forke's translation ch. 4）

Essays in Nature, Human Nature, and Determinism.

2. Physical Problem

Essays on Heaven, Thunder, and Death.

3. Criticism of Han Confucianism Theology.

(Forke's 5, 6)

4. Worship and Sacrifice

5. Criticism of all forms of popular belief.

6. Literary Criticism.

Took up Confucius, Mencius, and Han Fei to test.

Exaggeration (增) Falsehood (虚) were the criterion whereby they were judged.

Method of criticism

"Examining everything by thinking and testing everything by fact. "

Falsehood is to be proven by evidence and test. "证, 验"

Naturalism, Atheism.

Eclipse of sun and moon has nothing to do with politics and government, it is of regular reoccurrence.

Ts'ai Yung 蔡邕(138 – 194) Ts'ai Lun(蔡伦, a eunuch) in 105 invented paper making.

Tsu jan (so – of – itself, 自然), Wu – wei(does – nothing 无为)

Heaven and earth cannot purposely create man. "故" = purpose, "偶" = chance.

Everything in the earth is created by chance (what was James called Tychism).

Design vs. chance, Theology vs. Tychism.

Development of Popular Taoism

The Great Proscription 党锢(166 – 184), Ts'ao Ts'ao (d. 220).

"Three Kingdom" (184 – 280, strictly speaking 220 – 280). 曹操

foundeda political inspector system (校事, chiao – shih), a sort of gesta-po. No escape of intelligentia. Yuan – chi 阮籍 "Is there any difference between a gentleman living in this world and a louse in your houses? 大人先生 "Greatman's man" 大人先生传, somebody says this biography was written to idealize 老子, and others say that it is under the rising influence of Buddhism.

Wang Pi (王弼) commentary on 老子, 庄子, and forged work of 列子, work on Book of Change.

Warren: Buddhism in Translations.

Hu: Indianization of China (In vol. on "Independent and Conver-gence Borrowing...").

1. Political Situations

五胡乱华 (Five Barbarian tribes barbarizing China) 300 – 420

Northern and Southern Dynasties (420 – 590)

2. Old Sinitic regin could not meet the existing demands. No mythology, no paradise, no elaborate pageantry, too rational and realistic are main characteristics of Sinitic religion.

3. Date and Route of introduction   58 or ①Land Route—from central Asia, ②Sea Route—from India to Burma and Indo – China.

Read Hasting: Encyclopedia of Religion and Ethics "Buddhism".

4. Hinayana (小乘), Mahayana (大乘). Hinayana was highly intel-lectual life is accidental combination of elements. Life is not permanent, nor is it continuous. Karma (action, 业), Yoga (Yok).

5. 老子化胡经 Attempts were made to put Lao Tzu far way back in-to 10c., B.C. in the 13ᵗʰ c. Modern scholar, tried to put Buddha (560 – 480 B.C.) content poraneous with Confucius (551 – 479, B.C.). Nirva-na 涅槃。Hinduization of Buddhism. Farquhar: "Outline of Religious Literature in India." Charles Eliot, formerly governor of Hongkong and Chancellor of Hongkong University. Eliot gave a general picture of Maha-yana:

Ⅰ. Hinduized Elements, ①Transmigration of souls(轮回) ② Karma. An icon law of causation 业报(果报)③Heavens and Hells ④ Yoga (Dhyana)禅定⑤ Asceticism ⑥Idolatry ⑦Tantricism 咒术.

Ⅱ. Worship and Devotion　　　Buddhas and Bodhisattva (菩萨) Kwan－yin (观世音 Avalokitasvara). Medicine King 药王(Japanese, yŏkōsě), Meitreya(弥勒 Tusbita).

Unsex of Kwan－yin during 武后 reign. Bhai shajya raja is connected with severe sacrifices. (eight fingers)

Mahayana Buddhism

①

②

③ The Life of the Bodhisattva

6 paramita 波罗蜜 (多):

a. Give(布施), dona. —story of "Hare in the Moon"

b. Discipline

c. Humility (Forbearing injury and insult, 忍辱)

d. Perseverance

e. Meditation (Dhyana, 禅, 定)

f. Wisdom(Prajña, 般若)

④Prajña Paramita(般若波罗蜜)

空 vacuity—denial of time and space

中 middle way

假(名) nominalism, unrealness

道世: 法苑珠林(The Forest of Pearls in the Garden of Law) 668

A colleague of Hsuang－Tsang 玄奘, this represents wisdom approach.

阿鼻(第十六层地狱)。Woman Emperor Wu is famous for inventing ingenious device of torturing criminals to confession. This is largely due to the influence produced by pictorial presentation of Buddhism. Paradise and Hells are easy to understand, while Karma(业, 因果) is not.

⑤Dhyana (禅 Ch'an, Japanese, Zen)

a. Discipline(戒)   an(a)安

b. Meditation(定)   pan(n)般

c. Wisdom(慧)   dan(a)

Ways of observing Ch'an

a. Breath – control

b. Insight into uncleanness(不净观)

c. Infinite Love

d. Philosophical wisdom — Idea of impermanence, emptiness.

e. Meditating on the Buddha 念佛. Later it became pronouncing.

Buddha(maitreya, Amita)

四禅(Four Dhyana or Yoga Charabhunic) Four Stages of Achievements:

1. 初禅— forsaking of all passions.

2. 二禅— feel happy; joy. a calm state of mind like still water in the pond which is still capable of reflecting moon and stars in the sky.

3. 三禅—Sukhar. "Ease".

4. 四禅— neither ease nor unease; complete mastery of every situation.

四空,四念处(4 emptiness); 4 peaces (points) of concentration or 4 trances

1. 虚空处(hollowness, hallow spot).

2. 识(mental representation, awareness).

3. 无所有处(the state of nothing exist).

4. 非想非非想处(no thought and no no–thought).

五(或六)神通(Abhijñe) 5 Divine powers, supernatural

1. Power to fly (Power to transform).

2. Power of heaven or divine ear.

3. Power of divine seeing.

4. Power of knowing others' minds.

5. Power to know your past existence (or past history). Jatakas (past).

6. 漏尽通(Power to know your future or your finality).

道安 Tao – an(d. 385) most learned monk of 4th C. A. D.

Sumeru Mountain 须弥山，Amitaba 阿弥陀佛(pure land 净土)

南无(Namah)，believer in

冥报记(Records of infernal Retribution)，written by T'ang Lin 唐临

Taoism(Siniticism)

西游记(A. Waley: Monkey)

封神传"The Pantheon" (Feng Shen – chuan)

Assimilation of Buddhism with Taoism

1. Internal Reform and Revolution

2. Extent of Criticism and Persecution

Eminent Monks

1. Tao An(道安 d. 385)

2. Kumarajva(d. 409)

3. 慧远(Hui Yuan)，a pupil of 道安

4. 道生(Tao Sheng d. 434)

1. "Lotus"法华

2. Vimalakirt 维摩诘

3. Diamond needle

Internal changes beginning from Tao Sheng 道生

William Ocham's Razor "Entities should not be unnecessarily multiplied. " This is quite similar to 道生 's idea. 道生 's doctrine of Sudden

Enlightenment (顿悟). "When a butcher throws down his knife, he immediately becomes a Buddha." (放下屠刀, 立地成佛) Tian T'ai(天台), Chih K'ai(智顗 d. 597), attempted a systematization and simplification of Buddhism so make it intelligent to Chinese mind. It became very influential in Japan.

1. Pan Chiao (判教), Dividing the Teaching.

   ① Hinayana

   ② (Mid.) Vaipulya 方等

   ③ (last) Prajña – Pararmita

   华严(Avatamasaka)

2. Meditation(定, 止) Insight(慧, 观)

   Bodhidharma (菩提达摩, 470 – 515), first came to Canton

   No difference between me and no – me, Ch'an(禅)

3. Conduct

   ① Humility

   ② Abide by whatever comes

   ③ Seeking nothing

   ④ Act according to Vacuity

This became Lankavatara(楞伽)school. Shên Hsiu(神秀)of 荆州 is its most eminent leader. He is the master of two capitals and teacher of 3 emperors. He died at 706 A. D. A biography gave a religious genealogy of 神秀 which traced back to 菩提达摩 as the first patriarch.

┌1. 达摩
├5. 神秀
└6. 慧能(Hui Neng), an illiterate monk in 韶关. He preached self-awakening. He opposed to 3 treasures of Buddha Doctrine(三宝)—Buddha, church, and brotherhood. He produced a book named "Platform Sutra"(坛经).

Sometime later a monk from Honan named 神会 confessed himself to be disciple of 慧能, and challenged the religion hegemony of 神秀. He was banished. Hui Neng died in 713.

Shên Hui(神会) died and left the saying that "The word of Knowledge is the gate to all knowledge" (知之一字众妙之门). 神会 is a great politician, but he is an intellectual. Look for 敦煌材料.

道一(马祖)Tao Yi(Ma Tzu, in Japan called "Ba So"). "Set your mind free, do practically nothing. " No law to abide by, no Buddha to attain (for you to become)(无法可拘,无佛可作). And 马祖 is an intellectual too. He preached in 四川 and 湖南. My laugh is Tao, my smile is Tao, my shouting is Tao, etc.

Reasons for the Chinese Assimilation of Buddhism

1. method

2. organization

Huai Hai (怀海, L. 814) "one day no work, one day no food. " (一日不作, 一日不食)

Great Prosecution 845. Iconoclasm is represented by Hsuan Chien(宣鉴, 865), and by Yi – Hsuan (义玄 d. 867)

宣鉴: "Just take rest, stop seeking. No nirvana(涅槃) to obtain. He attacked Buddha and Buddhists very severely. He founded 德山 school.

义玄: " If Buddha in your way, kill Buddha. Be free. "

Fa Yen(d. 1104) "不立文字, 见性成佛" Do not rely upon written language (establish anything through language). See (know) your nature and you become Buddha. 顿悟 "Sudden enlightening", 渐修 "Great achievement".

1. 不说破— Do no tell all. Do not talk through things.

2. 禅机—ch'an chi (Enigmatic Gestures) chance, lit.

3. 行脚— travelling on foot.

Chinese naturalism and nihilism.

Chinese intellectual Renaissance beginning from 11th C.

Bruce: Chu Hsi and His Masters.

Bruce: Philosophy of Nature (1923 London Univ. Doctor Dissertation).

Hu Shih: Indianization of China.

Wang?:

Appropriation

1. Taoism

2. Secular Philosophy (Rational Philosophy, Tao Hsieh 理学, 道学)

Buddhism and 禅 gave Chinese comparative materials which enabled Chinese scholars to suddenly discover that there were much common ground between the Chinese traditional philosophy with Buddhism.

Wang An-shih (d. 1086)   Never openly attacked Buddhism, but opposed diametrically in thought and in action. His talk with Chang Shang–ying. "儒门淡薄, 收拾不住" Because Confucianism is tasteless and thin, it could not hold people up (hold them together). So there was no great name after Mencius.

Causes of break–up of Buddhism: 1. Nationalistic, as exemplified by 夷夏论 written in 5th century. 2. Economic, because Buddhists were parasitic. 3. Philosophical, Fan Chên 范缜(c. 450 – d. 515) is the 1st one who attacked Buddhism philosophically. His attack, on Karma (因果), and Heaven and Hells. Soul can be destroyed. Soul is the function of body.

Fan Chên

1. Karma vs. Tychism (chance, accident)
2. soul and body

} philosophical approach

But both of these two arguments were negative.

Han Yü (d. 824)

Attacked Buddhism from nationalistic, eco., and philosophical points.

1. 819 A. D. 谏佛骨表

2. 原道"On the way" (Even Giles' translation is full of unpardonable mistakes) —in which 大学"Great Learning" was quoted in some length, the latter became separated from the original book henceforth.

Movement for Ku Wen or Movement for Classical Revival (古文运动)

1. Equal words in sentences (e. g. 四六) owed its origin to absence of punctuations, which were characterized by 对偶(pairs), etc.

2. Deliberate attempt to revolt against both 四六 and Buddhism, as led by 柳宗元(d. 819), Han Yü (d. 824), and Li Ao (李翱, d. 836?). In the 10th century, Liu K'ai (柳开, 肩愈, d. 1001), Shih Chieh (石介), the latter wrote 3 essays on Monstrosity (怪说), the 1st being Buddhism, second Taoism, and third 杨亿(Yang Yi) who was the leader of artificial literature language by that time.

3. Art of printing as early as 600 A. D., definitely known in wood block printing in 800, movable type printing in 1050. Confucius' classics were put into printing.

4. Reform movement as led by Ou – yang Hsiu (d. 1056). Wang An – shih, and Sze – ma Kuang (both d. 1086)

May 4, absent

May 7.

Miss Siu – chi Huang "Lu Hsiang – shan".

Bruce: Chu Hsi and His Disciples (Doctor dissertation).

Fan Chung – yen "先天下之忧而忧, 后天下之乐而乐" "Worry before the whole world begin to worry, enjoy life only after the whole world has enjoyed."

To win over a prince in order to carry out your belief (得君行道).

Ssu – ma Kuang (资治通鉴, General Mirror as an aid to government), 1019 – 1086. He wrote Wang An-shih 3 letters in which he criticized the latter. He wrote a book called "The Book of the roundabout way" 迂书. Two sentences in this book, "君子治心, 小人治迹" The gentleman looks after the mind, the small man cares for externalities.

May 9

Ssu – ma Kuang and 理学 (Miss Huang terms its "Law", which is better translated as "Reason")

Its general cosmology is naturalistic. In politics it tends to believe in Laissez – faire. It despised short – cut and short – term views. It prefers long – time view. It shows contempt in externalities. It believes in permanence, or what is called natural course.

Historical back ground—invasion of Ju – Chen (女真) or Jurchen (金). Five or Six Dynasties of North Sung.

Leading exponents: 1. 司马光, 2. Shao Yung 邵雍 (1101 – 1077), 3. Chou Tun – I (周敦颐, 1017 – 1073), 4. Ch'eng Hao 程颢 (1038 – 1085), 5. Cheng I 程颐 (1033 – 1107), 6. Chang Tsai 张载 (1020 – 1073). All lived in Loyang.

邵雍, 周敦颐, 程颢 belong to a group which is strongly clemactioned by Taoistic influence, while 程颢 and 张载 constitute another group which represents native thought.

邵雍 called his willing as "devs of happiness". His writing is characterized by felicitous definitions, highly speculative and not scientific at all. He tired to rearrange the Book of Change. He conceived the world coming from the combined principle of two forces, positive and negative, Yang and Ying (阳阴). He maintained the looking at the universe without passion and disinterested (观物). He represents a link between medieval Taoism and Classical revival. His chief doctrine is looking at things detached by.

周敦颐 tried to develop a system which reconciles Taoistic cosmology with philosophy of life. His theory of Great ultimate 太极 has been given in somewhat detailed manner in Miss Huang's book. "二五之精" (the essence of two combined forces, male and female). Rest (静, ching) comes from no – desire (无欲). "主静立人极" — to set up quintessence is to reach the human ultimate (as distinguished from 太极). No thinking, no calculating (无思无虑).

May 11

周敦颐 's cosmology is naturalistic, but his ethical attitude is quite religious. He claims to come back to Mencius "For the cultivation of mind, nothing is better than to have not many (or few) desires"寡欲. To achieve sincerity is to become a good man, understanding a wise man (诚, 明).

Ch'eng Hao(程颢) achieved very high honor in civil service examination at very early age (about 21). He acted quite well as a magistrate and judge. He was very noted for his detective trial, and legal decision. Story about "Hoarding money claimed both by a certain uncle and a nephew." Another story concerning "张三叟— False parenthood claimed by a certain man of 张三叟 's, the rich man's, son." Biography by his younger brother. He is very militant toward the medieval religion. He attacks on the monastery, and monks. He questions the truth of Ch'uan – Teng – Lu (传灯录, 1009). He maintains 人伦, 物理 as two fundamentals. Moral choice in conduct, cultivation of individual quality, and the ultimate improvement of whole world, is the final purpose in education. He maintains that moral integrity, practical experience, rather than book knowledge, or literary style should be emphasized in civil service examination. For roughly from 600 – 1050, Chinese examination system has been characterized by emphasis laid on poetic skills.

May 14

圣人(Sage→ Saint). 天理(universal or divine reason) is a result of our own Meditation Book of Music in Lichi. "人生而静, 天之性也……"

"仁"— in common parlance: 1. Stone, as peach stone, 2. Doctors call paralysis as "不仁". It signifies vitality, humanity, one's identity with Nature, etc.

Ch'eng Hao's letter to 张载: "Nature is calms…"

"廓然而大公, 物来而顺应" "If you keep your mind all – open and impartial, it will react properly when things come." Appendix to Book of Change.

Shao, Chou, Ch'eng Hao took a few words from Confucianism, and a few words from Buddhism, and did not contribute much towards reconstruction of a new system. This task was left to Chang Tsai（张载）, Cheng I（程颐）to complete.

张载, a native of 陕西, achieved high honor in civil exam. He is the most systematic thinker of the whole Sung Dynasty. His brother, Chang Chien 张戬 is less well – known. His book "Guiding the Gouth"正蒙 is a well – planned book. 西铭(253 words) — Mottos on my West Window. It is a restatement of classical China. In sharp contrast to 程颢 who maintains no thinking, no speculation, etc.（因其主"敬"）, 张载 insists on thinking(思). When you can doubt where you didn't doubt(疑) before, you are making progress.

May 16

张载: active thinking begins with doubts (very much like William

James), which is quite unlike quiet meditation.

Ch'eng I(程颐) is equally important in opening up a new path. Less brilliant than his older brother during boyhood days. Failed in exam. At age of 18, sent a memorial to Emperor, but was turned down. At 53, enter the gov't of 司马光. During New Deal days, he was banished and put on top of proscription list. Died in 1107.

Ch'eng I's famous saying: For moral cultivation, Reverence(敬) is necessary; but for advancement in learning, the way lies in extension of knowledge. (Here reverence = seriousness, extension of knowledge is by means of concentration.)

Definitions of "格"物 by different schools:

1. 司马光— to ward off temptation of material things.

2. Li Ao, and Ch'eng Hao—come

3. Ch'eng I—investigating exhaustively into the reason of things (There is absolutely no etymological basis in his interpretation.) "穷理" There must be intelligence before action.

1. Scope of 物(things)

① Broad definition —物 is not confined to human beings. It includes ten thousand things in the world.

② Narrow definition—Minutely speaking, it is the reason ête, or cause of things. Dealing with man, reading a book, etc.

2. Procedure

To investigate one thing today, another tomorrow, etc., so as to accumulate a body of knowledge.

May 18

No experimental science, for condemnation of manual work. Ch'eng Hao "Playing with things is to lose one's soul."(玩物丧志) Even 张载 and 程颐 failed in this respect.

朱熹(1130 – 1200)，Chu Hsi

程颐 's remark: "To die of starvation is very small matter, but to violate chastity is the greatest crime." 饿死事极小, 失节事极大 This famous sentence was incorporated into 朱熹 's 小学 (节 is better translated by "loyalty" than by "chastity").

Sung Hung's story "贫贱之交不可忘, 糟糠之妻不下堂" (in retortion to Emperor's "Wealth changes friend, high position changes wife."), refused to marry Emperor's sister.

朱熹──→李侗(Li Tung)──→罗从彦──→杨时—中庸(The Book of the Mean) "喜怒哀乐之未发" (a state in which all emotional desires not yet arrive)

李、罗、杨 all are Fukienese(福建人).

This is a great age of learning. And Fukien is the center of printing by that time. This may be the reason why all these scholars came from that province.

欧阳修 made study in bronze – and stone – inscriptions.

沈括(Shen Kua)，a scientist, making study in astronomy, metallurgy (investigate into what kind of iron is good), etc.

郑樵(Chêng Chiao)通志。He is an encyclopedic mind.

赵明诚(Chao Ming – ching) and Li I – an laid the foundation of Chinese archeology.

Life of Chu Hsi

Young when national humiliation. Writings: 1. Classified Conversations (语类)，140 ch'uan; 2. Writings (文集)，111 卷; 3. Elementary Lessons (小学)；4. Comments on Four Books(四书集注)；5. 易; 6. 诗 (Book of Songs, or poetry).

A letter to his friend(1164)："宁烦毋略, 宁下毋高, 宁浅毋深, 宁拙毋巧。"

May 23

朱子晚年定论。There is no such a thing as Chu Hsi's final judgment at his old age. He stood firm until his death. He has always been engaging himself as a research worker.

He made keen observation on "shells on the mountain", thinking mountains were at one time the bottom of the sea. His theory is about 500 years before Leonardo de Vinci (1519).

He thought the Preface to Book of Songs (诗序) are forgeries, and discovered many poems contained therein are love songs (or indecent songs).

Shu Ching: 28 modern script (今文)

25 ancient script (古文)

He judged the ancient script portion is a forgery by means of "higher-criticism"(as dif. from "textual criticism"; both methods were used in the study of Bible).

He wrote an essay on "sitting, kneeling, kowtowing" (坐跪拜论).

Lu Chiu‐yuan (陆九渊，号象山，1139‐1193) Just opposite to 朱熹, he teaches meditation, thinking inwardly. "Ten thousand things are all complete in myself."万物皆备于我矣 (孟子)"The universe is my mind, and my mind universe." "All men have minds, all minds are endowed with reasons.""Six classics are footnotes on me."六经皆我注脚"I am a footnote to six classics, and six classics are footnotes on me."

Innate or inborn ideas.

May 25

Lu Chiu‐yuan. Chu Hsi and Lu Chiu‐yuan both believed in innate ideas. But Chu also believed in knowledge outside, while Lu didn't believe in this second half. Chu believed in research method as an aid to knowledge while Lu didn't. Lu's famous saying "If there were appeared a sage in the East (West, North, South), he would have the same reason and mind. " No difference in time and in space. This is a revolt against intellectual approach. It lays emphasis on individual freedom, self-sufficient. Mencius is look with favor. Miss Wang's translation, pp. 33 – 34 Letter to Tao. (理 ought to be translated as "truth" in this case) Strong confidence in what he believed to be truth.

Fukien School(朱熹) — rational school

Kiangsi School (陆九渊)—intuition school

Chekiang School(吕祖谦)— Historical school. Lü Tsu – ch'ien: "善未易明, 理未易察". It is not easy to make clear what goodness is. It is not easy to investigate (or find out) what truth is.

Chu and Lu met in Goose Lake (鹅湖), but no agreement of opinion reached. Chu Hsi's influence became greater and greater after his death.

Mongolian Invasion and Yüan Dynasty

The Yüan dynasty broke the one thing of Chinese culture by abolishing the civil service examination for about 80 years. Revival of examination system in 1314.

May 28

Seventy years after 朱熹 's death, the Mongolians overran the whole Chinese Empire. After the reestablishment of the civil service examination, the classics were to be interpreted as interpreted by Chu Hsi. Since then his text – books controlled Chinese thought for more than 700 years. He represents the intellectual approach.

Chu Hsi School:

Huang Chên (黄震), d. c. 1280, and Wang Ying – lin(王应麟), d. 1296, represent an encyclopedic mind which belong to Chu's school.

Ming Dynasty

Objectionable systems of Ming dynasty—personal torture of high offi-cials; extension of crime punishment to all relatives concerned, even to students(诛九族). Chu school made headway in Ming dynasty. 此一述朱, 彼亦一述朱(to repeat Chu). Some scholars even said that: "as Chu Hsi has done it so well, there is nothing left for us but to act."

Wang Shou – jen 王守仁(1472 – 1528)

A precocious child. Won eminent place in examination (so his father 王华 did).

On exile because of the eunuchs.

Definition of 格物 (ko wu)   Story of his friend 钱 's investigating into the reasons of bamboo. Attainment of Sagehood is not beyond our reach. 满街圣人, 良知良能 Each man has innate, inner, intuitive moral sense. His thought may be interpreted in the light of revolting spirit a-gainst political oppression. Prince Ning (宁王)'s Rebellion, 1519.

May 29

Read Hencke: Wang Yang – ming

知 = 良知 Knowledge is the knowledge in external world. It is a mor-al consciousness.

致知 = 格物, 致良知 = 正物(格 = 正) The extension of moral con-sciousness is to set things right. This is to interpret classics by adding words (增字解经), which is not permissible.

知行合一 Real knowledge is action, without action there is no knowledge.

Wang's letter to a friend in 1525 拔本塞源论 "What scholars are studying is the strengthening of their fence (or defense) of self – seeking rulers of the Empire. . . Literary style is adornment for hypocrisy."

吕坤(Lü K'ün, 1536 – 1616), a popular philosopher: "Between heaven above and earth below, only two things are supreme, one is reason, the other political authority. But reason is even supremer than authority. . . "

Age of rational philosophy (1050 – 1650). At the later part of 16th century, Hideyoshi(丰臣秀吉) led the Seven – years War against China. There followed by Manchurian Invasion, amid the peasant rebellions. Three Barbarian Invasions during this period:

1126
1230 – 1276 金元
1644 – 1661

May 30

1645 – 1945

1. Attack on Cosmologic foundation of Chou Tun – I and Shao Yung as unconfucian.

2. To repudiate the 600 years of philosophising as having nothing to do in face of national disaster, as Fei Mi 费密(1625 – 1701). He invented a term "bagged wind and boxed fog"囊风橐雾 to describe the futility of phil. speculation. Another representative is Yen Yüan (1635 – 1704). Still another is Ku Yen – wu(1613 – 1683). But Ku still retained respect for Chu Hsi. Yen Yüan attacked bookish knowledge and study. All three made attack on 1. futile speculation, 2. sitting in meditation, 3. Attack on the puritan aspect of traditional rational school as in human, esp. in the differentiation between Human desire and heavenly reasons (人欲, 天理).

The above are destructive in nature. As to the constructive aspect, 2 tendencies may be noted: 1. Development of critical, scientific spirit in research. 2. Attempted to make a new system of philosophy to take the place of the old one.

Let's take up the first discussion first. Question was often asked whether the devl't of critical and scientific spirit of Chinese scholars was due to the influence of Jesuits (e. g. Matteo Ricci). Gregorian calendar, 1582. In 1643, just one year before the fall of Ming dynasty, the imperial gov't adopted the solar, Gregorian calendar. But lunar calendar was restored by the Manchu regime down to 1912. In Dr. Hu's opinion, this spirit scientific was arrived at by Chinese themselves, independently of the Jesuit's influence. For this influence may be dated back to the 11th century.

Ku Yen – wu used 162 证 (evidence) to prove the sound 服(fu) was "pi", in old times.

Chen Ti 陈第(1601 – 1606) produced 24 evidences to prove the old sound of 服, arrived at the same conclusion as Ku Yen – wu. Chen makes distinctions between internal evidence and collateral evidence (本证, 旁证).

Yen Jo – chü(阎若璩) Higher criticism. Interpolation. 128 evidences.

Mai Tsu (1543)

汉学, 朴学, Fact finding, truth seeking. 实事求是。考证学 (Learning based on critical examination of evidences). Its fields: —

1. Comparison of different texts.

2. Philological studies.

3. Semetics.

4. Higher criticism.

Tendencies of the last 800 years: 1. Deliberate effort to free from Indianization. 2. Secular philosophy.

伦敦政治经济学院

《经济史》等（英文）

听课笔记（1946.9—1947.2）

整理说明：一、1946 年秋到 1947 年夏，梁方仲在英国伦敦政治经济学院作访问研究，其间，他听了该院一些学者的课。1946 年 11 月至 12 月间赴法国巴黎参加联合国教科文组织（UNESCO）第一次代表大会，目前整理出来的听课笔记缺少此段时间。

二、为了方便读者易于理解笔记的内容，整理增加了一些注释。

三、读者可能发现部分笔记没有标题，与前后又无关，自成一体，应是其他课程的笔记，也可能是因为复印稿顺序被打乱所致。此处整理只好以"无标题"暂时列出。

四、由于笔记是手写稿，转为印刷体是一件颇费功力和精力的工作，幸得刘志伟先生组织中山大学历史人类学研究中心人员进行辩认录入。打印稿最后经中国科学院华南植物园（所）胡启明先生细心校订定稿。特向以上诸位先生致以深切的谢忱。

Eco. History since 1815 Pt. I

Beales   old theatre

Oct. 9. 1946

1. Scope of content

Prof. Fisher in the next term will deal with agriculture & foreign trade, in the summer term with trade unionism, etc.

In this term we are dealing with industry, – the formation of capital, etc. From 1815 to 1939. Analytical method of approach.

There is no text books making the attempt to integrate, the capitalism in Europe and the capitalism in the U. S. No satisfactory text so far. Knowles' book is out of date. Hobson's latest edition on "Evolution of

Modern Capitalism" is worthwhile. Sombasts's Modern Capitalism is too controversial. Nusbaum "Eco. Institution of Modern Europe" is not very successful. [1]

Mean's "Structure of American Economy" (1939) published by National Resources Committee, is most helpful. [2]

This course will deal with the devel't of capitalism, both in its corporate aspect as well as in its control, etc.

Hobson "Export of Capital" – to 1875. Amer. Author Myser(?) "Europe the World Banker"

Oct. 17

Diffusion of Capitalism – as steamship (Foreign investment)

War in relation to devel't of capitalism, – stimulating, intensifying, or retarding? Industrialism can adopt to any social institution, either rugged individualitics America or privileged-class England, or feudalistic Japan (with monopolistic capital).

Read Gras "Types of Business Capitalism", to corporation

Industrialism and organization – for captains of industry, for industrial capital to finacial capital. Capital depersonalized to form corporate entity.

Read Brady (a Canadian), a polemic book.

---

① A History of the Economic Institutions of Modern Europe: An Introduction of der Moderne Kapitalismus of Werner Sombart By Frederick L. Nussbaum

② Gardiner C. Means, "Basic structural Characteristics and the Problem of Full Employment", in United States National Resources Committee, The Structure of the American Economy, pt. 2, Toward Full Use of Resources, 7. https://books. google. com. hk/books? id = KnPt5KrUwJ8C&pg = PT224&lpg = PT224&dq = Structure + of + American + Economy + 1939 + National + Resources + Committee&source = bl&ots = uUGIXDGRSh&sig = GXrCEcFXpKEEd9BIHCyX0_ Gndmc&hl = zh – CN&sa = X&ved = 0CDIQ6AEwBGoVChMInuyiwur_ yAIVRjCmCh0xxwCw#v = onepage&q = Structure% 20of% 20American% 20Economy% 201939% 20National% 20Resources% 20Committee&f = false

伦敦政治经济学院《经济史》等（英文）听课笔记（1946.9—1947.2）

Involuntary savings. Rainy day savings contribute to capital market is of recent origin only.

Carnegie is a transitional figure standing middle way between capital industry and impersonal industrialist.

Mobility of capital and its instruments.

Oct. 23

Changing structure from agri. economy to industrial eco. as exemplified in U. S. Change in production technique—mass production. In early 1900, freight cars were used to meet demands of mass prod. , to solve the latter's bottleneck, of, Henry Ford's autobiography. [1] pt. pt. He said he combined ideas of freightcar with that of stock yard.

Read Marshall, industry and Trade. [2]The secret 18th c's invention.

Oct. 30

Problem of industrial concentration – quasi – monopoly. [3]

Early phase of industrialism—power & mechanisation. A factory is a producing unit in which power &mechanisation are employed. We don't use Marx's definition here.

---

[1]　Ford, Henry; Crowther, Samuel (1922), My Life and Work, Garden City, New York, USA: Garden City Publishing Company, Inc. Various republications, including ISBN 9781406500189. Original is public domain in U. S. Link: https://books. google. com. hk/books?id=4K82efXzn10C&pg=PP13&redir_ esc=y

[2]　Alfred Marshall, 1919 – Industry and Trade, Link: http://socserv2. socsci. mcmaster. ca/~econ/ugcm/3ll3/marshall/

[3]　Quasi – monopoly is a kind of monopoly where there is more than one service provider for a particular good/service but the nature of the competition is such that similar kind of service/pricing is offered to the customers.

Range of industries widens as time went on. In 17c., only sulfuric acid industry was significant. In 18c., small hand-made instruments. In 19c., structural materials – Bessemer's Process [1] of steel-making, 1856. They were used in M. & building.

In 18c (later pt.), industries were localized, tho they involved complicated parts within the industry. Usually they were small producing units concentrated in certain areas. Is there anything as "rate of progress"?

Read Westerman, Eng. Eco. Organization(?)

Nov. 6

Tobacco industry as an example.

Alcoholic liquor industry still another example. (Hist. of brewery in London) They are enlarged by introduction of steam power & combustion engine, as well as reduction in no. of competing firms. Read Fabian Pamphlet by Dr. Lewis.

Mc Clausly[2], Trust Move't in Br. Industry. [3]

Hermann Levy, Industrial combination in Germany. [4]

Tarbell, Story of Standard Oil co. [5]

---

① 贝塞麦转炉炼钢法 The Bessemer process was the first inexpensive industrial process for the mass – production of steel from molten pig iron prior to the open hearth furnace.

② Macrosty, Henry William

③ Macrosty, Henry William, The trust movement in British industry, a study of business organization, 1907

④ Hermann Levy, Industrial Germany: A Study of Its Monopoly Organizations and Their Control by the State, CUP Archive, 1935, p. 245.

⑤ Ida Tarbell, The History of the Standard Oil Company, 2 vols., Gloucester, Mass: Peter Smith, 1963 {1904}.

Lynoy, concentration of Eco. Powers (T. N. E. C. Report) [1]

Mc Claus

Carter

Burn

Rate of increase in production in industries during recent decades. Individuals & partnership displaced by corporate business. Is this true? Experience in U. S. shows this is true except in agriculture. (cos. Occupy only 7%) Compare Amer. experience with control movement in Germany and combine movement in England.

Jan. 23, 1947

Generalizations about agriculture in 19c.

1. Not so much in terms of capital as in terms of land. Labor mov't fr. Europe to Ameri. & Austri. &New Zealand, fr. Russia to Siberia, & fr. China to Manchuria during 19c. . Agri. labor mov't took longer than industrial l. mov't. "Moving frontier" concept as applied in European eco. history.

Agr. in new country is dif. fr. agri. in old country. Profit from agr. in new country is high. Sometimes comparable to industrial profit.

Problem of soil erosion – washed or blown away, is growing in 19c. than in preceding periods.

2. ① Change of agr. product from cereal to meat & dairy products in 20th century. ② Certain[2] crops as potatoes became important in 19th c. , so was sugar beet. ③ Rise of tropical products such as cocoa, rubber etc. into

---

① INVESTIGATION OF CONCENTRATION OF ECONOMIC POWER. TNEC. A Study. . . Monograph No. 36. Reports of the FTC. Natural Gas and Natural Gas Pipe Lines in USA; Agricultural Implement and Machinery Inquiry; Motor Vehicle Industry Inquiry. Paperback – 1940, by Temporary National Economic Committee.

② 应是 Latin。

prominence. Demand for colonial product laid on foundation of new imperialism.

Feb. 6

1. Personal family farming

2. State

3. Tenant

After 1850, technological change in West became steady, while East not.

Agricultural structure is more complicated than industrial structure, while agri. technology is simpler.

Conditions under which feudal relations were liquidated various from countries.

"Benevolent Monarchy" & "Revolution" in land reform.

Feb. 13

Devel't of New Settlement is Agri. Area (in 19c.)

Large migration didn't begin until 17c.

Characteristics of New country (the) Land Relation no necessity for intensive cultivation 2. Struggle bet(= between), gov't(law) & farmer instead of between overland & tenants.

Condition essential to large scale plantation:

1. vast quantity of land bought on easy terms

2. produce adapted to large plantation

3. adequate market demand

4. adequate labor supply

Means by which labor supply is recruited:

①conversion of peasants into wage earners in agri.

②drawing of reservoir of surplus existing laborers—transplanting European agri. laborers, importation of African & Chinese workers.

③slavery. (part. in West Indies & S. U. S.)

It was unstable because of evangelical christanity, public opposites, pol. liberalism.

Feb. 27

Supply & demand in agriculture (dif. fr. that of industry)

1. dietary habit of Asiatic and African – makes demand for agr. less than industrial product (esp. for the whites).

Agr. less responsive than industry.

2. Demand for agr. product less elastic than that for ind. prod.

3. Supply for agri. prod. less elastic, when increased; still less elastic when decreasing.

4. Coexistence of agri. depression in certain area with expansion of newly cultivated fertile land during 19c. (before passing of frontier)

Down to 1815, demand was growing faster than supply: hence agr. prosperity after 1815,

1830 – 1870, d. & S. kept pace

1870 – 1890, Russia, Canada, Agriculture opened up. Supply greatly increased

1890 – 1920, D. again overrun S. (owing to withdraw of?), Br. (middle. s) etc. fr. agri. & disappearance of Russia fr. the market Famine prevalent

1930's Supply outstrip d. (owing to technical improvements, growth of socialized agr. research& gov't taking over) Expansion stopped at 1939 when d. was over s.

Agr. prices fall & rise more rapidly than ind. prices. Income of agr. community fluctuate more violently.

Strong pol. repercussion:

(1) as means of adjustment

(2) growing fear of war during 1817 led to tariff agitation (tightening up of Corn Laws in England 1815 – ?)

After 1930: 1. subsidy 2. quotas of production, —to increase farmers' income.

＊后附梁先生于大英博物馆阅读室一日许可票一张。

时间：1947 年 2 月 17 日

Eco. Hist. Since 1815 (Pt. ‖)
Prof. Ashton (Room 8)

Definitions of Capitalism

1. N. S. B. Gras: " Business & Capitalism"

2. J. A. Hobson "Evolution of Modern Capitalism"

3. Durbin "Politics & Democratic Socialism"

4. Schumpeter "Capitalism, Democracy & Socialism"

"Theories of Business Cycles"

Definitions of Capital

Adam Smith—ch. On "stock". Capital vs. Income. Size of saving

1. dependent on nat'l income

(in millions)

m. £ 300	1830
760	1860
2, 300	1913
8, 000	1945

2. dependent on distribution of wealth

In the 18th c. the public debts accentuated the unequality of distribution.

3. dependent on the willingness to save

readiness to invest in the capital – goods, as different from investment in lands, which represents only transfers.

Oct. 16, Wed.

Gov't finance is an important factor in the accumulation (& creation) of capital, – in France & Germany, in U. S. , mostly fr. individuals.

Mantean argues that source of modern capital comes fr. land. His is insufficient.

Another theory maintains that capital comes fr. mine.

Capital comes fr. industralist.

Capital fr. trade, mercantile capital in 18th c.

Capital fr. foreign countries. England imported capital fr. Dutch in 18th c. (1773 as a yr.)

Before 1800, London took place of Amsterdam as int'l fin. centre.

Flow of capital fr. short – term credit to long – term credit, & fr. primary industry to secondary industry_ _ & vice versa.

It's safe to saving that capital comes $\vee$ concerns itself, —largely fr. accumulated profits. So far as capital comes fr. outside, mobility of capital is determined by proximity to market (investing), & personal knowledge. This is true of early capital investments. So long as these factors are operative, accumulation could not be greater in size. Accumulation to be large in size must be on impersonal basis.

Oct. 23

Provision for interest – rates (usury laws)

1487	
1545	
1571	10%
1625	8%

1651	6%
1714	5%

Continuous reduction shows increased volume in capital accumulation.

These laws do not apply to gov't itself, not to East India Co.

Attempts to remove usury laws for 3 reasons: 1. Intellectuals, 2. merchants & industrialists, 3. In interest of gov't itself.

Market rates generally lower than the legal rates. But in 2nd pt. of 18c., interest rates fluctuate great deal.

Prices for gov't the securities (gilt consols) rise due to war.

1792	3.33
1797	5.90
1798	5.94
1804	5.30
1812	5.08

If legal rate is higher than market rate,

A. Smith say if legal rate is lower than market rate,

If legal rate is equal to market rate,

Borrowing on: 1. mortgages; 2. by means of annuities.

Final repeal of usury law due to 2 reasons:

1. In 1847, market fall in land values.

2. Railway issued debentures, which was not allowed to be higher than 5%.

Repeal of Usury Law followed by India (185?) Denmark, etc. All in 1850's or later, Sweden in 1857.

Oct. 31

B. e. Hunt, Development of Business corporation 1936

H. S. Shaunan, E. H. 1931 – 1932 E. H. R. 1933

G. H. Evans, British Corporation Finance

D. H. Macgregor, Enterprise Profit chs. 3, 4

Usury laws were repealed by Gladsture in 184?

Joint stock cos. – transferable stock. Liability may be limited or unlimited.

South Sea Bubbles – in 18th c.

Bubbles Act – 1778 – very savage legislation with severe punishments.

It: stock co. may obtain a chantor fr. crown or an act fr. Parliament. Some of them in pub. utilities.

It: st. cos did not have limited liabilities in England until middle of 19th c. Because 1. Social opinion was against them, 2. Eco. opinion opposed to them. A. Smith condemned them as very closed to monopoly. He thought it inefficient. Even in 1842 when J. S. Mill wrote, he & other economists look down upon Jt. St. cor. with suspicion. Mc. Cullock was hostile to them.

Difficulties of partnership to recover debts. Then can't suit each at court, became man can' t be prosecutor & dependent at the same time.

1836 trading & other cos. Act passed. After crisis of 1847 opinion in regard of gt. St. Cos. began to change. Reason 1. R'y boom & collapse in 1847. 2. Free trade movt. 3. Public health. In 1846, a co. was formed by Borring, etc. on a capital of more than one million £ s to provide cranage & other pub. Health works. Later (about 1850) saving trust Bank was formed. 1856 Joint Stock Co. Act. Passed. This is a very important legislation in 19thc. as it provided the sources of capital accumulation.

Nov. 6

Consolidated Act 1862. After that Jt. St. Co. grew rapidly.

In U. S. after Revolution, charter from Crown abolished, equality was acceded, particularly in Public Utilities in N. England cities.

In finance, Jt. St. co. existed in 18c. After Revolution, the Napoleonic code applied to Fr. Belgium, Italy, etc. They extended originally Fr. pub. u- tilities to general business.

Germany – NO uniform com'l law until 1843 when Russia had it for the 1st time. After 1870, GMBH① came into existence. After 1918, they de- veloped into cartels. They didn't publish financial reports & hence capable of maneuver & manipulation.

England – In 1863, Jt. devel't took place. Limited liability, transfer- abilily of shares, preferred and common stocks were used. Democratic idea was introduced. But experience showed that control was resting on a few which becomes oligarchy instead of democracy. Concentration of control in a few directors was facilitated by the holding cos, 2. Etc.

In 1890s cartels, combines, trusts developed rapidly, the combination mov't was facilitated by 1. Cheap money – gov't didn't borrow until war of 1899. 2. oversea investment.

Same sort of mov't took place in U. S. The mov't was halted in 1907, but resumed in 1918.

Jt is associated with internat'l pool of short – term financial resources.

Jt. St. Co. may have been responsible for the increased amplitude of industrial fluctuations during late 90s. But this is doubtful. Shannan argues

---

① （德）有限责任公司。

that Jt. St. Co. tends to pay same dividend yr. after yr. by putting more or less into reserve acc't, & therefore tends to lessen the instability of industrial system.

Marshall in Industry & Trade said Jt. St. Co stables rather than aggravates the fluctuation.

Devel't of jt. st. co. tends to increase the power of entrepreneur at the expense of capitalists.

Is jt st. co. a means of equalizing property income, or increases in e-quality of it ?

Nov. 14

Read Feaver Yean, The Planned Sterling

King, London Discount Market

Deposit & creation of credit, transference of capital fr. place to pl.

Earliest bkers were dealers in money. Italian word "Bank" means table. In 16c. , exchange in this country was carried on by Lombardt & Jews. 17c. merchants sprang up fr. London goldsmiths, 1694 Bk of Eng. set up as instrument for setting acc't with gov't. The pt central bk in world except Bk of which established just a year earlier. But it was Bk of London rather than Bk of England.

Bill is instrument drawn by creditor on debtor. If possessor doesn't want to hold bill until maturity, he can sell it to merchant or bkers by discounting.

Wages were paid to maintain workers' subsistence; the remaining pt. was paid in two months generally. Truck system was growth of necessity in wages pay't.

In 1893, there were 400 local bks. After war with Fr. 900.

Local bks refused to issue notes.

In 19c, ①Bk of England – dealing with gov't, discounting bills of charter cos. etc. ②London Bks – in 177? set up cleaning house dealing with Bks of E. notes, didn't issue notes. They are about 70 odds. ③ country bks never had more than 6 partners. Fortunes of bk tied up with particular enterprise.

Since these's no connection bet, country bks and l b. of E. , it is hard to speak of an organic bkg. system. Many of country bks tended to make long-term loans, which constitutes one of their weaknesses. They specialised in areas. Life of bk depended upon life of partners. If the latter died, it became liquidated. Country bks did not hold reserves with London Correspondence.

How much capital comes fr. bks? fr. accumulaion of industrialists? It is difficult to determine. But liquid capital may serves as an indication.

Creation of bill currency during 1793 – 1815 led to rise in prices.

During 19c, ① closer integrations ② Jt. St. Bk cos. ③ for the devel't of bill market. Accepting houses arose in 1850's.

Feb. 19

Mov't of labor – internal mov't rather centripetal than centrifugal

Eco. Hist. of Western
Europe in the Middle Ages
Miss Baruo Wilson

1. Ashley & Cumningham

2. Eco. Hist. Review, Jl. of Eco. Hist. Annale (Fr) ed. Marc Bloc

3. Heaton, Eco. Hist. of Europe

4. J. W. Thomson, Eco & Soc. Hist. of M. A. 2vols.

5. Boissinade, Life & Work in M. Europe

6. Pirenne, Eco. & Soc. Hist of M. Europe

7. Lipson, Eco. Hist. of Europe Vol. I (1937)

8. Cambridge Eco. Hist. of Europe in M. A.

Roman Empire

1. Rostovtzeff, Social & Eco. Hist. of Roman Empire

2. Franc, An Economic Survey of Ancient Rome

3. Toutain, Eco. Life of Ancient World

4. Cambridge Ancient Hist. Vol. 2 & 12

5. Lot, End of the Ancient World

6. Wassington, Commerce between Roman Empire & India

Roman Britain

Archaeological Evidence in British Museum

Oxford History of England Vol. 1 Cotlingwood

Harverfield, Roman occupation of De proceedings of British Academy

Vol. 2

Curwen, Air Photography & Evolution of Cornfield

Ordinance Survey Map of Roman Britain 1931

Victoria Country History of England

R. E. M. Wheeler, Prehist & Roman Wales (Guides to Roman London)

Oct. 16, 1946 Thursday

1. field system

2. types of settlement

①Villa system – cf. "Antiquities" Vol. 14, oxoniensia 1939, in Library

②fortified

③piny huts

Both field system & types of settlements don't depend so much on the plow used, etc. , as on soil & climate.

Oct. 24

Textile industry(textina) in Roman Empire, Fuller is a kind of entrepreneur in its earlier sense. Geographical distribution of textile trade: near East, Italy, Gaul, & England.

State factories were set up in Italy, Spain produced dyes. S. Gaul supplied wool to Rome fr. early time. N. Gaul rivaled Italy in industry, famous for garments.

Oct. 31

2 schools of that with regard to transition fr. ancient to medieval period:

1. Humanists – catastrophic point of view, complete collapse of civilization after fall of R. E. [1]

2. modern school – some good points in barbarous, as spirit of democracy & equality

Read: Soc. & Eco. Foundation of European Civilization (1st pub. in Vienna, later tr. into English)

Lezoux & Pottery trade

Gallic pottery makers massed produced in Castor, Northampton; & New Forest.

Lamp industry

Both trade & industry came more & more into hands of Provincial merchant (in) Italy. Italy was very great consumer centre. Roman Empire began to decline a… 3rd c. Capital levy (decurious), taxes in kind (Annona), requisitions were means to meet increasing gov't deficit, & with declining revenues.

Societas, very like joint stock co., were formed among miners.

Conductores, procurators.

Nationalization of arms industry.

Debasing coinage was another measure.

Read: Eco. Hist. Rev. 1935, or annual, 1934

Compulsory service was another short cut.

All these measures fell short of financial requirements during 4th c.

The Emperor compelled people to take office in 3rd c. (office compulsory)

Middle of 3rd c. decline of towns set in.

People were compelled to join guild (collegia) as artisans. Social

伦敦政治经济学院《经济史》等（英文）听课笔记（1946.9—1947.2）

stratification became hereditary. Cultivators bound to soil could not move freely. Considerable portion of land became uncultivated. Soil became exhausted. Climate became less favorable. Slavery & coloni.

State carriage system in 332.

Nov. 18

Commercialization of England 1485 – 1760:

Cf. Holdsworth Hist. of Eng. Com'l Law (Partnership & Cos.) Vol. 8 (?)

More than half of membership of merchant Adventure were partnership. Reasons why attempts to discourage partnership.

Partnership originated in Italy ("Commenda", "Societar") . Sleeping or working partners in Commenda, connected with long voyages and cargoes.

"Collegante" in England.

Royal charters in Elizabethan England. ?Regulated Co.

1. They derived their existence from royal charters. 2. Strong spirit of monopoly & elimination of competition. In many ways trading cos. in 16s were like town guilds. Regulated cos. were not trading cos. in sense they were mere Ass'n of trading members.

Jt. St. Cos seldom came into existence where demand was not present.

In 19s they lost all monopolitic power, except East India .

Co. Cf. Miss Carus – Wilson article in Eco. Jl.

Jan. 20. 1947

Relationship bet. industry & statutory Laws during Stuart Dynasty
cf. G. umwin

Lipson

T. Roger was a royalist and spoke very badly of this period. However, intermediate view should be taken.

Poor Laws

Monopolies go back to later years of Elizabeth. Elizabeth's patents, the apologies to Parliament for patentees. 1622, Parliament protested. Monopoly in form of merchant cos.

Read Hughes, E. Studies in Administration & Finance (very important)

Allens

Froes (Danish Lady) Aldman Cockayne's Project

Jan. 27

Marget Jay, Social Theory in Tudor Period

Davies, Early Stuarts

R. H. Tawney, The Rise of Gentry, etc.

Trevelyn, Hist. of Stuarts (colored by his pol. view)

cf. Russian & German authorities also

1629 dismissal of 3rd parliament

1640 Short Parlie

1646 civil war definitely ended

1649 Charles I beheaded

1658 Cromoell died

Parallelism with French Revolution, 1789

Abolition of feudal landlordship. Confiscation of church lands, etc.

无标题（11 – 13 世纪行会、工业化的课）

Jan. 16. 1947

Guild System, 3 types of organization: (11th c.)

1. industry done in home – domestic

2. independent artisans working for his own. Working in his house but on commission basis.

3. groups of wage-earners working in capitalists' houses

Industries:

Pottery

Salt – West coast of Fr. , S. England

Feb. 6

Guilds, monopolistic, closed-door. In practice, however, evasions were quite frequent. Pressures were brought to bear upon on part of guilds to make non-members to join them. Infrequent battles resulted.

Guilds within cities & their extension into countries. After 15th c. , industries flourished in countryside after their having been freed from guilds' control.

Good characters, & a little property or money, were requirements for admission into guild.

Terms of apprentice ship varied great deal, usually of 2yrs.

Equality of members were attempted to secure.

After 16th c. , guilds become very important in art, literature, music, etc.

Feb. 13

London with 35, 000 population

12 – 13th centuries, growth of interest in scientific farming. In 11th c. , vast tracts of waste land & heath in central Europe. of Belgium laid uncultivated then. Colonization & settlement is one important aspect of 12th c. from 13th to 14th centuries, it ended as a result of Black Death, etc.

Darbe: Medieval Friland. And

Drainage of marsh land. In 13th c. , an academy formed to undertake research project in drainage of marshes. Henry of Eastry 1285 – 1331 produced a book & spent lot of money in reclamation.

H. G. Richardson, Hist. of Eng. (In Eng. Hist. Review Vol. 34)

Irrigation came later.

Settlement of Germans in Vistula. (Alluvial region)

In 14th c. England was no longer a forested country, because it has been cleared.

Water mills grow up in villages in England. About 13c. , water mills not only grind corn, but were being used in tanning, & fulling dyeing clothes etc. Capital of mills provided by landlord of manor. Profits were high thruout' 13c. . Fishery was resorted to.

Enclosure began 13c. , reoccurred 16c.

Exporting of timber. Potash (ash) used as dye.

One of great devel'ts in 13 – 14th cs is cattle farming. Disputes arose as to comparative importance of horse or cattle being draft animal. Agreed that it was horse.

Tupplieg, Hist. of Cattle Farming in Lancashire

Cheese & hides were products fr. cattle.

Specialization in horse breeding.

Sheep were scientifically bred in 13c. Sheep fr. Spain(merino), Africa, & Asia. Reminiscence of Roman Empire (in sheep breeding). Nat'l Ass'n of Sheep Breeders. Sheeping Farming.

Klein Mesta (a good book to read)

Page (Miss Wreth-smith)

Articles in Amer. Business & Eco. Hist Jl.

1931

In 13c. England grew nothing but vines.

Specialised & intensive cultivation.

Growth of population in England (since Doomesday to 13c.), France, Italy

Feb. 27

Trade Routes

V. J. Clark, Italian Cities

Rise of clothing industry produced tremendous change in East & West trade thru Levant merchants – formerly to West shipped spices to East.

Genoa was greatest rival of Venice bet. 13 – 14cs.

Heyd,

Byrne, Shipping in $\vee$ 12&13th cs.

Reynal's

Pegohette – Handbook for Merchants (Bk Ⅱ, on Fow East)

Haylvyt Society

Ruderdock, in Eco. Historical Review, 1946 (Trade in Hampshire)

Marco Polo & his travels.

It is quite certain in 13c. needle (essential part of compass) was used in navigation by Europeans (Italians)

(Sea) exploration by Portuguese & Spanish.

Eco. Hist. , 1485 – 1760

Mr. Judges   Room E 198

1. cf. Ashley, Intro. to Eng. Eco. Hist. & Theory; Ⅱ, Survey Historic & Economic

Cunningham, superseded by Heckscher, Mercantilism; & Lipson, Eco. Hist. of England

Scott, The constitution & Finance of Eng. , Scottish & Irish Joint – stock cosr.

Heaton, Eco. Hist. of Europe

Nausbaum,

G. Imwin, Works

Ⅰ. Eco. behavior of England & Wales in the 15th c.

1. Size of population – 2 millions. Density & spread;

2. Towns & Cities – Southampton, London, etc.

No pressure on the natural resources by that time. Recession of Wales. War of Roses: Black Death Plague in the 14th c. marks the beginning of the recession. Recent researches show that b. d. did not entirely disappear down to 15th c. Population shrinked fr. the later pt. of 14th c. to early 15th c. Shrinkage of agrarian settlements also. Change of relationship bet. peasant & landlord. There are Rogers, "Wages & Price" are most important works.

Commuted money pay't for labor service.

Ⅱ. General trends

1. Pastoral Farming is more profitable than agr. farming for reasons:

①Capital is cheap & labor is scarce

②Improvement in sheep breeding

③Markets for wools continues to expand

2. The typical producer in agriculture in 15c. – farming for subsistence

J. Roger called ∨ 15c. cos ∨ slum period as well as golden period of agriculture. Are these two terms incompatible?

Ⅲ. Trade: Hanseatic League. Eng. oversea trade shrank very much duing ∨ War. (Tuda Period). Trade with castile (Spain). Closely associated will Spain by marriage for nearly 100 yrs. Most neglected by textbook. Probably fly because there was no Spanish cos. organized.

Manufactured goods exchanged for semi-manufactured goods or raw materials bet. England & Ireland.

Trade with Mediterranean, N. Europe, Flemish. "merchant adventures" "Merchants staple"

London as financial centre

Large volume of unfinished clothes exported fr. England.

Tremendous relation with low countries.

England before 1760(From 17th century onward)

Absence of scientific knowledge made death rate high & population small. Country was small as well as poor. Primarily agricultural. Read Lipson, Introduction, pt. 3 chs. , & Owin, Open Field. Eng. agriculture is characterized by:

1. absentee landlordship & tenant farming; 2. farming acc'do types of soil etc. The following discussion confines to southerne eat mid-England only (not north). Agri. System: 1. sheep was kept because of wood kind of mixed farming. 2. production of cereals only, no fruit, etc.

Technical problems involved: ①to. obtain food for livestocks. Re-

伦敦政治经济学院《经济史》等（英文）听课笔记（1946.9—1947.2）

serve of village land for feeding animals during winter. Use of spice(imported) to preserve meat. ②Form methods to restore nitrogen (rotation of crop, animal manure, rest the soil for one yr. etc.)

Three- field system. Medieval farmer has scattered holdings. Two theories: 1. Derived from communal plowing (team). 2. As a measure of distributive justice among individual farmers.

Cattles were not kept separately, but fed on village commons. state of man'gt in 13th c.

Most farmers were tenants. Manorial structure: Farming unit was village. As far as farming concerned, the village is important. The manor is only a management unit. Rest are customary & not competitive. To some extent, they were paid either in cash or in kind. But mostly paid in labor. Tenants were tied to soil, sons could not leave the soil, + daughters couldn't marry without paying landlord a fine. They were serfs. These were intended to keep constant supply of labor service.

Labor services were commuted into money pay't. Rents were contractual instead of customary by the late 15 & 16cs.

Oct. 24

Farming System before 1760

Before 1760, open field.

After 1415 cs. gradual decrease of labor payt. Many rent became rule. Before black death, it was landlord who pressed for cash rents. After B. D. , it was tenant who pressed for cash rents.

Effect of silver discovery in N. Ameri. on cash rent as well as in prices. Money rents at first were only translation of the customary rents formally paid in labor; but owing to rising prices, pressure was brought to bear on landlord class. Cash rents became competitive rents in later time.

Second Deve'lt: Growth of cities & town as well as industry had repercussions on agri. ①Landlords either let lands to capitalist farming, or broke down open fields. Enclosure began. Prob. Of ejection became urgent in 15 & 16th cs. Growth of proletarian resulted.

Industries before Ind. Rev. were mainly of consumption goods. There was no steam power, no factory. Industries were located to centres of consumption, & therefore very evenly scattered. Small significance of capital goods, relatively unimportant of fixed capital, control rested with working capital as artisans owned not only his instruments but also sold his products, hence free from external control, these & others were characteristics before I. R. In 16 & 17cs. , capitalists grew in ho. Putting out system first grew up in textile industry. Still their capitals were not tied up in fixed capital.

England's chief export was wool carried by merchants. From 16 to 18cs. , woolen cloth became √ chief export commodity. Cost of transportation were still high.

Oct. 28(night)

Change fr. peasant farming to tenant farming.

Expansion of industry on countryside & non – agricultural population.

3 ways of increasing production: 1. By cultivating previously wild lands, 2. More careful farming, 3. Specialization.

In specialization, farmer did not want to work with others in common.

Creation of large enclosed farmers in 16 & 16cs. either by landlords or capitalist farming.

Structure of industry before 1760: 1. Mainly concerned with consumers' goods. Capital goods industry before 19c was rare. 2. It is scattered geographically. It is near fr. consumers. 3. Control of industry before 19c. rested on those who own ∨ working capital, because fixed capital was unimportant by that time. Merchants who own ∨ raw materials were capitalists.

Nov. 18

Bottleneck was not labor but fuel.

Domestic system in textile industry facing increasing cost as production expanded. Certain experiments in factory method to bring workers together under one establishment.

Lightening of poor laws in early 18c as change in philosophy demanded.

Change in 1760 – 1850:

Ⅰ. Spectacular growth of population fr. 1801 to 1851, almost doubled. Causes are 2: ①immigration fr. Ireland ②natural increase cf. Buer, wealth & population. Griffith, vop. Prob.

High natural increase was due to lower death rate with rather stationary birth rate. Raised 2 problems: 1. Employment of child labor – family allowance not provided in Poor laws.

Growth of popul. ①facilitates of new production methods in certain industries, particularly in transportation, diggingn canals, etc.

②it is equally true that in industries such as textile old method existed side by side with new method. Introduction of new machinery in U. S. introduced less trouble (as displacement of labor) than in England.

③believe that overpopulation was root of all social evils.

Ⅱ. Half million men in Services during Napoleonic war. Results of the war: 1. Problem of demobilization serious. 2. Before war, England was self-sufficient in corns. 3. Price inflation. 4. Mass of legislations regulating trade & industry. 5. Social & eco. agitation, labor union activities were made more difficult owing to after war legislation. 6. Prices fell slowly but steadily until 1840's. In early 19c, there was acute shortage of precious metals.

Read, Redford Eco. Hist. of England

Mantaux, industrial hist.

Jan. 20, 1947

J. N. Clark, National Wealth (Home University Library) just came out

Industrial Revolution (Home University Library) will becoming out Redford

Reforms as advocated by middle class in early 19^{th}c. 2 groups:

1. aim at eco. efficiency.

2. aim at reduction of social costs in terms of inconveniences.

Read:

Bre

Bonds, History of Corn Laws

Search for new markets took 2 forms:

I. to reduce costs of production. It leads: ① to opposition to raise of wages; ② to reduce wages indirectly, such as pay't in kind, fries etc. ③ to prolong working hours, truck system, etc.

II. To raise price except food stuffs.

Britain of early 19c. is in same position as U. S. A. today.

Realization 1. Reduction of foreign country tariff; 2. Ability of foreign

伦敦政治经济学院《经济史》等（英文）听课笔记（1946.9—1947.2）

countries to pay – enabling them to pay are essential conditions of oversea trade expansion. Manufacturers and merchants demanded free trade, not protection.

During Napoleonic War Eng. trade grew double owing to ineffective of blockade.

Turning point was in 1820 when merchants & mafs. petitioned for abolition[①] of trade restrictions. Huskinson was responsible for many reforms. He made tariff reduction, reduction in import duties, etc.

Jan. 20

From 19c, England became import excess in food stuff: the farmer was less and less concerned with subsidies & duties (domestic production) but more & more with inernat'l price. Acceleration of enclosure as a result of food shortage.

In 1815, Parliament reputed corn price has risen double. After 1828, reforms in Corn Laws. 1838, Anti-Corn Law League.

Potato famine in 1840. Peel's Repeal, 1846(?)

W. Europe is of same climate with England. Hence, harvest is good at W. Europe when it is good at England, & vice versa. So quantity for import is quite limited. After invention of steamship, quantities (can be brt fr. afar, effect) tariff more important.

Past historians exaggerated significance of Corn Laws. After repeal, no spectacular change took place.

Feb. 10

In 16c. system of charity by village broke down, because 1. Growing

---

① abolishment.

division of labor, 2. Enclosure mov't. Poor Laws took place. until middle of 17c. p. l. were characterized by : 1. Centralization, 2. Employment provided for, & voluntary unemployment punished.

Fr. m. of 17c (1660) to 1834(?), change ①fr. centralization to local administration, parish as a unit. ② fr. "social stability" to eco. progress.

To Malthus & theorists in Wages fund, poor relief is absurd, because wages being a fixed quantity. Any attempt to relieve $\vee$ poor tends only to diminish $\vee$ share enjoyed by other classes. Benthamists attack fr. s. on ground of admin. inefficiency. In spite of attacks on relieve to able – body unemployed, practices have been liberal thru 18c. Enactment of minimum wages.

After Napoleon War, P. R. reform being pressed. But not until 1831, P. R. commission set up. Great change took place. Able-bodied to work at workshop only.

Effect of workshop on agricultural areas & indus. areas are different.

Read Sidney Webb, Eng. Local Gov't, Vol. 2, Ch. 2

Poor Law Reform Act of 1834

Feb. 17

Techn. Changes produce 2 institutions in 19c. England: 1. Factory, 2. Manuf'turing towns. Most factories were under capitalized. During 1st half of 19c. joint stock cos were not available to industries. Acting of labor costs as a result of competition, either in form of lower wages or shorter hours, or substitution of cheaper labor for dear, or by truck system (pay't in goods)

Child labor became more important & hence more acute problem fr. early 19c. Typical factory began to be run by steam power instead of water power (water wheel), giving rise to urban factory.

1833 Factory Act – no one under 8 was allowed to work, no more than 10 hours. Establishment of factory inspector. First import labor legislation. But nothing done to adults.

1844 Act extended to females.

H. Harrison, Hist. of La. Legislation

Hammond, Economica 1926, March

无标题[①]

High proportion of expenditure spent on clothes by people of this time.

Importance of Atlantic Trade.

Oct. 21

1496 – Henry Cabot's voyage to North America. He was looking for China. He knew of Colombus voyage to Cuba. Cabot's voyages are of significance because of the fact that he utilized Bristle's knowledge. He knew Colombus' mistake. cf. Dr. Williams' Cabot's voyages to America.

Relation bet. England & Spain did not deteriorate until end of 15c when Itawk made his attack.

The reasons why European powers were so interested in China: 1. The Venetians monopolized spice trade fr. East, which material was used in preserving of meats. The explanation so far so good. But it went further in saying that Tanks interposed the trade route bet. Venetians & East, thus making prices exorbitant. His explanation did not fit facts, however. cf. J. B. Baln, Medieval Trade Routes, pub. by Hist. Ass'n. European trade was fr. N. to S. , rather than E. to W. . 3 Routes to Asia.

Peak of prosperity at Henry XII's time.

---

① 根据最后的课表，这门课可能是 Eco. Hist. 1486 – 1760, by Judges, 课程编号 238，上课时间：周一下午六点，教室：E198。

Read "Ocean in English History" (Oxford lectures)

Oct. 28

Process of Land utilization

Disappearance of peasant & copyholders – note ∨ time interval with regard to such conclusions as this.

Barley, Oats & peas, bean, hemps etc. Gray's book gives very elaborate systems. They are quite confusing.

Population was raising during 15c.

Volume of instruments increasing also, altho they may be still primitive capital increases also.

Land reclamation & drainage makes marked progress during 16c., particular in 1590's. Dutch technicians immigrated. Something like half million acres were brot into cultivation.

Spread of gardening, intensive cultivation of small area in order to get more products, – along north side of Thames.

Gras' "Evolution of Eng. Corn Market", – Metropolitan market referring to London. Read also Fisher "London Food Market" in Eco. Hist. Review in 1935.

Transportation of food fr. place to place became frequent, with local specialization resulted.

Read contemporary accts by Lathimore(?) & Dr. Gay in Tawney's Eco. Documents in Tudor England. Read also Corter, On Enclosene, Common, Wastes, etc.

Dr. Gay's works – in Royal Historical Social, Transactions, Q. G. E. etc.

Enclosure not always connected with sheep. Protest against, encl. simmering from 1480 to 1680.

Eviction of tenants under enclosure.

Rackrent was nationwide. Sometimes manorial customs & contracts were so rigid as not to allow racktrants.

Loss of commons was one of tenants' great resentments.

Read Towney Agrarian Revolution of 16 c. & his Rise of Gentry in Eco. Hist. XXX. 1941

Exchange of strips as a mean of extending tenants' holdings.

First encl. Act, 1469.

Nov. 4

Change fr. Mediterranean to Atlantic commerce (in Ship contraction)

1. 3 – masted ship

2. head sails were used

3. over lapping planks

Read C. E. Fayle, Hist. of Shipping of the World

Bills of exchange particularly popular in 16c. at Spanish Fairs & Italian ports. Bk deposit as well as bks of deposit were practically absent from scene. Interests were regulated by ecdesiastic laws. Bl. Of exch. at first not negotiable instrument. Read Tawney, Wilson's discourse on usury. R. Ruther, Article on Pol. Sc. Quarterly, Sep. 1944

Antwerpt position, Read. Pisrence, history

1463 (?) Merchant Adventures abandoned Brussels in favor of Antwerpt. Later to be shared by Amsterdam & London. Read v. Dinni's Account (in Tudor eco. documents, vol. Ⅲ)

Portuguese spice cargoes & fairs. Spanish special shipment. Italian fortunes & Southern Germany (textile & mining. etc.), as Fuggers family. His loans to Husburg (Jacob Fugger). Administration cost of govn't became high by that time.

Feb. 10

Rapid scientific devel't in middle yr. of 17c, represented by F. Bacon. Invisible College, Royal Society. R. Boyle came fr. upper class, a sign of aristocracy as always considered. New eco. science is more theoretical than old, tho not necessarily much change. Tendency to be in terms of laws, & quantitative verification. Wm Petty, regarded as Father of Statistics in this country. his university education was physiology or as surgeon. Close friend of Hobbes, altho. not seemingly influenced by Hobbes' theory of sovereignty.

Petty's contribution to theory of international trade, particularly balance of pay'ts.

Mercantilism: 1. Broad sense – practice & policies by $\bigvee$ state.

2. Narrow sense – merchants' view with regard to foreign trade, etc. Bullionists.

T. Man as free traders (Essay on Balance of pay't)

David Hume's essay on Foreign trade is most important work of that period, North on "Silva".

Feb. 17

Henri Sée in Revue Historique July – Aug. 1926. (Best summary)

France under Colbert – Read also Cole's "Colbert & a Century of Fr. Mercan". (1619 – 1683) Son of merchant, very able administrator, entered civil service at 20. Sewed Louis 14. Driven into Eco. War with Holland (1861), which accounted for his downfall. Not his financial reorganization. Associated himself with by industries under gov't control. Reform of guild system.

Nationalization of silk industry handed down fr. Henry Ⅳ. Control gov't glorified. Encouragement of coastwise trade. Fr. East India co.

(1644). Company of the North (1668) Co. of Levant, Co. of West India (1673?)

Spice & Sugar with regard to tariff, led to war with Holland. Industrial programs: – Rentier. Importation of skill – laborers. State mang't & regulations, close inspection.

B. de Laffermas, – Colbert's relation with him.

Eco. Hist. , 1760 – 1939

Mr. Cornell   E7

Oct. 24

Population before Industrial Revolution

Merchantilists considered increase in pop. As source of nat'l power. Growth of pop. resulted with concomitant pressure on lower wages. Size of pop. increased great deal during pt half of 18c. , almost doubled. (including England & Ireland & Wales) .

Pop. growth in England was due to immigration from Wales, etc.

Potatoes were the staple food in Ireland. There was much discussion as to suitability of potato as a stable diet. By influence of Irish, S. England began to use potatoes. Growth of pop. was due to lower death rate rather than to abundance of food, particularly in England, acc'dg to contemporary opinion.

Dr. Gras conclusions: 1. Mortality in 18c. higher than in pt pt. of 19c. 2. Crude birth rate higher at end of 18c. than beginning of 19c. 3.

Compare Gras with Griffith (G. T.)

Gin was consumed to a much larger extent & greater quantity owing to low price from 1700 to 1735, as an attempt on pr. of gov't to encourage consumption of corn as well as to discourage importation of liquors fr. France.

Towns grew in size.

Read Marshall, Article in Eco. Hist. Rev. 1935

Feb. 13. 1947

Chartism conditions about 1820s (to 1832). Social mov't of working class toward their improvement, as shorter hours, universal suffrage, etc.

It is not a political mov't. recruitment of chartists: mines, textile, workers, later on factory workers.

Their grievances: 1. Oppression of trade unions, 2. Religious persecutions.

Event after 1833, 1834, 1836

1838 First Commission formed.

George Ellis Haris Formed another organization (Democration org.)

After 1848, their failure was evident.

After 1850, there was a period of Victorian prosperity. There was no more need for capitalist to keep working hours as long as they used to be.

Read, Hansard

    Disraeli,

    J. Carlyle, Chartism

    D. H. Cole

Feb. 27

No. of workers (male & female) by occupation after 1850 (cf. Chapher Eco. Hist. Of Britain) Book 2

	1851	1921
Opr	1500000	1038000
Domestic servant	1039000	1227000
Cotton	527000	596000
Building	443000	750000

（续表）

	1851	1921
Labour(unclassified)	76000	–
Ores	340000	190000
Wollen	284000	237000
Shoes	275000	198000
Coal (miners)	219000	1132000

	M		F	
	1851	1931	1851	1931
General Industry	51	42	22	10
Agriculture	24	7		
Transport	5	11	13	11
Other	8	21	4	10
Unoccupied	12	19	61	69
	100	100	100	100

2nd half of 19c. is age of coal

	Output of coal	Export of coal
1800	10 (million)	
1854	64. 5 (million)	
1860	80 (million)	11 (million)
1880	147	18
1900	225	44
1913	287	76
1934	220	

	tons (output per man)		
1851	264	1874 – 5	270
1861	300	84 – 8	319
1871	375	1904 – 8	283
1881	405	1925	217
1891	358		
1925			

Decline in output was due to physical diffrent (as deeper seams) rather than to decreased efficiency of labor power.

Inspector of mines, set up in 1850.

Fr. 1900 onward not only output per man falling, but value per man as well.

After 1918 (War), short period of favorable conditions existed. Attention centered on the questions:

1. how to increase efficiency; 2. How to avoid unemployment

1930 Coal Mines Act (2 parts) is incompatible act in itself. Result – to increase price of cool.

Recent Economic Devel'ts

Dr. Lewis　Room E11

Arndt, Golden Lessons

1. Chronological Acc't of what had happened down to 1939

2. Policies – Soviet Russia included

3. Lessons learned fr. these experience

Periods:

      1918 – 1925, P. of reconstruction

      1925 – 1929, P. of prosperity

      1929 – 1939, P. of great slum

General Principles of Eco. Analysis

Kaldor   E71

Oct. 15, Tues. 6:00pm   1946

Read Marshall, Cassel, Boulding

Stigler, Theory of Price (1946), not his theory of competitive price.

Fisher, I. , Theory of Interest, pt. 9 chs.

Chamverlain, Theory of Monop. Compet. Chs 1 – 5

Hicks, Value & Capital

Robinsons, Eco. of Imp. Comp.

Pigon, Eco. of Welfare

Meede, Eco. Policy & Analysis

Laner, Eco. of Control

Robinson, Mrs. Intro. to the theory of Employment

Keynes, General Theory

Treatise on Money

Robertsion, Money

Haberler, Theory of Int'l Trade

Hared, Int'l Economics

Whale, Int'l Trade

Dalton, Public Finance

Pigon, Public Finance

Hicks, Mrs. A book on pub. fin. is coming in nest few months.

Also read A. Smith's, D. Richard's books.

伦敦政治经济学院《经济史》等（英文）听课笔记（1946.9—1947.2）

Oct. 17, Thur.   1946

Methodology

Robbins "M. is the end & not the beginning of a study"

Generalizations – prediction – control

.. involves abstractions, which deliberately exclude some irrelevant data. Successful approximation, "Modelbility" (tested by reality) "Practicality"

Problem of verification depends on choice of hypothesis & connect method of observation.

Method of abstraction is essential if you want to arrive at laws. But it must be true to realities. With passage of time, laws become irrelevant rather than invalid or "untrue". No law is immutable.

Oct. 30

Object of eco. is the study of equilibrium under given conditions. By equ. we mean the situation would be reached approximately to a more or less degree. The line of action under equ. is the action best adapted to the existing conditions. Hence the maximum satisfaction.

A market is in equ. when supply equals the demand.

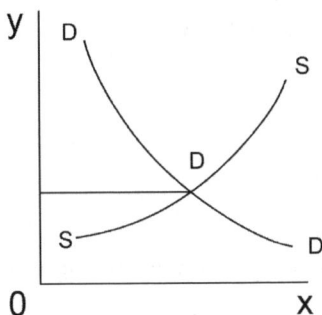

It is to be noted that buyers' wishes are inconsistent with sellers' wishes. So the above definition is not a tautology. Dif. bet. desire & demand.

Coordination of supply & demand can be realized either the price mechanism or thru planning. These two methods are not mutual exclusive. Planning can be either private or public.

Three kinds of units in economy: 1. Household; 2. Business firm; 3. Public agency

Household economy	Capitalist eco.	Socialist eco.
Consumption – predominated	Household	
By household		
Production – household		
Firms		

A. Smith – Beaver Hunting

Ricardo – Theory of labor

Theory of rent

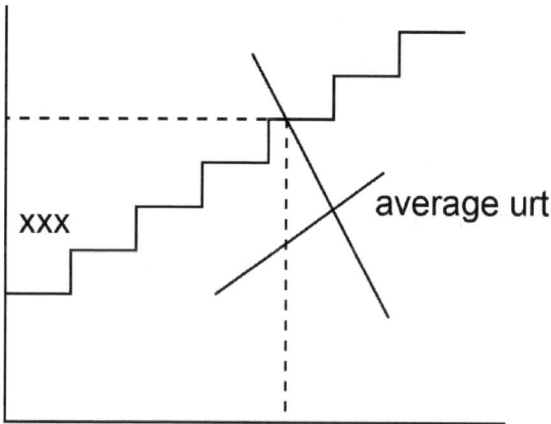

$$\text{Marginal Quantity} = (1 + \frac{1}{E})\,AQ \qquad E = \text{Elasticity}$$

History of Eco. Policy

Prof. Robbins   Room 8

Oct. 16   1946

Meade, Eco. Ana. & Policy

Pigon, Economics of Welfare (latest ed.)

J. M. Clark, Social Control of Business (Institutional rather than analytical)

Dalton, Pub. Fin.

Pigon, Pub. Fin.

Cannon, Economists Outlook

Cannon, Economists Protest

Economics in Practice

Economics of Peace

Lerner, Economics of Control

Seagwick, Principles of Pol. Eco. (Art of Pol. eco.)

Oct. 23

Problem of distribution – essentially prob. of scarcity of goods. Human nature is also a factor – customs play a part.

Siege Economy as an example – Ration system would be natural solution. No "incentive" effect in considerable degree. Undifferentiated claims such as point value would be introduced. We are assuming distribution of given quantity of goods in the's case: 1. On demand side, point system resembles price sys. to great detail, but on supply side, they are different, because no profit is made under point syst. 2. Under point sys., adjustment of supply to de. is less flexible than price system. 3. Mixed system used in rationing during last war. (rationing vs "no point")

Distributions Justice & productive efficiency 1. Distribution to need, 2. Broad clarifications of social groups.

Oct. 29

A. Smith argument university teachers' pay't acc'dg to results.

Reasons against his argument: Profit motive is not incentive to action for a profession, it is rather love of fame & counts. Other motives as ethical, patriotic, etc. have to be taken into consideration. "Stick" is ∨ incentive in a slavery society. ("Lash")

Vertical difference of pay (in ∨ same industry)

Another dif. due to skill, technique owning to change in demand. Some shift of labor is necessary. Variation of incentive is necessary.

Experience suggests some inequality is necessary to provide adequate incentive.

Nov. 6

When distribution is problem of flow instead of a given stock, incentive is important.

What kind of price system is involved? Purely competitive price? If under ration system, dif. prices were changed fr. dif. people of same class of commodity, then reselling must not be allowed. When price discrimination prevails, real incomes do not be same relationship as money incomes.

This is exceptional. There are other price discriminations: 1. Transportation of commodities acc'd to cost (what traffic will bear) 2. Utility changes. All are arbitrary.

Income from civil rights as distinguished fr. income fr. property. Family works don't have to be paid. Allowances are provided for acc'd to size of family.

Poor Law 1834 embodies ∨ most important principle of poor laws. It deals with particular case of needs. Certain kind of relief can be given without bad effects on incentive to work, as Old Age Pension, etc. the remark that this discourage sawing is not true. The dif. bet. relief money for out of employment & money received in employment must not be too close, otherwise there is no incentive to work or encourage transfer fr. one employment to another.

Nov. 13

Problem of area in distribution, not of administration only. History of the subject Parish was ∨ unit. Who belongs to ∨ parish? Series of important acts in 17c. , were addressed in this topic, because of difficulty of mobility fr. parish to parish. From 19c onward, there has been ∨ tendency of inter – parish(?) & centralization of poor rates. Discrimination in poor relief. But the pooling system has its limits. Back in history, there were cases of international pooling unrra is case at present. Read last 2 chs. in common's History of Local Rates.

What goods are to be produced & how are they produced & distributed? Distinction must be made in public & individual goods & demands. When we speak of collective wants, we don't mean corporate wants as such, we mean individual wants as satisfied in a public manner. Individual wants may be satisfied by public organization just as collective wants were satisfied by individual organization in $\vee$ past. The interesting thing is how far this may go.

Theory of market as a pucckanism of registering satisfying demands. Ascopus theory of consumers' sovereignty. Ideal price. Disharmony may revolt fr. supply side may be left out of acc't here. Given distribution of income, price system register consumers' preference accurately.

There may be another criticism that consumer may not know what to buy. Consumers' act may not be of calculation, reflex; bet irrational. But $\vee$ word irrational is very difficult. We use $\vee$ word rational in $\vee$ sense that it is consistent. Of course children. Shouldn't have their choice, but we maintain that we shouldn't be treated as children (acc'd to own social philosophy).

无标题（参考书 1）

R. A. Dixon, Economics & Cultural Change 1938

L. Pommery, Aper? u, l'histoire économique contemporaine 1890 – 1939. 1945

L. C. A. Knowles, Eco. Devel't in ∨ 19th c. France, Germany, Russia, & U. S. 1932

C. Day, Eco. devel't in Modern Europe 1933

C. Day, Eco. devel't in Modern Europe 1942

S. B. Clough, & C. W. Cole, Eco. Hist of Europe 1941

A. Dopoch, The Eco. & Soc. Foundations of European Civilization 1937

Soltau, R. H. An Outline of European Eco. Devel't 1935

Jackson, L. Ten Centuries of European Progress 1891

无标题（参考书2）

R. H. Taroney（continued）

Boy & Girl Labor（Joint Author with Adler [Nettle]）

Labour & Capital after the War（Joint author with sir S. G. Shapman）

The Reorganization of Education in China（Joint author）see League

of Nations

Intern'l Institute of Intellectual Corporation. 1932

Eng. Eco. Hist: Select Documents, See A. E. Blaud & others, etc.

Tudor Eco. Documents（& Elieen Ed. na Le Poer Power, eds.）

XXX 1924

Primitive &Peasant Economic Systems

Prof. Firth　Room F7

Tues. Oct. 15, 1946 (2: 00 pm)

· land	· technology	· production-distribution	· Exchange
· resource	· skill		· Social structure
· labor	· organization	· Evaluation (tradition, customs, culture, etc)	
· capital			· Social ends

Wants Consumption

Anthropologists' point of view on economics

1. Huxley – fails to take notice of production of service (confines to production of good only)

Definition of peasant

Oct. 22

Range of Equations in various peasant societies

1. reliance upon export – fr. no export to large reliance upon export of agr. equipment.

2. use in productive equipments

3. there is no ever expansive demand for capital

4. no entrepreneur – not to create new demands

5. there are social limits to accumulation of capital – example of growing a feast on appropriate occasions by means of accumulated stock of food.

6. system of communal rights over productive means. There may be a profit sharing system.

cf. Nuer,

Fr

Rhodes – Lioingstone

Go

Socially determined theory of use of resource – special arrangement for social groups. Production to satisfy family wants, kinships, etc.

Wage is not the only incentive to productions. Problem of preference also depends on social demand.

Oct. 29

Reasons for not going out to sea in fishing (Examples from Malayan Island)

1. Poor weather, etc. – Physical factors (strong currents, etc.)

2. Technical – net was not ready, insufficient crews.

3. Social reasons – going to mass, funeral, marriage, etc.

Total net days	3, 996
Total days fished	1, 034
Days lost	2, 962
Physical reasons	1, 105
Techn. reasons	128
Social reasons	562
Unclassified	167

It is evident physical reasons predominate.

Read Hersevitz Book "Sianz"

The manag't factor, entrepreneurship, tho not to market in primitive eco. activities, is least treated subject in current literature. An entrepreneur in primitive society is a man who as a senior worker makes the decision. He is responsible for the technical & not economic aspect.

The organization function is often associated with some other functions of social aspect. See Malinowski book on the magician's position as an organizer of production in Soloman Island.

Malinowski work is not analytical about the eco. effect on rituals.

Nov. 5

Ritual in relation to eco. process. Little attention has been given to eco. aspect of rituals in the past. cf. Malinowski, Coral Island Magic.

Ritual provides organization of, as well as stimulates, productive activities:

1. production for subsistence (scarcely existed in very pure & simple form) + certain arrangments of local exchange

2. Production for subsistence + certain am't of export

(1) surplus product

(2) surplus product which is not for local consumption as cocoa in Malay

with different eco. arrangements there produced different calculations (of eco. man)

Pim, Colonial eco, culture will be published shortly.

J. S. Furnivall, Netherland India

Nov. 12

Plantation tenure

cf. Akokoaso

Production figures for Malay: Rice culture, fishing (permit of labor, n of capital) Land uses

Demand for land very complicate one: for food, for raw material, & for sentiments.

Ownership of land. Different people can have dif. kind of rights.

cf. Mrs. Greepr

Transfer of land, Mechanism of: salesman.

Crop sharing in Malay

In many cases, social economy is more important than immediate use of land. Concept of land is social resources rather than individual resources. With advent of European contact, this concept of community resources gradually gives away to individual rights.

Jan. 28, 1947

Definition of market:

1. no perfect competition, nor imperfect comp. in its modern sense

2. no price frigidity, transactions by bargaining

3. inertia of consumers – irrational preference of consumption, not entirely based on eco. reasons only, but social reasons (as kinsmen ship, church denomination, etc.) as well

4. ignorance of market, cf. wicksell.

5. Medium of exchange – Anthopologists' use of term "money & currency". "Circuit exchange", as new food exchanged for cooked food, etc. Bark cloth used in Malay Island, where money is used quite limitedly.

伦敦政治经济学院《经济史》等（英文）听课笔记（1946.9—1947.2）

Unit of small money demanded in primitive society, on acc't of smallness of transactions. Recent opinion against Malinowsky's argument that commodity used in Vayqua (Trojan) is not money.

cf. Eco. Jl. About 20yrs ago "Money of Ressell Islanders"

6. Absence of "neutral" medium of money is characteristic of primitive community.

7. How price is arrived at? – Fixed price, conventional price, free price.

8. Standard of consumption & st. of living, a vague term. Taste should be taken into acc't, as polished rice in preference to.

无标题（参考书3）

Ch. Petit – Dutaillis, The Feudal Monarchy in France & England fr. the 12th to 13th century. 1936

D. C. Douglas (ed.) Feudal Documents fr. the Abbey of Bury St. Edmunds (British Academy Records of Social & Eco. Hist. vol. Ⅷ)1932

W. O. Ault, Private Jurisdiction in England (Manor Courts) 1923

H. M. Chew, The Eng. Ecclesiastical Tenants in chief & Knight Service esp. In v 13th &14th cs.)

A. L. Poole, Obligations of Society in the XII to XIII cs. (1. Classification of society. 2. Peasants, etc.) 1946

N. Denholm – young, Seignorial Administration in England 1937

S. O. Addy, Church & Manor, A study in Eup. Eco. Hist. 1913

C. M. Andrews, The Old Eng. Manor, A study in Eup. Eco. Hist. 1892

H. S. Bennett, Life on the English Manor, A Study of Peasant Conditions 1150 – 1400 (1937)

A. E. Levett, Studies in Manorial History 1938

F. G. Davenport, The Eco. Devel't of A Norfolk Manor 1086 – 1565 (1906)

N. J. Hone, The Manor & Manorial Records 1906

H. L. Gray, Eng. Field Systems 1915

M. Morgan, The Eng. Lands of the Abbey of Bee 1946

F. In. Page, The Estates of Crowland Abbey 1934

H. E. Muhlfeld, A Survey of the Manor of Wye 1933

P. Vinogradoff, The Growth of the Manor 1905

H. D. Irvine, The Making of Rural Europe 1923

H. O. Meredith, Eco. Hist. of England, A study in Social Devel't 1936

A. Ballard, The Domesday Inquest (2nd ed.) 1923

W. H. R. Curteer, The Enclosure & Redistribution of our Land 1920

M. de wolf Hemmeon, Burgage Tenure in Mediaeval England 1914

S. G. Madge, The Domesday of Crown Lands, A Study of the Legislation, Surveys, & Sales of Royal Estates Under the Common wealth 1938

G. Slater, The Eng. Peasantry & the Enclosure of Common Fields 1907

L. A. Owen, The Russian Peasant Movement 1906 – 1917 (1937)

G. T. Robinson, Rural Russia under the Old Regime, A Hist. of the Landlord

Peasant World & a Prologue to the Peasant Revolution of 1917 (1932)

N. S. B. Gras, A Hist. of Agriculture in Europe & Amer. 1926

G. T. Wreuch, Reconstruction By Way of the Soil 1946 (内有 China's contribution to recess. 及 Chinese Farming)

J. Caird, English Agriculture in 1850 – 51 (1852)

Lord Erule, The Land & its People; chapters in Rural Life & History 1925

A. H. H. Mathews, Fifty years of Agricultural Politics, being the Hist. of Central Chamher of Agriculture 1865 – 1915 (1915)

N. Riches, The Agricultural Revolution in Norfolk 1937

M. E. See bolun, The Evolution of Eng. Farm 1927

A. G. Ruston, & D. Witney, Hooton Pagnell, The Agricul. Revolution of a Yorkshrie Village 1934

A. Young, Torus(?) in England & Wales (Selected fr. the Annuals of Agriculture(十八世纪至十九世纪初)

G. Pavlovsky, Agricultural Russia on the Eve of the Revolution 1930

L. C. Gray, Hist. of Agr. in the Southern U. S. to 1860, 2 vol. s 1933

L. A. Wood, A Hist. of Farmers' Mov'ts in Canada 1924

J. Schafer, The Social Hist. of American Agriculture 1936

R. Heath, The English Peasant, Studies: Historical, Local, & Biographic 1893

J. L. Hammond & B. Hammond, The Village Labourer 1760 – 1832 A Study in the Gov't of England before the Reform Bill 1932

G. C. Homans, English Villagers of the 13thc. 1942

无标题（参考书 4）

A = article

M = Memoranda

The Economic History Review Pub. for the Eco. History Society by A. & C. Black, Ltd. 4, 5 to 6 Soho Square, London, vv. 1

Edition: E. Lipson, R. H. Tawney

The Financial Organization of the Manor, A. E. Levett (vol. 1, No. 1. Jan. 1927) A.

The Small Landowner, 1780 – 1832 in the Light of the Land Tax Assessments, E. Davies (Ibid) A.

The Significance of the Corn Laws in England History, C. R. Fay (Vol. 1, No. 2, Jan. 1928) M.

Jethro Tull & the "New Husbandry" of the Eighteenth Century, T. H. Marshall (Vol. Ⅱ, No. 1, Jan. 1929) A.

Agriculture in Japanese History: A General Survey, K. Asakawa (Ibid) A.

An Early Fourteenth Century Petition fr. the Tenants of Bocking to their Manorial Lord, J. F. Nichols. (Ibid) M.

The Hundred Rolls of 1279 – 80 as a source for Eng. Agrarian History, E. A. Kosminsky (Vol. Ⅲ, No. 1, Jan. 1931) A.

Poor Relief Acc'ts of Two Rural Parishes in Bedforshire, 1563 – 1598, F. G. Emmison (Ibid) M.

English Agriculture under Charles Ⅱ: The Evidence of the Royal

Society's "Enquiries", R. Lennard (vol. Ⅳ. No. 1, Oct. 1932)

Tithe Commutation as a Factor in the Gradual Decrease of Landown-ership by the English Peasantry. Prof. v. Lavrovsky (vol. Ⅳ. No. 3, Oct. 1933)

Some Aberdeenshire Lewser in the Eighteenth Century (Vol. Ⅳ, No. 4, Apr. 1934)

The Rise & Decline of the American Agricultural Interest. D. W. Bro-gan (Vol. Ⅴ. No. 2, Apr. 1935)

Services & Money Rents in the Thirteenth Century. E. A. Kosminsky (Ibid)

Assarting & the Growth of the Open Fields. D. O. Wagner (Vol. Ⅵ, No. 1, Oct. 1935)

Rural Unemployment, 1815 – 34. N. Gash (Ibid) A Survey of Fiscal Tenement. J. E. A. Jollieffe (Vol. Ⅵ, No. 2, Apr. 1936)

Studies in Bibliography: v. Agriculture: From Young to Cobbett. G. E. Fussell (Vol. Ⅵ, No. 2, Apr. 1936)

Wages in the Winchester Manors. Sir Wm Beueridge. (Vol. Ⅶ, No. 1, Nov. 1936)

Parliamentary Enclosures in the country of Suffolk (1797 – 1814). V. M. Lavrovsky. (Vol. Ⅶ, No. 2, May 1937)

Revisions in Eco. Hist. : Ⅶ, The Old Poor Law (1662 – 1795) Doro-thy Marshall (Vol. Ⅷ, No. 1, Nov. 1937)

Partible Inheritance of Villagers' Holdings. George C. Homans (Ibid)

Wages of Northern Farm Labourers in Mid – Eighteen Century. R. K. Kelsall (Ibid)

Observations on the Open Fields, C. S. Orwin. (Vol. Ⅷ, No. 2, May 1938)

The Rotation of Crops at Westerham 1297 – 1350. T. A. M. Bishop (Vol. Ⅸ, No. 1, Nov. 1938)

Studies in Bibliography: Ⅵ. Agricultural from the Restoration to Anne. G. E Fussell (Ibid)

English Landownership, 1680 – 1740. Rf. J. Habakkuk (Vol. Ⅹ, No. 1, Feb. 1940)

Enclosure & the Small Landlordowner. J. D. Chambers. (Vol. Ⅹ, No. 2, Nov. 1940)

Elizabethan, Food Policy & the Arm Forces. Brian Pearce (Vol. XII, No. s 1& 2, 1942)

Members of Parliament & the Proceedings upon Enclosure Bills. W. E. Tate (Ibid)

Lot Acres, M. W. Beresford (Vol. XIII, No. 1& 2, 1943)

The Reclamation of the waste in Devon, 1550 – 1800(Ibid)

The Free Tenantry of the Hundred Rolls. B. Dodwell (Vol. XIII, No. 2, 1944)

无标题（参考书 5）

I . The Mediaeval Village

Ernle, English Forming Past & Present (New Edition by A. D. Hall) 5th ed. 1936

Vinogradoff, Sir Pavel Gaviclovich, Villainage in England: Essays in English Mediaeval History 1892. Room R Classification W4787 Accession No. 30

Pollock (Sir Frederick) & Maitland (Frederic Wm) The History of England Law before the time of Edward Ⅰ, 1895. Room Eco. Hist Seminar Accession No. 153272

Coulton (George Gordon) The Mediaeval Village 1925. Room R. cl. W38, 516 Ace. No 104391

Orwin, (Charles Stewart & Christabel Susan) The Open Fields, 1938. R. W26, 287, 167405

Ⅱ. The Sixteenth & Seventeenth Centuries

Bradley (Harriett) The Enclosures in England: an Economic Reconstruction 1918. A. Dx 41(42) 84890

Leadam (Isaac Saunders) ed. The Domesday of Inclosures, 1517 – 1518. (1897) 2 vols. A. Dx 41(42), 2972

Johnson (Arthur Henry) The Disappearance of the Small Landowner, 1909. R. U14. 934, 112904 (or, R (coll.) Cannon 611, 157533)

Tripling (George Henry) The Eco. Hist. of Rorsendale. 1927. R. W35, 951, 110435

Madge (Sidney Joseph) The Domesday of Crown Lands, 1938. A

DX41 (42) 165139

Campbell (Mildred Lucile) The English Yeoman under Elizabeth & the Early Stuarts 1945. A. DX 11(42), 187509

Ⅲ. The Eighteenth Century

Gonner (Sir Edward Carter Kessey) Common Land & Enclosure 1912. A. DX 41(42) 61063

Johnson, A. H. Op. cit.

Hammond (John Lawrence & Barbara) The Village Labourer, 1760 – 1832: A Study in the Gov't of England before the Reform Bill. 1911. R (coll.) Assoc. 4, 119238

Curtler (Wm Henry R) The Enclosure & Redistribution of our Land, 1920. A. DX 41(42) 155582

Riches (Naomi) The Agricultural Revolution in Norfolk, 1937. A. DX 51(42) 167045 (& Lending Library)

Levy (Herman) Large & Small Holdings, 1911. (translation fr. German). A. DX41(42), 47054 (& Lending Library)

Hasbach, W., A History of the English Agr. Labourer. (tr. By R. Kenyon) 1908 DX61(42)

Ⅳ. The Nineteenth Century & Later:

Erule, op, cit.

Levy, op, cit.

Orwin, op. cit.

Orwin, Another Departure in Plough Farming 1930. R (P) HDI (42)/ 238 P173473

Orwin, C. S. The Determination of Farming Costs, 1917

The Farmer in War Time 1915

Farming Costs: being a new ed. of the determination of Farming Costs 1921

Financing the Farmer 1933

The Future of Farming 1930

Farmer & Fields 1944

& Darke (W. F.) Back to the Land 1935

& Peel (Wm R.) The Tenure of Agricultural Land 1925 R V 14, 550 103196 (7" pp. 1 x 76)

Hall (Sir Alfred Daniel) Agriculture: The Problem of Reconstruction. Agriculture after the War, 1916

The Book of the Rothan Stead Experiments, 1905

The Improvement of Native Agri. in Relation to Population & Public Health, 1935

The organization of Agriculture, 1933

Our Daily Bread: A Geography of Production 1938

H Pilgrimage of British Farming 1910 – 1912, 1914

Reconstruction & the Land, 1941

The Soil 1921

ed: Eng. Farming Past & present

Bateson (F. W.) ed. Towards a Socialist Agriculture: Studies by a group of Fabians, 1946. R. V18, 048 188223 (& Lending Library)

V. Food & Trade in Agricultural Produce

Ashley (Sir William) The Bread of our Forefathers (An Inquiry in Eco. Hist.) 1928

English Field System, by H. L. Gray 1915

Hall, H. A. A Select Bibiliography of Eng. Mediaeval Eco. Hist. 1914

Gilbert Slater, The English Peasantry & the Enclosure of Common Fields 1907

Morley De Wolf Hemmeon, Burgage Tenure in Mediaeval England. 1914 (Harvard Univ. Press Harvard Historical Studies XX)

Ada Elizabeth Levett, Studies in Manorial History 1938

Tawnly, R. H. The Agrarian Problem in the Sixteenth Century 1912. R W33,017 82377(also Lending Library)

V. Lavrovsky, Tithe Commutation (1793 – 1815) as a factor in the gradual decrease of landowner – ship by the English peasantry (the Eco. Hist. Rev. Vol. Ⅳ, No. 3)

1. what are "enclosure awards"? Court rolls? Native land?

2. Conclusions:

①Tithe commutation, where it was carried into effect by land aliena-tion, led to a very considerable diminution of the area of peasant landown-ership & of the average size of peasant allotments.

② The results of tithe commutation were particularly burdensome for small peasant owners. The petty & poor peasantry – the owners of cotta-ges, gardens, homestead of other "old inclosures" – were usually free from compulsory title commutation by lossing part of their land and were instead, assessed by the Commissioner for certain sums of money.

③ The method of tithe commutation facilitated to a large extent the growth of land owned by the clergy or by the lay impropriators of tithes: their ownership – side by side with ownership by the gentry, the Universi-ties, Charitable & other institutions, merchants trading & commercial com-panies, etc. – gradually supplanted peasant ownership.

English Customary Tenure in the Tudor Period by Alexander Savine (The Quarterly Jl. of Eco. Vol. XIX, Nov. 1904, pp. 33 – 80)

1. Russian Interest in English Agrarian History

2. The Villain Pedigree of Copy hold

3. manorial customs & the Insecurity of Copyhold

4. The Legal Protection of Copyhold

无标题（参考书 6）

I. S. Leadam, The Domesday of Inclosures 1517 – 1518, 2 vols, 1897. Being the extant returns to chancery for Berks, Bucks, Cheshire, Essex, Leicestershire, Lincolnshare, Northants, Oxbow, & Warwickshire, By the commissioners of Inelosures in 1517. And for Bedford shire in 1518. Together with Dugdale's MS. Notes of the war, wickshire Inquisitions in 1517, 1518, & 1519.

edited for the Royal Historical Society with Notes & Tables by I. S. Leadam

General Introduction pp. 1 – 80

1. The Discovery of the Chancery Returns & of Subsequent Documents

2. The Statutes against Ingrossing & Inclosure

3. The Principles of Tabulation

4. Significance of the Tables

5. The Commissioners & Clerks

6. Conclusions

Arthur H. Johnson, The Disappearance of the Small Landowner (Ford Lectures, 1909)

1. England & France compared. Influence of Land Laws (Primogeniture & entails exaggerated)

2. The Great Plague & its Results (Black Death, 1348)

3. The Enclosures of the 15th, 16th, & 17th centuries

①Their Extent & Their Results

W. J. Ashley, An Introduction to English Economic History & Theory, Pt. Ⅱ, The End of the Middle Ages (4th ed. 1906)

Book Ⅱ From the 14th to the 16th century, ch. Ⅵ. the Canonist Doctrine (pp. 377 – 488)

Authorities (German treatises)

Section

63. Canonist Economics (late 15th c.)

64. Its main Ideas (Avarice and sin; States or Class. Land & Labor only 2 factories of production)

65. The Doctrine of Interest (Money regarded as coins, must be corruptible & couldn't be let.)

66. The Doctrine of Rent – charges (interest for "actual loss incurred", & "certain gain lost." Sale of a redeemable right, as land, house, rights of toll)

67. The Doctrine of Partnership

68. Loans on Bottomry

69. Investment in the 15th century

70. Excursus on Capital

71. Relation of Canonist Theory to Real Life

72. The Triple Contact

73. Montes Pietatis

74. Later Catholic Doctrine

75. Protestant & Reformed Opinion

76. Opinion in England

W. K. Hancock, Eco. Hist. at Oxford (An Inaugural Lecture, Feb. 1946)

M. Postan, The Historical Method in Social Science, Cambridge, 1939, p. 30.

Reading List for Non-Specialists (L. S. E.)

1st yr finals (节录)

Principles:

E. A. C. Robinson, The Structure of Competition Industry

Monopoly

Money, Bkg, etc

G. Crowther, An Outline of Money

L. V. Chandler, Introduction to Money Theory

R. S. Sayers, Modern Bkg.

J. Robinson, Introduction to the theory of employment

D. H. Robertson, Essays in Monetary Theory, particularly essays nos
1, 2, 8 – 12

2nd. Yr. finals (全录)

Read also the White Papers on Nat'l Income & Exp. Pub. Every year,
as well as scientific periodicals.

G. C. Allen, British Industries & their organization

Astor & Rowntree, British Agriculture (Penguins)

F. Benham, Gr. Br. Under Protection

A. M. Can – Saunders, World Population

L. Robbins, Eco. Planning & International Order

The Eco. Basis of Class Conflict & Other Essays

J. W. F. Rowe, Market & Men

A. Plant, & others, Some Modern Business Problems

Language of Nations, Annual Eco. Surveys

Britain in Recovery (Br. Ass'n Committee)

R. C. Davidson, Br. Unemployment Policy

J. H. Richardson, Industrial Relation in Gr. Br.

P. E. P. Report on the Br. Social Services

A. C. Pigon, Socialism vs Capitalism

H. Dalton, Prim. Of Pub. Fin.

U. K. Hicks, The Fin. of Br. Govt

A. C. Pigon, The Pol. Ec. of War

J. K. Horsefield, The Real Costs of War (Penguin)

Supplementary or
alternative reading（节录）

G. J. Stigler, The Theory of Competitive Price

S. R. Darnison, The Location of Industries

F. Lavington, The English Capital Market

J. B. Orr, Food, Health & Income

F. A. Hayek & others, Collectivist Eco. Planning

H. D. Dickinson, The Economics of Socialism

G. Crowther, Ways & Means of War

Tawney (Richard Henry)

The Acquisitive Society 1922 (1945)

The Agrarian Problem in the Sixteenth Century 1912

Beatrice Webb, 1858 – 1943 (From the Proceeding of the British A-cademy, vol. 29, 1945)

Education: the Socialist policy 1924

Equality, 1929 (Halley Stewart Lectures, 3rd ed. 1938) Room Book Counter Acc. No. 189950

The Establishment of Minimum Rates in the clain – making Industry under the Trade Boards Act of 1909 (London unit: Ratan Tata Founda-tion. Studies in the Minimum Wage. No. 1)1914

The Est. of Min. Rates in the Tailoring Industry made the Tr. B. Act of 1909 (– no. 2) 1915

Juvenile Employment & Education ... Sidney Ball Lecture. May 2, 1934 (Barnett House Papers No. 17) 1934 Room R (P) Classification L/145

Land & Labour in China 1932

A Memorandum as Agriculture & Industry in China (Honolulu 1931. Pp. 128) Room R. Clas. W4848 Ace. No. 129128

The Nationalization of the Coal Industry, 1919 (pp. 31) Room R(P.) clas. J. F. 2 (42s)/72 Acc. No. P174152

Poverty as an industrial problem: ... being an inaugural lecture delivered on Oct. 22nd, 1913, at the London School of Ec. & Pol. Science, together with the introductory remarks of the Chairman, the Rt. Rev. the Bishop of Oxford. (Univ. of London, Ratan Tata Foundation. Memoranda on Problems of Poverty) 1913 R. R(P) cla. F. HV/73 Acc. No. P9758

Recent thoughts on the gov't of industry. See Alden (sir Perey) & others. Labour & Industry. Pp. 191 – 212

Religion & the Rise of Capitalism: A Historical Study 1922

The School Age & Exemptions. 1936 pp. 31

The School, leaving age & Juvenile unemployment. 1934 pp. 31

The Sickner of an Acquisitive Society 1920 pp. 86 R. R(Coll) Class Hutchison 528 Acc. No. 113096

Some thoughts on the Economics of Public Education. (L. S. E. Hobhouse Memorial Trust Lectures) 1938 pp. 45

Studies in Bibliography: 2: Modern Capitalism (Extract fr. Eco. Hist. Rev. vol. 4. No. XXX)

Why Britain Fights: 1941 pp. 46

A Discourse upon usury by way of dialogue & orations by T. Wilson

Secondary Education for all: A Policy for labour; edited for the Education Advisory Committee of the Labor Party, 1922

G. Uncoin Studies in Eco. Hist. (ed.)

1945 – 1946 Economics 65a
Required Reading

1. Population & Patterns of Settlement

Usher, A. P. , "History of Pop. & Settlement in Eurasia", Geographical Review. XX, pp. 110 – 132

Usher, Location of Eco. Activity (Typescript) pp. 1 – 19

Willcox, W. F. , "Increase in the Population of the Earth", International-al Migrations, Ⅱ, pp. 33 – 82

Knibbs, G. H. "The Pop. capacity of the Earth", Scientia, vol. 38, pp. 249 – 262

Knibbs, G. H. , "The conditions for the Maximum Possible world's pop. ", Scientia, vol. 38, pp. 329 – 334

Smith Warren D. "World Pop. " Scientific Monthly, vol. 40, pp. 33 – 43

Harris, Chauncy D, "A Functional Classification of Cities in the U. S. ", Geog. Review, vol. 33, pp. 86 – 99

2. Climat, Densities of Rural Settlement & the Physical Productivity of Agriculture.

Huntington, E. , Williams, F. E. , & Valkenberg, S. van, Economic & Social Geography (1933) pp. 1 – 29, 52 – 90, 103 – 117, 140 – 144, 186 – 205, 224 – 229 231 = 243, 282 – 297, 405 – 430

Cressey, G. B. , Asia's Land & Peoples, pp. 60 – 74, 84 – 96, 119 – 129

伦敦政治经济学院《经济史》等（英文）听课笔记（1946. 9—1947. 2）

Wickizer, V. D. & Bemnett, M. D. , The Rise Economy of Monsoon Asia, pp. 9 – 62

3. Raw Materials & the Locus of the Process of Manufacture.

Usher, The Location of Eco. Activity, pp. 20 – 46, 64 – 81

Nef, J. U. , The Rise of the Br. Coal Industry, 1, pp. 109 – 261

Zimmermann Erich W. , World Resources & Industries, pp. 178 – 399, 429 – 583

4. Topography, Transport, & urban Settlement

Usher, Location of Eco. Act. , pp. 81 – 151

Mackinder, H. J. , Britain & the British Seas, pp. 231 – 259

Weber, A. F. , The Growth of Cities I the 19th century, pp. 1 – 19, 155 – 229

Federal Housing Administration, The Structure ^ Growth of Residential Neighbourhoods in Amer. cities, 1939, pp. 15 – 25, 96 – 111.

Daggott. , Principles of Inland Transportation, 3rd ed. pp. 173 – 190, 301 – 427

Vanderblue, H. & Burgess, Railroads, Rates, Service, Management. (1924) pp. 139 – 156

Daniels, W. M. , The Price of Transportation Service, pp. 1 – 86

5. Power, Fuel, & the Locus of the Heavy Industries

Daugherty, De Chazeau, & Stratton, Economics of the Iron & Steel Industry in the U. S. , Ⅰ . Pp. 9 – 111, 309 – 370

Zimmermann, E. W. , World Res. & Industries, pp. 584 – 781

1945 – 1946 Economics 36a
Required Reading

1. Introduction

Williamson, H. F. Ed. Growth of the Amer. Economy, pp. 1 – 18

2. Agriculture in the New World

Williamson, pp. 113 – 155

Usher, etc. Eco. Hist. of Europe since 1750, pp. 56 – 63, 163 – 170, 283 – 287

Gray, L. C. & Thompson, K. E. Hist. of Agriculture in the Southern U. S. to 1860, Ⅱ. Pp. 596 – 617, 673 – 778

3. Slavery as a system of Production

Gray, Ⅰ. pp. 462 – 480, 529 – 567, Ⅱ. pp. 648 – 669, 861 – 944

4. Regionalism in the U. S

Williamson, H. F. ed. , pp. 379 – 410

5. The Public Land System

Hibbard, B. H. Hist. of Public Land Policy in the U. S. , pp. 130 – 170, 209 – 269, 347 – 385

6. Foreign Commerce & Shipping

Williamson, pp. 66 – 81, 156 – 171

Hntchins, Amer. Maritime Industries & Pub. Pol. , pp. 130 – 169, 257 – 306

7. Early Industrial Development

Williamson, pp. 58 – 65, 189 – 249, 303 – 318

Tryon, R. M. , Household Manufacture in the U. S. , pp. 123 – 163

Ware, Caroline F. , The Early New England Cotton Manufacture, pp. 3 – 78

8. Tariff History

Tausig, F. W. , Tariff Hist. of the U. S. , 8th ed. pp. 1 – 7, 68 – 154

9. Currency & Banking

Williamson, pp. 250 – 302

White, H. , Money & Banking, 5th ed. pp. 254 – 275, 291 – 333; or 6th ed. pp. 250 – 470

Myers, Margaret G. , The New York Money Market, Ⅰ. pp. 174 – 212, 234 – 287, 351 – 391

10. The Development of Inland Transport

Williamson, pp. 172 – 391

Gephardt, W. F. , Transportation & Industrial Development in the Middle West, pp. 43 – 147

无标题（参考书 7）

6. Market & Market Structures

Hoover, E. M. , Jr. , Location Theory & the Shoe & Leather Industries, pp. 3 – 59.

Daugherty, De Chazeau, & Stratton, Eco. of the Iron & Steel Industry in the U. S. Ⅰ. Pp. 533 – 578

无标题（参考书 8）

A Reconsideration of the Theory of Rent, Dean A. Worcester, Jr. (The Amer. Eco. Review, vol. XXXIV, No. 3, June, 1946)

What is definition?

1. Thing: (entity)-idea-word (Triangle, wheelbarrow, elephant, family) which comes first into your mind?

2. What is it, what is it for?

无标题（参考书9）

Richard Thurnwald. Economics in Primitive Communities 1932

J. Toutain, The Economic Life of the Ancient World 1930

Ed. by T. Frank, An Economic Survey of Ancient Rome, 1940, 5 vols with general Index

G. Glotz, Ancient Greece at work, 1926

The Cambridge Eco. Hist. Ⅰ. The Agrarian Life of the Middle Ages, 1941（Ed. by Clapham & Power）

无标题（参考书 10）

Febvre, L. A Geographical Introduction to History 1932, Kegan Paul

George, H. B. , The Relations of Geography & History, 5th ed. , 1924, Oxford U. Press

East, W. B. , The Geography Behind History, 1938, Thomas Nelson & Sons

Hyma, A. , The Dutch in the Far East; A History of the Dutch Com'l & Colonial Empire, Amer. Arbor, George Wash, 1942

Gray, A. C. , Hist. of Agr. in the Southern U. S. to 1860, Peter Smith, 1941.

Bidwell, P. W. & Falconer, J. I. , Hist. of Agr. in the Northern U. S. 1620 – 1860, Peter Smith, 1941

Bernard H. M. Vlekke, The Story of the Dutch East Indies(1945), Harvard Univ. Press (3. 00)

Forbes, W. C. (Cameron), The Phillipine Islands (Harvard Univ. Press, 5. 00)

Wm R. van Dersal, The American Land, its Hist. & its Uses (1943, $ 3. 75)

Carey Mc William, Southern California Country (1946, Duell, Sloan & Pearce, N. Y. $ 3. 75)

Alexander Laing, Clipper Ship (1944, $ 3. 00)

Carl Glick, Double Jen, Captain O' Banion's Story of the Ch. Revolution 1945 (Whiltlesey House, N. Y. , $ 2. 5)

"Saggitarius" The Strange Martin. B. Apotheosic of Sun yat-sen 1939 (Heath Cranton Lt. 6 Fleet Lane, London. E. e. 4) Vigour, A Biography of Sun yat-sen 1944 (Wm Heiemann Ltd. , London)

Lineberger, P. M. A. , The Political Doctrines of S. Y. S. (1937 John Hopkins Press, U. S. A.)

Sir E. Teichman, Affairs of China, 1938.

W2496 55(1)

The Englishman in China

During the Victorian Era

As illustrated in the career of

Sir Rutherford Alcock

By Alexander Michie (2vols, 1900)

Author of " The Siberian Overland Route ", " missionaries in China", etc.

Content of the first volume

Chap. 1. The Army Surgeon – ① youth, ② the Peninsula, 1832 – 7, ③England 1838 – 1844

2. Sent to China – Foreign Relations with China

3. Antecedents of the War

①The Opium Trade

②The Sequel to the Surrender of Opium

4. The First China War, 1839 – 1842

5. The Treaty of 1842

6. The Fruits of the War & Prospects of Peace

7. The New Intercourse: Canton, 1842 – 1847

伦敦政治经济学院《经济史》等（英文）听课笔记(1946. 9—1947. 2)

8. The New Treaty Ports – Foochow, Amoy, Ningpo

9. Shanghai

①The Tsing pu Affair

②Rebellion

③The Chinese Maritime Customs

④Creation of the Foreign Customs

⑤Mr Alcock's departure from Shanghai

10. Consul Alcock's views on general policy

11. Trade under the Treaty of Nanking

①Tea ②Silk ③Opium ④Chinese Exports ⑤British Exports ⑥Native Trade

12. Shipping

13. The Traders – ①Foreign ②Chinese

14. Hong Kong

15. Macao

16. Piracy

17. The Arrow War

①The Earl of Elgin & His Mission

② Lord Elgin's second Mission

18. Intercourse during the Treaties of 1858 & 1860

①The diplomatic overture

②New Ports & opening of Yangtze

③Admiral Hope's Policy toward Insurgent

④The Lay – Osborn Flotilla

⑤The End of the Rebellion

⑥Evacuation of Canton

⑦Death of the Emperor

⑧Influence of these Events on Progress of Diplomacy

Appendix

1. Notes on our Present Position & the State of our Relations with China, by Consul Alcock, Jan. 19, 1849

2. Confidential Despatch by Cons. Alcock to Sir George Bonham, Jan. 13, 1852

3. Conf. Despatch to Sir G. Bonham, dated June 17, 1852 (Extract)

4. Account of the Salt Trade Annexed to Mr Parkes' Summary of the Native Maritime Trade of Foochow, 1846 (Extract)

Jardine & Mathieson archives: one part presented to Yale or Harvard, one part to Cambridge.

无标题（参考书 11）

H. W. Smyth, Mart & Sail in Europe and Asia 1929 (Wm) Blackwood & Bons, London) New Edition

C. H. Philips, The East India company 1874 – 1834 (1940, Manchester Univ. Press)

Sir Wm Foster, England's Quest of Eastern Trade 1933

J. W. Jeudwine, Studies in Empire & Trade 1923 (ch. 28, the Trade of the E. India Co. , Ⅳ – Ⅵ, the Trade with China)

Brief Guide to the Chinese woven Fabrics (Victoria & Albert Museum, Revised 1938. 9d.)

无标题（参考书12）

W. P. Morrel, The Gold Rushes, 1940 (Chinese miners, pp. 11, 66, 87, 108 – 9, etc.)

C. E. Fayle, A Short History of the World's Shipping Industry, 1933

无标题（参考书 13）

Sir Wm Foster, England's Quest of Eastern Trade 1933

U. S. Shipping in Transpacific Trade, 1922 – 1938. By Walter A. Radius 1944 Reviewed by E. Griffin, in the Far Eastern Quarterly, vol. Ⅴ, No. 2, Feb. 1946

Chinese Influences upon the Physiocrats, L. A. Maverick (Eco. Hist., A Supplement of the Eco. Jl. vol. Ⅲ, No. 13, Feb. 1938)

E. R. Hughes, The Invasion of China by the Western World

L. A. Mills, British Rule in Eastern Asia 1941 (A Study of contemporary gov't & eco Devel't in Br. Malaya & Hong Kong) Oxford Univ. Press 25∕

无标题（参考书 14）

O' Brien, The Eco. Hist. of Ireland in the 18th c. , 1918

O' Brien, The Eco. Hist. of Ireland from the union to the Famine, 1921

Marwick, W. H. Eco Devel'ts in Victorian Scotland, 1936

Mackinnow, J. The Social & Industrial Hist. of Scotland, 1921

Ashton, T. S. , Eco. & Soc. Investigations in Manchester, 1833 – 1933, 1934

Fay, C. R. , Gr. Br. From A. Smith to the Present Day, 1929

Fay, C. R. , Life & Labor in the 19th c. , 1933 (2nd ed.)

Allsopp, H. , An Intro. to Eng. Ind. Hist. , 1912

Gibbins, H. De B. , Industry in England, 1920 (10th ed.)

Hammond, J. L. & B. , The Age of Chartists, 1930

Jones, G. P. & Pool, A. G. , A Hundred years of Eco. Devel't in Gr. Br. , 1940

James, M. , Social problems & Policy Driving the Puritan Revolution, 1640 – 60 (1930)

Knowles, L. C. A. , Eco. Devel't of the Br. Overseas Empire, 3 vols, 1936

无标题算式

1/ – = Bob

  – = Tanner

2/6 = haef crown (sometimes, "half dollar")

2/ – = Florin

£ 5 = Fiver

£ 10 = Tenner

  = Groat. old usage

£ 1 = knicker very restricted

课　表

Monday	No. of course	Short Title	Lecturer	Room
11. 0	83	Recent Eco. Devel'ts	Dr. Lewis	Old Theater
12. 0	510	Social Devel'ts in Modern Hist.	Beales	8
2. 0 – 3. 0	251	Eco & Soc. Hist. of Tudor Eng. England (intercollagiate Seminar)	Judges	E107
6. 0	238	Eco. Hist. 1486 – 1760	Judges	E198
7. 0	180	Intr. to Eng. Eco. Hist. (or XXX. 12. 6)	Fisher	E7
Tuesday				
11. 0	54	The Theory of Eco. Policy	Prof. Robbins	8
2. 0	14	Primitive & Peasant Eco. Systems	Prof. Firth	E7
6. 0	53	General Prim. of Eco. Anal.	Kaldor	E71
7. 0	83	Recent Eco. Devel't	Dr. Lewis	E71
Wednesday				
10. 0	236	Eco. Hist. Since 1815(Pt. 1)	Prof. Ashton & Beales	Old Theatre

（续表）

Monday	No. of course	Short Title	Lecturer	Room
11.0	53	Economic Analysis	Kaldor	Old theatre
6.0	236	Eco. Hist. Since 1815（pt. 2）	Ashton & Beales	8
7.0	54	Theory of Eco. Policy	Prof. Robbins	8
7.0	240	Eco. devel't of Br. Empire	Dr. Anstey, Fisher	216
Thursday				
10.0	55	Devel't of Eco. Shot（or Thur. 7. o）	Hayek	237
12.0	236	Eco. Hist Since 1815（Pt. Ⅱ）	Ashton & Beales	Old Theatre
	409	Pol. & Soc. Theory	Laski, Smelli	Old Theatre
2.0	87	Hist. of Currency & Bkg.	Mr. Horsefield	216
		Seminar on Culture change	Firth	204
5.0	239	Eco. Hist. of Western Europe in the Middle Ages	Miss Carus Wilson	E198
6.0	53	Eco. Analysis	Kaldor	E71
	428	Hist. of European Socialism	Pickles	E5
		Eco. Hist 1760 – 1939	Ashton, Bonne	8
7.0	55	Development of Eco. Thot	Hayek	222
	236	Eco. Hist. Since 1815（pr. 1）	Ashton, Beales	E71

梁方仲伦敦政治经济学院
听课笔记书写方式汇总

简写

∨	the
abol't	abolishment
acc'd	according
acc'dg	according
acc't	accept
acc't	account
agr.	agriculture/ agricultural
agri.	different from agriculture
agri. prod.	agricultural product
altho	although
Amer. / Ameri.	America/ American
Ameri.	America
Ana.	analysis
Austr. / Aus.	Australia
Austri.	Austrilia
b. d.	black death
B. D.	Black Death.
bet.	between
bk/bks	bank/ banks
bkg	background
bks.	banks

Br.	Britain/ British
Br.	British
brot	brought
cap.	Capital/ capitalism/ capitalist
ch.	chapter
chs	chapters
clas.	class
co.	corporation/ company
Com'l	comercial
Com'l	Commercial
com'l	commercial
comp.	company
compet	competition
cos.	Corporate business
cos	corporations
d. & s.	demand and supply
D.	demand
de.	demand
devel't	development
dif.	difference
dif.	different
dif. fr.	different from
dyes. S.	south
eco.	economy/economics/ economical
ed.	edition
ed.	edition/ edit
encl.	enclosure
Eng.	England/ English
equ.	equal
Est.	establishment
Eup	Europe

fin.	finance
fin.	finance/ financial
Fr.	France
fr.	from
govn't/ govt	government
Gr.	German/ Germany
hist	history
I. R.	Industrial Revolution.
Ind.	India
ind.	industry/ industrial
ind. prod.	industrial product
Ind. Rev.	Industrial Revolution.
Indies	Indian Corporation
indus.	industrial
internat'l	international
Intern'l	internal
int'l	international
Intro.	introduction/ introduce
Jl.	Journal
Jt.	Joint.
l.	labor
M. A.	Middle America
M.	Making
mafs	
man'gt	Management
mang't	management
Manuf'turing	manufacturing
monop.	monopoly
Move't	Movement
mov't fr.	movement from
nat'l	national

p. l.	Poor lans
P. R.	Poor Lans Reform!
pay't.	payment
pl.	place
po. / pol.	policy/ political
pol.	political
Pol.	political
pop. / popul	population
pop.	population
prod.	production/ produce
pt.	part
pt.	payment
pub.	public/ publish
pub.	published
s.	south
Soc.	social
st.	stock
syst.	system
Techn.	technical
techn	technology
tho.	though
tho	though
time. N.	north
U.	university
univ. / uni,	university
Wm	William
yr.	year
yr	year

两晋南北朝史料

（1953 年 10 月至 1954 年 6 月）

陈寅恪 讲

整理说明：陈寅恪先生所讲"两晋南北朝史料""元白诗证史"两文的录入初稿，梁基永先生校核一次，最后由蔡鸿生先生终校。以上两位先生付出了艰辛劳动，特致以深切谢意。

1953 年 10 月 23 日　星期五

1. 史部书籍等

2. 诗文等附艺术（云冈石佛）

3. 道藏、佛藏等（大正大藏、续藏、索引等）

参考陈著：《大乘起信论伪序中真史料》（《燕京学报》1948 年第三十五期），论为梁陈间真谛在曲江所翻译，陈用江总诗及六朝官制以说明之。

又陈著：《崔浩与寇谦之》（《岭南学报》第十一卷第一期），论书法与道教的关系、写字与画符的关系。

杜佑用食盐估计人口，方法甚精。

10 月 26 日　星期一

《资治通鉴》写于十一世纪中晚期，为世界当时最卓越的著作。其《考异》尤值注意。

日之不能确定者，置于月后；月之不能确定者，置于年后；年之不能确定者，置于某纪元某帝之后；仍不能决者，则系于某同类之事件后。

王莽改制，忌双名，提倡单名。鲜卑汉化后，往往将原有之音名简取一字为名，且写法不一，故考订维艰。《通鉴》"用后名"。

《南齐书·王融传》所记北魏情报，其中人名甚难考定为何人。

乾隆纂（辽金元）《三史语解》，甚谬。

将上开思想史（道、佛）与文学史（诗文集）拆开来，使其还原为现实化，构成血肉不可分离的关系，用以证史，知本无所谓空文。此本课之系统也。以思想、文化史为主。

本课弱点，对于经济、财政涉及甚少。

10 月 30 日　星期五

东汉儒家　大族复兴

司马氏之代曹，非仅朝代转换，乃两大阶级之迭兴。此两大阶级，一为内庭（宦者）；一为外朝士大夫。

司马氏代表儒学世家、四代郡守。曹氏乃阉宦阶级。

所谓儒家，乃指信奉儒家经典（周公、孔子、孟子尚不在内），主要为孝弟礼让（家庭、乡里）。儒家不一定为大族，大族不一定为儒家，但两者亦有密切关系。

东晋之所以能偏安一百余年，亦赖世家大族之维持。

11 月 2 日　星期一

儒家大族天字第一号为汝南袁氏，四世三卿。华阴杨氏，其家世自西汉末哀、平时起已为儒家。西汉之专用儒术，自元帝起（见宣帝纪），东汉皇帝本身就为儒家大族。

今天要谈的是儒家思想行为之影响于政治方面，即道德标准问题、价值问题（如大乘中之一派不吃肉）。

礼法最重丧服，其长短由亲疏尊卑名分而定。此乃维持大宗族集团应有之规定，组织愈严密则集团容易发展。儒家之必然发展为大族，于此可见。

晋武帝为王肃之外孙，遂定三年之丧为定制，乃儒家之通制。又如以春秋决（比）狱，亦为儒家之精神贯彻于法律及整个社会也。

王肃说礼与郑玄（康成）相异，郑说禫祭（中月而禫）为二十七个月，王肃说禫，中间之月为禫，为二十四个月。晋武帝舍自己亲戚王氏之说而从郑氏，可见其儒化之深。

11 月 6 日　星期五

达官兼名士，亦有不兼名士者；止为名士亦可为贵人。

孝在当时已成为具体的力量，非道德良心问题。如陈寿巴西人（《晋书》卷八十二）以父丧有疾使婢丸药，贬议。张华怜其才，谓可原情，但不知远嫌耳。及寿母卒洛阳，不归葬西川，复遭贬议。

姚范（桐城人）《援鹑堂笔记》讥弹何曾（？）不孝，实为失言。

儒家大族孝是一定的，否则无法显达。但奢侈在所不免，因讲究礼法之故，且外宽内忌，亦为儒家之缺点。

11月9日　星期一

阉宦来源已久，西汉行而又废。

东汉通五经，《论语》《孝经》。"身体发肤，受之父母，不敢毁伤。""刑不上大夫，礼不下庶人"；五刑："髡、黥、宫、刖、大辟"。

唐太监为边区民族，多数为闽、粤、滇等地之人，而非汉人。

阉宦族之大小不一定，但非儒家则可断言。

儒家又否认妇女有政权："有乱臣十人，有妇一人焉。""牝鸡司晨"、"哲妇倾城"。

东汉有因生理关系自宫，后又不为宦官，转为太守者，如乐发。

从东汉整个历史看，宦者得权只限于中央（挟天子或太后），若从全国范围看来，则地方上仍以士大夫势力为盛。

董卓

袁绍代表儒家，陈琳讨曹檄骂曹"僄狡锋侠"，故与仁厚忠孝殊。

曹操提倡文学，因为他不喜欢经典。

《后汉书·杨震传附》，"雕虫小技"，反对文学。

六朝鲍照（明远）被讥为"恩倖小人"，不能与大族之谢灵运相比。

《易经》："君子体仁。"又云："藏于用。"

东汉袁宏："本末"，是时已甚富政治的意义。迨晋后已成为抽象名词，因政治压迫之故。

清谈初名清义。

曹平袁后，地方大族势力仍潜在，为巩固政权起见，乃提倡仁孝与治国用兵无关。仁孝仅为体，治国平天下为用，体用本不一致（体用之分，始于王弼《老子注·德经下》）。此学说之用意，乃将儒家安心立命之根据打破。于其建安三令中可见。

11 月 13 日　星期五

曹操政权自平袁绍后迄司马懿擅权时，曹氏全盛者约五十年。

建安三令，要点：唯才是举。第一针对廉，第二针对信，第三针对仁孝。

淮南三叛：王陵（王广之父）、毋丘俭、诸葛诞。

参考《世本论》。

11 月 16 日　星期一

司马懿比曹操少十余岁，其最得用之干部，均由曹操干部吸收而来，如陈骞、贾充、石苞等。邓艾可不论。

南齐王氏仍不肯作法官（《乌衣巷》王氏所作）。

东汉清流往往非大家世族，如黄宪、牛医之子。

11 月 20 日　星期五

儒家大族之女子，轻视劳动，但必须守礼法。

太原王氏：王昶→浑（济）、湛。王浑妻钟氏。王济少痴，娶于郝普女，汲井"目不忤视"。

琅玡王氏：王导、王羲之等。

"则郝夫人之法，范钟夫人之礼。"

何晏，何进孙，其母曹操收为妾，晏娶于曹操女金乡公主，或云即同母之妹。

干宝《晋纪》总论内有论当时女德之败，可为西晋覆亡之原因看。

11 月 23 日　星期一

西晋奢侈之风，《世说·汰侈类》：王恺（王肃）、羊琇（羊祜）、石崇（石苞子），皆为国亲。

平吴增加其财富，增加其腐化。

妇女对政权腐化的影响。

11 月 27 日　星期五

罢州郡武备与封建制度。

五胡乱后，东晋建国非以国兵，乃以寿春镇兵。

11 月 30 日　星期一

关于清谈误国，参考《支愍度学说考》（蔡元培纪念刊），《论陶渊明之思想与清谈之关系》（《北大国学季刊》）。

今行世之《世说新语》经宋人删削甚多，今日本犹存唐人本，原名《世说新书》。所记王衍遇害事，疑不尽可信。

其实贪污误国比清谈尤甚。

竹林七贤实无其事，闻日本人有谓其晚出者，甚确。此说疑起于西晋末，传于东晋，至东晋中年始著于书。

古代北方难植竹。乐毅报燕王书："蓟丘之植，植于汶篁。"唐时李德裕在晋祠植竹，使人日报平安。

竹林乃印度 Velauna 之译文，佛于竹园讲经。

12 月 4 日　星期五

七贤，本《论语》："贤者避世，其次避地……其……作者七人矣。"嵇康避居河东，有避地之说。与印度俱舍论正合。盖由于"格义"风气所产生。王衍之兄为王戎，竹林七贤之一。清谈最初本义为清议，起源于后汉，当时阉宦执持朝政，在野党锢诸人范滂、陈蕃、李膺（音雍）等反对之。曹操得政权后，甚恶之，压迫不遗余力，如作《汝南月旦评》之许劭、靖等均反驱逐。孔融谓："父之于子，论其本意，实为淫欲；母之于子，亦有何恩，如寄物瓶中（子宫），出则离矣。"此当为讥讽之语，融于操破袁术后，使其子纳甄姬时，又援武王伐纣纳妲己为子妾以讥之。

《庄子》郭象注偷向秀注（参考陈著：《逍遥游向郭义探源》），提倡"适性"，大鹏小鸟各适其性。

山涛（吏部）山公启事，保荐嵇康，康与之绝，涛乃老奸巨猾，司马懿妻张氏之亲戚。司马师亦能清谈。嵇康乃曹氏之亲戚。康被杀据云由于起兵应曹爽，自其死后，竹林七贤态度一变。《世说·言语类》：嵇公被诛后，向子期狼狈入洛条。

阮籍东汉来最大儒家，最高门第；看不起谢家。《三国志》李康家诫，司马昭说他是天下至慎之人。

七贤初为名士，后为官僚，以官僚而清谈，故误国。

王戎、衍问阮瞻、修，名教与自然之关系，答以"将毋同"（三字掾）。

12月7日　星期一

《世说新书》刘孝标注北宋时删去甚多，"赏誉"上、下分量最高，其中○○目○○为……所谓"目"即清议品题也，九品中正之遗迹。其次"文学"、"言语"亦多。

"将毋同"，乃答案（结论），与《程宗语录》《传灯录》体例同，惜草、艸因不需要故不存留。《廿二史劄记》，清谈麈尾，今日本法隆寺仍留有实物，形状菲，常璩《华阳国志》记此，疑出于蜀。大约由于中亚细亚传来，为贵族装饰品之一。当时西域高僧来华，如安世高自称安息国王世子，决非。《高僧传》鸠摩罗什（Kumara）"王子"等，皆自托富贵，故用麈尾自帜。

程树德《九朝律考·晋律序》谓贾充小人何能定此良法，列举他人参预其事者。其实殊嫌多事。盖晋以前犯法与犯儒家规律不同，后者仅受舆论制裁。至晋儒家思想始明定为法律，故有诸侯律等。故晋之为儒家，盛于两汉。《周礼》八议：议亲、议贵等，与法家思想绝不相容。

关于政权的分析，1. 执政者阶级出身。2. 政治法令等订［所施所为］的为谁服务。

崩溃的原因：1. 宗教，先从中央起，后至地方，统治阶级腐化。2. 外族入侵。

12 月 11 日　星期五

天师道之活动：西晋、东晋、北魏、北周、后汉末已起。宗教之优点，没有阶级、种族的界线，且服从教主。

徙戎论，参考《通典·边防典》、唐、突厥（贞观四年）。

12 月 14 日　星期一

五胡种族问题。一切（古义，苟且），五胡十六国，辞源定义不通，五胡为一词，十六国又为一词。《晋书》卷一百〇一载记刘渊，一百卷以前有（前北凉）张轨、（西凉）李暠（一百卷），本在十六国之列，因为汉人且唐太宗追学李姓，故将其提出。今行世《十六国春秋》参考《四部提要》相传为明项琳、竺乔孙伪作，然有足参考处。抗战前发现有敦煌写本，为日本人买去。

胡（诗）挪威 Thomas、印 Buda《印度考古丛书》Indo-Africa 贵霜王（月氏）有与梵同或异者。Huna（匈奴，胡），由专名变为外国人的通称，五胡不包括南方外国人在内，屠各种（为匈奴统治最高族）。

陕西霍去病墓，马下有挪威人等石像。此像当雕于六朝以前，可信为两汉作品。Siren[①] 照相最好。颧骨高，多须。白鸟库吉从数目字研究各民族。但数目字中亦有文化语在内，故价值不高。《史》《汉》《大宛传》："自乌孙以西，其人皆深目多须。"可见其面貌与中国人

---

① Borton，Artibus（Asiac），Siren.

不同。而匈奴人与中国人似无甚差别，故李陵不言及之，此为默证。部落应分本部及别部，此必须分清。清《八旗氏族通谱》，满洲为本部，汉军、高丽等为别部。

五胡按旧说应为四（石勒亦为匈奴），又有将巴、李放在内者，均误。

12 月 18 日　星期五

康熙时尼布楚战后，俘虏俄人编为鄂罗斯旗（镶黄族鄂罗斯佐领）。清末升允即属此。所谓五胡：有谓不包括羌，但应加上巴窦（李雄等）。此说实非。

匈奴官次：单于→左右贤王（即天子→丞相），胡人为部落制，汉人郡县制。清制汉人不得为将军都统，末年吴禄贞以汉人为之，乃岁例。石虎与刘曜作战，佛图澄［龟兹（读若秋迟）人］解塔铃语，“秀谷替戾冈，仆谷句秃当”，意为刘曜胡位（被擒）Bay lar 贝勒，Cinastan（震旦、真旦）。

羯即月支人，已为定论。

清朝皇帝均有满名，用于家庭内，外面不用。同治（梁基永按：同治为顺治之笔误）名福临，便是。《翁同龢日记》，福隆阿，天上有福之人。钱振伦（初名福元，因犯讳改名）。

12 月 25 日　星期五

鲜卑白虏——与南北朝白贼似有关系，即白籍之虏，白即新的、黄旧的。敦煌籍可证，苻诏似与昭武九姓无关，因如此说，则昭武九姓应为氏族，其不合理可见。但苻诏疑与“南诏”有关。La 为文化语，或可通。鲜卑语：《南齐书·魏虏传》所载中多文化语，因其东受中国影响，西受伊朗影响。如笔帖式 bitith［一德真（者）］。清故宫有秘密档（景阳宫），今发表汪景祺之《西征随笔》是（谕年羹尧）。用竹锁，上书敢不在御前开拆者斩。《清文鉴》（尔正式）器具门，腰子筐（提桶柄），雍正以为“痴肥臃肿，兄弟间以为笑谈”。噶礼（康熙时，清朝最著名贪官之一）。鄂尔弼与雍正［不使汗阿妈

（即皇父）知]。

北魏多以拔、都为姓，盖由匈奴冒顿（麦德）而来，乃从波斯语源，英雄之意。故不能用姓氏来研究种族，如徐光启（Paul）、瞿式耜（Thomas）是也。

12 月 28 日　星期一

北魏昙曜复兴佛教，建大同石窟，同译《吉迦夜》，疑为伪经。因其中有"十月怀胎"句，印人皆作"九月"。云冈石窟实可称为禅窟，面壁修行之处也。禅宗（学）因此盛行中国。

昙无忏译《大涅槃经》（佛教中最左派之经）与谢灵运有关。《辩宗论》辟道生主张顿悟，"一阐提（无恶不作之屠户名）成佛"。灵运主张顿悟。后道生为群僧群起而攻之，驱逐出教。

1954 年 1 月 4 日　星期一

汉代烽堠列石布土，面积甚小。

乾隆平大小金川，得碉堡作法。今仍存北京至香山路上。

天然坞比人工碉堡大，可以耕种，有水源供给，地形险峻，上有平原。

郑文焯（汉军，其父名英棨）光绪间随父自豫省府去陕省府，途中其仆失路，数日始归，所遇与桃花源略同。郑刻陶诗，今日本有流传本，曾记此事。王先谦序吴大澂《桃源志》引唐刘禹锡武陵郡朗州司马事，疑为蛮族避秦时所筑。苏东坡、洪兴祖则疑其非神仙。

陶渊明未曾到过北方，其所得之材料，乃根据刘延之、郭祚（缘生）随刘裕攻姚秦时归之记录。

1 月 8 日　星期五

坞主大约等于族长。

白居易元和十二年四月大林寺（牯岭）诗，桃始开。是年闰五月，地势高寒，又在北向，故晚开。

陶渊明之思想，"不知有汉，遑论魏晋"，秦疑指苻秦而言。

武陵（-ling），武宁（-ning），陶渊明似亦混而为一。陶乃溪人，溪乃少数民族。《南齐书》胡谐之南昌人。齐武帝欲与之通婚［即萧家（北人）欲娶其女为妃］，但以其溪音不正，使宫人教其正音，并未成功。

福建正音书院之成立，乃因清世宗（雍正）听不懂土话。清高宗谕有"学习多年，乡音无改"，乃对召见之将军而言。贺知章"少小离家老大回，乡音无改鬓毛衰"（清时改为摧）。贺为不肯改乡音之人。

陶为陶侃子孙，温峤骂陶为溪狗、钓狗（五溪）。

溪人皆信天师道。有人以为陶讲六经、孔子，其实信儒家与信道教不相冲突，但信道必不信佛，道、佛两不相容也。"采菊东篱下"，与《离骚》"夕餐秋菊之落英"，皆为神仙思想、道家思想。

故其寓意部分，亦有现实之宗教、民族等成分，且富有报仇心理。

北方坞主下山后，掌握政权，仍保持其共生死患难之密切关系。

北方嫡庶制及宗族关系为南方所无，至隋唐仍然。盖与上述事有关。

东晋时南迁，其困难比南宋时之南迁时超过万倍。

1 月 11 日　星期一

《晋书·刘颂传》晋武帝太康末（十年）上疏："东南六州（荆、扬、豫、兖、青、徐，梁、益除外）将士更守江表，为时之大患。"此疏《通鉴》不载。

由上可知，平吴后（至少十年以后），兵力仍留置吴，以为镇压之计，并未撤回。因孙氏仍拥有对抗之潜力量。

张昌及其部长石冰之乱，为豪强大族义兴周氏所平（当时文化大族为吴郡顾氏）。

东晋初年，南方岌岌可危，尤以成帝时石赵之武力为最有力之威胁。

王导为笼络吴人计，政尚宽简，得其好处止有大族。此外实行通婚姻及统一语言。陈俊劝导综覈名实，见《晋书》。王夫之甚称之，其实不明实际情况也。

葛洪《抱朴子》外篇讥惑对于南北语言不同，有记载。

1 月 15 日　星期五

今传《子夜歌》所存吴语似已不多，因经删削。

"细崎"——华力个（即低等音）。"何乃淘?"

庆亲王之子娶于孙宝琦之女（能德语而不能法语）。

1 月 18 日　星期一

避难南徙之人非一类，可分为上中下三种：1. 为洛阳及其附近之达官贵人；2. 中层；3. 社会下层阶级，无能力逃者。

山东人逃者以中层人为最多，非清谈之名士，因清谈之士已到洛阳作官。此种逃人不须要到建邺，因难与大族竞争。于是选择镇江，恰与义兴土著周氏相接壤，因发生权利冲突。后来竟成为淝水战役中之主力，及南朝得意分子。

其杂居武进、湖州之人，操吴语，与吴人通婚者，出身多微贱。

1 月 22 日　星期二

永嘉时南阳人多迁江陵。

及胡亡氏乱（主要为苻坚），始至襄阳，亦有由甘肃、陕西来者。此批人与晋陵、京口同，均为武力阶层，为齐梁诸将所出。

梁武帝以襄阳占吞江陵，复由江陵下建邺。梁亡大致情形亦同。

凡襄阳不与江陵合作时，则江陵败；京口不与建邺合作时，则建邺败。

陈霸先将领均为吴人（赣、闽、粤等），北人武力已趋衰落。

琅琊王氏至唐犹有为宰相者。陈郡王氏已没落，更无一人显达，唯新丰谢阿蛮颇知名耳。

侯景之乱消灭北方来之大族不少，其后经陈、隋，更余无几。入唐时稍有地位者，均为被俘之儒生（"家奴"）。

唯北齐大族至唐时仍甚显赫。

北方过江名士大族，平均死年为四十。北方大族平均年寿远高于此。

唐时王方庆、褚遂良虽亦显达，然仅为北方大族之附属品，非独立之单位。

3 月 8 日　星期一

胡汉分治，与军民分治。军籍即胡人。其后种族之差别渐不重要，始以职业、文化为分。

乞活之首领陈午，石虎收为养子。

光绪间杨宗羲（原名宗广，后乃复姓改今名）著《宣室宛委》，盛昱之表弟。郑文焯（其父英棨，亦旗人）。

当时汉文化发生了一种调和各部族间的作用。各部族为了统一其所统率的不同的部族，多采用汉文化。

拓跋（西鲜卑）汉化之程度远不及东鲜卑，"东鲜卑"自辽东入热河而河北、河南，其汉化最高。

西鲜卑则受伊斯兰文化较深，受汉化浅，以远离中国之故。

汉化之用处，不止调和各种不同之部族，且发生一种团结作用。

北方之徙民，最重要为军事问题，而非经济。

3 月 10 日　星期五

苻坚帝国之崩溃，其所附属之鲜卑诸部族相率由关东回至关西。其情形与石虎帝国之崩溃，其所属之氐羌相率回关陇一样。盖当初皆由被迫逼也。

鲜卑汉化最早，又最高，且保持其善战力量，又人口较多。他们从热河、河东而来。

北朝争正统乃争文化问题。

苻坚之最重要政策，为徙民，《通鉴》载十五万户。其徙丁零等乃为军事力量。由河北徙至关中。

淝水之战，苻坚败的理由：1. 双方实际接触的实力相差不多

（指数量）。2. 南方最精之兵为北府兵（京口、南徐州），北方为氐兵。至于慕容垂、姚氏等部众皆坐观成败，未效死力，因其志不在关西（都长安），而志在回关东也。

3 月 15 日　星期一

人口统计之困难：同时全国人口数字之缺乏。

北强南弱之理由：1. 人口众多。2. 北方人善战，体质较好，寿命较长。3. 从负担看来，三国中蜀最重，故亦最弱。其人口最少，吏特多。4. 北方部落，组织性强。

高欢远比宇文泰为强。

北齐原比北周强，其所以灭于北周，乃由组织力量不如北周之故（北齐人口比北周多，但宫廷腐化不堪）。

东晋政府成立后，经过两次危机：1. 王敦。2. 桓温（玄）。

王羲之最反对桓温北伐，以为以扬州区区之地，负担全国费用，不亡何待？（负担以三吴为特重）。

3 月 17 日　星期五

政治地位与社会地位初时本不一致。

前者以"宦"为准，后者以"婚"为准。

释褐后，为秘书丞，从事，便为清官。

《离骚》显然受道教影响。道家之最高境界为天堂，而天堂多在水国，疑与水葬有关（今印度人甘地骨灰投恒河中）。祭水鬼即为"神"。

西晋竺法护（中亚细亚人）《盂兰盆经》（七月中），《南史·南蛮林邑传》亦记水葬事。《荆楚岁时记》则记为五月。皆随气候、两季之早晚而定。

《隋书·地理志》"荆州条""五月望日"。

崔浩传"三寅之吉"。

卢循投水死，乃因天师道崇拜水也。

孙恩之起义于会稽，与王、谢在该地广置田园剥削有关。

3月22日　星期一

宋时南人大族势力已趋衰落，至齐更确定。盖吴人能作战者已少，为另一种北人所替。

沈曰子

（林子）——孙约，原为将家，至约为文人。

《南史》王融（王俭）、王晏"那知许事，且食蛤蜊"，"君生于东隅，物以类聚"。

丘灵鞠："骁骑将军不乐武卫"，"还来掘顾荣冢，江南地方数千里，风流士子皆出此中。顾荣引诸伧渡，妨我辈途辙，死有余罪"。

沈、丘灵家后皆能文，但已不能武，盖已为另一种北人所代。于是南人社会地位日降。

顾荣家自东汉时已有名，周、沈在晋时有名，但俱已没落。

新起者为湖南、粤、闽等地之乡下人，住在山谷中（不在交通便利之乡下，如江南人然）。

在南方，民族之同化，亦与北方一样。

3月29日　星期一

溪人皆信天师道。范缜为绝对不改者。梁武帝为叛教而改信佛教者。沈约无游离两可者。

春秋讥二名。王莽禁二名，东汉皆单名。三国偶有双名，但恐为字亦未可知。至两晋时单名已成为汉文化标识。单名盖为便于避讳。

天师道，"道""灵"为加进去的，"之"字可写或不写，但不是加进去的，因不算其真名之一部分。王鸣盛、吴士鉴、钱大昕均不知之。

《梁书》朱异（之）。

谢灵运其家世为天师道，但本人后来信佛教甚虔。故亦不能遽据其名而推论其真正（最后之）信仰耳。

子所雅言，诗书执书，皆雅言也。"雅"与"夏"同。孔子平日说鲁语，唯读书用雅言。

《孟子·滕文公》："陈良……北学于中国。"学夏语也。

"楚"非"荆"。楚非南人，乃北人，然非高等之北人。

3月31日　星期三

越，《三国志·吴志》屡见之。自山上下来，部勒为兵。

梁武帝尽量用扬子江上游（襄阳）一带人（东晋末苻坚时南下之人）。及襄阳武力没落后，已非用北［降］人不可。

陈初尚有相当武力，其大将皆非显族，其祖宗向未有在文化、政治上表现过。大概皆由山谷中出来，为土著之民族。梁末侯景之乱，梁宗室分封各地，带兵入卫，所统领者即此辈也。当时梁朝已成割据之局面。

陈霸先为最下层之北人，已与吴人混合。此时挺起，收拾残局于数十年间。其部将为江西、闽、粤之人。

南朝宋齐［梁］为一类型，陈又为一类型（梁为二类型之过渡时期）。

梁末人皆柔弱，饿死而不能骑马（侯景乱时）。

六朝：小"儿"与小"人"通，可儿（即可人）。

庚"将一小儿"（《颜氏家训》）。贵人出入须人扶持，最初仅为摆架子，其后便文弱到不堪。

梁人除梁武帝、裴松之较长寿外，一般人皆短命（四十岁左右）。武帝与顾囗之言，南方人三十岁已老。恐为享受太佳之故。据医书言，以前无脚气病，后由关中（？）传来。此乃妄言，因食白米。

欧阳（询、修）非中原族，乃百越土人。

4月14日　星期三　六镇（续）

道光沈垚据《通典》《水经注》"沃野、柔玄、抚冥、怀荒、怀朔、武川"为六镇，已成定论。顾祖禹、夏曾祐等将"薄骨律、统万、御戎城"等包括在内，皆误。沈垚为嘉兴人，与徐松同时，生平潦倒。其文集十余年前刊行。内有家信（与妻）言留京欲看《通鉴》胡注、《史记索隐》《嘉庆一统志》而不可得。

今所重者，非地名，乃人的问题。国防形势有变，则防兵亦随之。

高谧（音密），高欢之祖先，为侍御史，"坐法徙怀朔"。可见为朔州高门。

4 月 19 日　星期一　缺席（因搬家）

4 月 22 日　星期四　六镇（续）

清"超哈"——兵官名（炮兵，汉军之一种）。

《魏书·源贺传》［原姓秃发（北凉）、鲜卑人］，高阿那肱（善无人）骂之为"汉儿强知星宿"，盖自解于读《左传》不通也。"龙见而雩。"

4 月 26 日　星期一　北魏前期之汉化

东汉洛阳有太学，为文化中心。东汉末洛阳丧乱后，文化移转至地方世家。

崔浩之父宏，为清河崔氏（其地位比博陵崔氏高，吴廷燮表以浩为博陵人，非），与范阳卢氏同为最高之世族。

浩之得北魏重用，不止因其为第一高门（文化大族），且以其精通星宿。浩甚有政治野心。

4 月 29 日　星期四上　崔浩

福临（顺治）在故宫博物院对门大高殿火葬，"茶毗天子"，讳莫如深，因与汉化不合。崔浩修《国记》，"备而不典"，备乃实有其事，典则汉化以为可耻之事也。浩致死之因，主要为鲜卑人反对他，其次为汉人反对他。

寇谦之为社会地位较高之氏族。

儒家重婚姻，尤以北方为甚。南方庶出之子有文才者尚不为人轻视，北方则不然。

5 月 3 日　星期一　崔浩（续）

沈约《宋书·恩幸传序》谓两汉不论门第，此论是也。

北魏汉化非利用地方大族（儒门）不可。

北朝严嫡庶之分，南朝不甚严格，北方大族庶子逃往南朝，此亦一因，因北朝庶子甚难作高官。

5 月 6 日　星期四　墓葬与籍贯

墓葬南朝不如北朝之严格。

陈著论李栖筠自赵徙卫事，引《白居易集》卷六十一《崔公（玄亮）墓志》，博陵人，言自安史之乱后，人多葬于长安、洛阳，唯崔仍遵旧制，归葬滏水（博陵）。参考《魏书·王慧龙传》："时制南人归国者皆葬桑乾"（恒代），以意在报仇，诏特许破例。

张謇乃高邮人，原籍不是南通。

5 月 10 日　星期一　北魏后期汉化问题

《岭南学报》第九卷第二期《从史实论切韵》，《切韵》序作于仁寿元年。其语音乃南北朝时洛阳太学之语音系统，非如 Maspero 等所谓长安语音系统也。

《论语》为鲁语，"文莫吾犹人也……"莫 = 吗。"子所雅言，诗书执礼皆雅言也。"

晋武帝辟雍石刻载各家博士及其地域分布。

魏孝文得王肃，如获至宝。

5 月 13 日　星期四　北齐之鲜卑化及西胡化

颜之推家训："不教子弟学鲜卑语、弹琵琶以事公卿。"

渤海高氏（瞻）。

今《北齐书》实由《北史》传抄过去，故曰神武纪，不曰高祖。

5 月 17 日　星期一　北齐晚期西胡化

刘复愚（蜕）之遗文与不祀祖问题（陈先生生于长沙刘宅旧址，

文载《历史语言研究所集刊》）。刘为阿拉伯人。

象棋为印度游戏。Taruranga 仅有四种兵（英文 guart）。炮兵乃元代以后。

李清照《打马图经》。

狄仁杰"宫中无子"（双陆）。

《琵琶行》中之商妇似为西域人：1. 弹琵琶。2. 卖酒。

梁之灭亡——实为北人南渡运动之灭亡。

陈仅为南朝之尾声，不足重视。

萧衍传："衍无部伍，素无号令。景宣言曰：城中非无酱（将），但无菜（卒）耳，以戏侮之。"此言当为景之年师王伟（洛阳人）所言。

5 月 20 日　星期四　梁之灭亡

梁武帝被围时仅有羊侃一大将可用。

北魏"宗主督护"为酋长组织，乃大族制度下之产物。

南方自由散漫，组织较差，不重宗主。故梁武帝立庶。

《论山东豪杰》（编者按：陈寅恪之论文）引侯君梁祖植墓志"推为宗主"乃部落制，与军队之组织有关。

北人渡江至梁时已失去统治的力量。故武将求之于北魏降将（侯景），宰相求之于吴寒人（朱异）。

陈之灭亡，实为尾声，不足深论。

5 月 24 日　星期一　宇文氏之府兵及关陇集团

改姓之原起，初将河北、山东之人改为关陇籍贯（郡望），其后更将胡化之汉人的姓（郡望）改为胡姓，及周将灭时，复由胡姓恢复为汉姓，但郡望则仍保留。盖欲藉此提高社会地位也。此事详细经过今已记载不多，但《隋书·经籍志·史部谱牒序》可参考：改为关中郡望，"别据谱牒，记其所承"。

北朝重嫡（宗主）。

沈炳震《新唐书·宰相世系订讹》（音俄）。

《十六国春秋》西凉李暠……"世子重耳奔晋"（纯然虚构），盖乃志在证明李虎之为嫡长所出也。

宇文泰将军人改姓。

5月27日　星期四　府兵制

府兵制因时、空间不同而制度屡有变易。

参李繁《邺侯家传》，繁为泌子，泌为李弼后人。此传《玉海》引，但见其同，未见其异，其言须批判地接受。

叶适《习学记言》谓宇文泰府兵制，三时务农，一时为兵，得三代遗制之精髓。不足信。

"六家共之"，应依《通鉴》，共作"供"字。

唐制不设府之地，即不设府兵。河北不设府，故不设府兵。江浙仅设一府。

《陆宣公奏议》："举天下之重，不及关中。"

可见府兵制之制限性及区域性。

（李虎）李渊、（于谨）于世宁等在唐初皆为大地主，疑由府兵改制后，由酋长改为大地主也。既拥有武力，又有组织，复有农业为之经济基础。当中央政府失权时，此等集团多首先起来反抗。

6月7日　星期一（上星期因疗疾缺席一次）道教与佛教

Pelliot论佛教尚不错，但论道教不佳。参考《岭南学报》《崔浩与寇谦之》（编者按：陈寅恪之论文）。

《魏书》（包括百衲本）错刊甚多，如关于崔浩信从寇谦之事。盖崔之奉寇，意欲从之学道教中之天算医术也。寇家乃大姓豪宗，与孙恩门第低者不同。

和尚 = 乌社 = 亲教师

《周髀》应为东汉改用四分历以后之书。惊蛰、雨水。

6月10日　星期四

敦煌佛经写卷有佳者，亦有劣者甚多，字往往潦草。但所有道经没有一个写得不好的，而且整齐之至。此非由佛经卷帙多而道经卷帙少之故，因道经帙数亦繁，只因道经托为神笔，非好而且整齐者不能也。

韩愈《石鼓歌》："羲之俗书趁姿媚。"朱子书法学曹操，其《语类》最鄙王羲之书，以为诸蕃八书（当时以阿拉伯为主）较胜，盖蕃书风力较胜，由于所用之笔不同。

6月14日　星期一　寇谦之从成公兴所得之学问

1. 算学（上班讲过）。

2. 医药。

《黄帝内经》《神农本草》，皆战国时作。

"天师曰：……"即天师道之天师。中国医学以阴阳五行为主，佛教初传入中国时，亦与医药有关。

木、金，乃从人所用之器物出发。

希腊、印度乃从宇宙本质出发，如"四大"：地、水、火、风（要维持均衡）。

但中国自印度输入佛教后，乃屡有"风"，风原本不在阴阳五行之内，由上可见"风"乃受印度影响。

鸠摩罗什"四大不愈"。

六祖"风幡动"，"仁者心动"。

沮渠蒙逊从弟京声《禅病秘要［经］》。

苏东坡谓黄山谷诗如江瑶柱，多吃令人发风［疯］动气。

景教，清风＝圣灵。

孙悟空"火眼金睛"。

岐黄帝＝岐伯＝耆域（p.87），由中亚细亚传来，耆婆则为印度神象。

弥勒（上生经）Metrale。

自道安以后和尚皆姓释（从释迦牟尼）。道安以前，则从师受姓。

华陀（＝阿伽陀，＝万应如意膏药）

陶弘景：上中下品。

天台宗法华经"丹田"，北齐慧文（法华经之祖宗）发誓愿文。

玄奘最反对天台宗（《西域记》）。

中国医药多从印度传来（中经中亚细亚），宋以后则由阿拉伯传来。

竹，王羲之子子猷最爱之，"何可一日无此君"。其爱之当有宗教上之理由，与爱鹅之理由正一样。真诰中言竹能益子。晋武帝无子求于竹林，生简文帝。

道安，漆道人，身短小，小黑奴。

李后，身修长，黑奴（昆仑奴）。

6月17日　星期四

道教至孙恩、卢循而极盛。其后颇受挫折。

至寇谦之乃清整道教，将男女合气等不健康之术清除。

古今学术通例："讳其所出，倒戈相向。"

姚秦鸠摩罗什对于三藏：经、律、论，除律外，经、论均翻译甚多。

释迦牟尼出身于贵族民主国。按身份可以"众选贤王"。白皿羯摩，"默然"即等于通过。

十诵律，说一切有部（盛行于锡兰、缅甸）。

寇谦之偷佛教"律"以入道，更将男女合气等不适合于儒家之成分清整，以求适合于"礼"。

关于六朝文学，参考：①《从史实论切韵》（《岭南学报》）；②《四声三问》（《清华学报》）（编者按：两篇论文皆陈寅恪所作）。

《四声韵谱》（今已佚），看记录（《畿辅全书》本）。

四声"中学为体，西学为用"，读儒家经典时之声调而得。

6月21日　星期一　总结

胡汉分治：

单于——左右贤王（管兵）

天子——丞相、太守（管经济、生产等）

北强南弱：

徙民由于兵力，集中京城附近，易于控制。

北方人口总比南方多几倍，且兵力亦较强。

江东统治阶级之转移：

由随司马氏渡江之北人转移到镇江、常州、晋陵、南陵之北方人。宋、齐、梁之君主均出于以上各地。但自梁起，朝廷初年已倚靠自陕西汉水南渡之北人（襄阳一带），及梁末则依靠北魏投降之武人。此外尚有南方土著善战之民族，如溪、山洞居民。

陈朝一代之将官皆出于此（陈霸先为同化于吴人之北方寒族）。

六镇：

大体在绥远、宁夏一带。为"边镇"性质，为国防起见。

北魏灭后燕，国境较狭。及统一北方后，国境较广；至宋末将山东平定，南方对北之威胁较轻。故有自南方"移防"北方之举。

"六镇之乱"，为胡化较高之人对汉化较深之人不满所致。

北朝之兵：斗兵（主要兵种）以胡人为主（非汉人）。汉人仅当辅助（如伙夫）。

北魏前期汉化：

此期汉人占绝对多数，故非依靠旧日之儒家大族以统治汉人不可。此崔浩之所以被任用也。但此种人看不起南朝之政权，而抱有取北方胡人政权而代之之野心，故与鲜卑人冲突。

北魏后期汉化：

提倡高等鲜卑人与高等汉人通婚，打成一片，用汉姓，说汉语。但又引起鲜卑人之反感。

北齐之鲜卑化及西胡化（中亚细亚化）：

高齐之功臣特别西胡化，因其既不能汉化，自亦不能不接受另一种比自己较高之文化，此即中亚细亚文化也。

梁之灭亡：

梁之灭亡事实上即等于南朝之灭亡。永嘉南渡之北人几尽死于台城，其自陕西南下汉水居于江陵一带之北人（文化北人），江陵破时又为西魏所杀所掳。梁亡结束了永嘉北人南渡之局面。

梁之亡，由于剥削过度，滥发铁钱为其最显著之一。

6月24日　星期四

宇文泰与府兵、关陇集团：

兵为胡人，非兵皆汉人。保卫地方兵为乡兵非胡人。胡人部落皆改姓。宇文化既不及高欢，更不及梁，故以周文化自居（三代）。关陇集团看不起山东人，其根据为府兵，为一事之两面，不可分者。府兵制即部落兵制。

南北社会之异同：

南方（特为扬子江下游一带）经济较发达，故宗族、大家庭制、嫡长制度，皆不如北方之严。三吴地带经济、文化发达区域大家庭制已不存在，只在湘、粤一带落后地方仍有大家庭制。

南方人寿命较短，身体弱。

道教与佛教之关系：

佛教传入药物、医学、天文、历术等，皆从中亚来。最重要阶段为崔浩时，因自姚秦乱后，佛教徒多逃往南方，北方留者甚少。

崔浩从寇谦之学礼律，希望造成新的国教，即引佛入道，但回头反攻佛教。正如唐玄奘与陈真谛同为法相宗，但亦反对之是也。

问题解答：

府户即军户，营户大约比府户小些，与屯田有关。

元白诗证史

（1954 年 9 月至 1955 年 6 月）

陈寅恪讲

1954 年 9 月 7 日　星期二

以诗证事，自宋而大盛，如计有功《唐诗纪事》。但虚伪假造之成分甚多。对于每一诗，应注意：1. 时间先后。2. 空间距离。3. 人事关系。参考陈著，《读哀江南赋》（《清华学报》）。

9 月 10 日　星期五

《国史补》下：酒则有河东（即蒲州）之干和蒲萄。蒲州为当时之北京。

《才调集》卷五，元稹诗《离思》：寻常百种花齐发，偏摘梨花与白人。今日江头两三树，可怜和叶度残春。

金陵大学孙望有文论《会真记》（《太平广记》所载为最早）。

张鷟（文成）游仙窟（武则天时人）。

日本补印《全唐诗》，载乾隆《古佚丛书》（《全唐诗补选》）。

张文成撰《黄河源》（积石山），书中恋爱男主角姓张，女主角姓崔。

徐世昌翻印白云观正统年道藏。藏及六朝人文集均以女为仙女。杜兰香（干宝《搜神记》）、梁陶弘景《真诰》均有仙女思凡故事。

真与仙同义（《道德真经》《南华真经》等）。

宋玉《神女赋》《韩诗外传》正嘉父汉水遇神女，曹植《洛神赋》均以女为神。故初以神为女，其后渐变为正直之女。

以仙喻女（思凡之女）较晚起。

孙望以为张为元稹同游人之姓，其说非。以《红楼梦》为证。

《全唐诗》载元稹有崔徽诗，但元集中无此，其为元所作否？甚可疑。

崔为假姓，莺莺亦假名。但莺莺为"双文"则无疑。故疑为《才调集》卷五代九九之假名。（或曹九九，昭武九姓之一）西胡种：1. 莺声恰似"九九"。2. 当时女名必是重复，如殷九九、董三三。

宋元说莺莺是崔鹏的女儿，不对。

9月14日　星期二

《全唐诗》第十五函元稹二十七《古决绝词》（第二首）：

噫，春冰之将泮，何予怀之独结。有美一人，於焉旷绝。一日不见，比一日于三年，况三年之旷别。水得风兮，小而已波；笋在苞兮，高不见节。矧桃李之当春，竞众人而（一作之）攀折。我自顾悠悠而若云，又安能保君皑皑（一作皓皓）之如雪。感破镜之分明，睹泪痕之馀血。幸他人之既不我先，又安能使他人之终不我夺。已焉哉！织女别黄姑。一年一度暂相见，彼此隔河何事无？

宋以后为糊名考试，且分省籍。唐不限籍贯，且名字公开（通榜）。唐进士应考前须先将平日所为诗文赟见于主考所指定之人。唐取士甚严，进士无一等。元稹录第二等一人，实即状元也。

中进士后，仍须应词科（亦作制科）。

清殿试姓名公开，不用糊名，故同治四年翁（编者按：原缺两字，应为翁同龢）录状元，张之洞抑置第三。

9月17日　星期五

《北里志·序》略云：自大中皇帝（宣宗）好儒术，特重科第，故进士自此尤盛。宴游崇侈，以同年俊少年为两街探花使，鼓扇轻浮。仍岁滋盛（梁基永按：原文作甚）。予频随计史，久寓京华，时亦偷游其中。中和甲辰岁孙棨序。

《香奁集·序》略云：自庚辰辛巳之际，迄辛丑庚子之间，所著歌诗，不啻千首。其间以绮丽得意，亦数百篇。往往在士大夫之口，或乐工配入声律，粉墙椒壁，斜行小字，赏咏者不可胜记。大盗入关（指黄巢），缃帙都坠。

德宗贞元十八年壬午（802）

宣宗大中十四年庚辰（860）

懿宗咸通元年庚辰（860）

懿宗咸通二年辛巳（861）

僖宗广明元年庚子（880）

僖宗广明二年辛丑（881）

僖宗中和元年辛丑（881）

僖宗中和四年甲辰（884）

商务《四部丛刊》南宋楼钥《攻媿集》（武英殿聚珍本）中有许多名人之母均改嫁，经清人修订删改。李易安改嫁似应确有其事。

元稹《梦游春》："梦入深洞中。"白和诗："梦游仙山曲。"疑用游仙窟题言及刘阮天台事，但亦用今典。

9月21日　星期二

白居易《上阳白发人》"时世妆"（天宝末年十六选入宫）。李绅云贞元末犹有存者。贞元以宽衣为尚（且尚淡装），但在天宝间则以狭、浓装为尚。

文宗好节俭，然禁窄衣，盖太和间又以窄衣为时世妆矣。

浓妆的眉，尖、长；淡妆的眉，宽、短。妆饰三四十年一变，一反一复。玄宗时是浓妆，德宗时流行淡妆，文宗时又是浓妆，懿、僖宗时复行淡妆。

9月24日　星期五

"仙"指公主，乃用秦穆公女及箫史事。

微之之婚于韦氏，非由于希冀丈人（韦夏卿）提拔之故，因韦时已告老，无提拔微之之力；乃由于社会地位出发也（非个人提拔乃社会舆论公推之谋取）。唐制"检校"官乃虚衔，杜甫为检校工部员外郎，故句云："画省香炉违伏枕。"

韦氏之婚于微之，年二十岁，晚婚似可能由于其父选择甚严之故。

唐代科举出身不外两途：1. 明经。2. 进士。三十老明经，五十少进士。

微之资格初不逮乐天远甚，因其以明经出身。

9 月 28 日　星期二

微之初娶韦丛（成之），继娶裴柔之。

《梦游春》"虽云觉梦殊"，觉乃指韦氏；因其已死，故曰"同是终难驻"。

唐代宰相被议时每出为同州刺史（姚崇、褚遂良等），盖暂避风潮而已。微之初亦以宰相出为同州刺史，继除浙东观察使（约等于巡抚），终又武昌节度使（等于总督）。

10 月 1 日国庆　（星期五）　放假

10 月 5 日　星期二

柘枝（中亚细亚人），舒元舆（宰相，死于甘露之变，作《牡丹赋》）为诗以记之。唐女子二十出嫁已迟，十三岁已出应接。"十三学得琵琶成"，"娉娉嫋嫋十三余"（梁基永按：杜牧诗也）。太和（木刻皆然，宋版书亦然），石刻碑刻则作"大和"。元微之以大和五年七月卒于武昌军节度使任内。《文选》沈约（休文）弹王源文，以其娶武氏女，有"宋子河鲂，同穴舆台之鬼"。"嬴政"一词用不得！应称秦政或吕政（如其为吕不韦私生子）。吕望、吕尚，不应称姜太公（或姜尚）。

10 月 8 日　星期五

《长恨歌》解释内容（《长恨歌》作于元和元年）：1. 材料。2. 杨妃入宫年月。3. 临幸华清宫季节。4. 霓裳羽衣舞。5. 命方士寻觅物语。6. 体裁问题。7. 其余词句解释。

北宋初乐史《太真外传》。

清初洪昇《长生殿传奇》。

陈与义（《简斋集》）《蜡梅诗》咏梅妃事。

梅花之赏识始于北宋，如真宗时林逋。

六朝赏识芍药，南齐后至唐遂爱牡丹。《太真外传》无梅妃事，添入梅妃疑始于宋真宗年间。

六朝人爱长脸、瘦瘦的女人，唐人爱圆脸、胖胖的女人。唐人爱牡丹，宋人爱梅花，故北宋末南宋初出现了伪撰的《梅妃传》。

10 月 12 日　星期二

杨贵妃结婚（美）之政治性。

顾顾（固固）画：《元代皇后像册》（多带波斯高帽），相貌多为一样，盖先曾拟定一标准，合于此模型才合选也。日本藤原皇室面多长，与一般日人圆面者不同。

寿王瑁（为武惠妃子）。

贵妃之入宫，高力士之力为多，盖代替武惠妃之地位也。

东晋顾虎头（恺之）画张华《女士（梁基永按：当作史）箴图》，今归 British Museum。女子多为长脸形，故与贵妃之圆脸不同，似与血统有关。且善舞歌，当亦受西域影响。玄宗最擅音乐。

10 月 15 日　星期五

朱竹垞《风怀诗》记其与姨妹冯寿嫦在嫁后私通事，其中有一段谓冯离婚仍处女也。此与其谓杨贵妃仍为处女似有潜意识之关系。

印度五明（五种科学）：医方明（医学）、声明（文化）、工巧明、因明和内明。

岐黄、岐伯、耆婆（"K"字多为中亚细亚音）。

《汉书》孔光情谨慎，不言温室术。温室乃热水浴。

10 月 19 日　星期二

长生殿为寝殿，为临死或有病求神斋戒清严之所（斋宫）。

贵妃与明皇决不会在夏天去华清宫。

贵妃少时居四川，在川时其叔父为蜀州司户参军，今川有落妃祠，其吃荔枝当在川时。杜牧《华清宫》诗：骊山西望绣成堆，山顶千门次第开。一骑红尘妃子笑，无人知是荔枝来。程大昌据元郭著《甘泽谣》谓妃生于六月一日，故妃于夏天去华清宫吃荔枝者确也，此论殊误。《新唐书·礼乐志》亦采此说，盖误采元郭说，但非伪造也。

《秦中吟》乃乐天官翰林学士后所作，司马光谓其与《长恨歌》为宪宗所赏，故宦之以翰林学士，盖未审。

霓裳羽衣舞，《唐会要》卷三十三"婆罗门（Brahman，印度第四级第一等），（天宝十三载七月十日）改为霓裳羽衣"，《全唐诗》十六函白居易二十一《霓裳羽衣歌》"杨氏创声君造谱"句下注云：开元中西凉府节度（都督）杨敬述造。"四幅花笺碧（写宫商角用色）间红"（写辞用）。

贵妃时此舞乃个人舞（霓裳羽衣舞后来乃变为乐队集体舞）。

10 月 22 日　星期五

柳宗玄《龙城录》乃伪书。

霓裳羽衣舞从印度婆罗门祀神之舞（个人舞）而来，分为三部，每部各分为六变。散序不舞，中序乃舞，破（拍也，入破，入拍也）。霓裳破（不能改为曲字）凡十二变。

乐天《宿紫阁山北村》："主人慎勿语，中尉（神策军，太监）甚承恩。"洪迈《容斋随笔》谓为贞元元和间作。其不为太监所采进可知。

《秦中吟》作于元和四年，官拾遗时作。

故《长恨歌》当为白氏得官翰林学士之原因，以其为宪宗及太监同赏也（采诗入大内由太监）。

10 月 26 日　星期二

道教与佛教的宇宙不同（前者为平面的，九州之外更有九州；后者为立体的，如十八层地狱）。坐海船走不坐飞机走，故曰归道山。

宪宗根本无皇后。郭太后曾参加谋害宪宗。《旧唐书》记之多美辞，《新唐书》始出以正笔。《长恨歌》之为宪宗所赏，因宪宗有内宠，又好方术，正中其怀。且亦为内监所可接受而采入。

刘禹锡《马嵬行》中有云："指环照骨明，首饰敌连城。将入咸阳市，犹得贾胡惊。"盖用《西南杂记》汉高祖戚夫人指环事。刘诗乃得之路旁者之口碑。

10 月 29 日　星期五

《源氏物语》

夏曾佑《小说原理》（载《绣像小说》中，商务印）

11 月 2 日　星期二

元微之《莺莺传》"忍情"。

诗之末句为题（此恨绵绵），与新乐府以首句为题而与内容不定相符者不同。

汉皇——武帝；倾国——李夫人。

张祜：雨霖铃夜却归秦。《乐府杂录》《雨霖铃曲》（张野狐）。

六军应为四军，肃宗时始为六军：羽林、龙武、神武（杜甫诗龙武新军乃指神武军也）。

古时用动物油点灯。东汉后胡麻始盛，乃榨油。

南齐沈攸之蜡烛，故自六朝起，烛与灯之用为富与贫人之分。

"中有一人字太真。"宫内外皆有太真（内太真祀母之所）。

西望瑶池降王母——王母阿环。

11 月 5 日　星期五

《连昌宫词》：1. 体裁与结构。2. 事实根据。3. 作成时地。4. 词句解释。

讨淮蔡，吴元济自元和十年冬至十二年冬，诗中论及此事。

《连昌宫词》应作于《长恨歌》《新乐府》（元和四年）之后。

《连昌宫词》结构与体裁与《新乐府》中之《新丰折臂翁》相

同，而与《长恨歌》异。

《新乐府》序："首句标其目，卒章显其志。"

议论部分放在诗中，不放在散文，且亦无散文并行。

王闿运《圆明园词》拟《连昌宫词》作，有徐树铮序。

11 月 9 日　星期二

《连昌宫词》所记非真事实，证据：1. "上皇正在望仙楼，太真同凭栏干立。"2. "百官队仗避岐薛，杨氏诸姨车斗风。"

洪迈《容斋随笔》岐王范、薛王业皆死于开元二十年前。

开元二十四年（经过了裴耀卿等和粲、迥造等改革后，航运大通）十月以后，玄宗绝未再自长安幸洛阳（二十日路程）。

在对外方面，侧重在西北，目的在切断吐蕃与大食间之联系，故用高仙芝等出兵。东北只维持现状（与武则天时情况不同）。

满洲抬旗：高家（佳）氏、佟佳氏、魏佳氏。

乾隆生于热河避暑山庄，但道光则谓其生于雍和宫，以此谴责诸修实录臣。

诗中"御路犹存禄山过"亦不合事实，因禄山未尝到长安。止遣其将张通儒至长安。

11 月 12 日　星期五

微之曾为山南西道通州（四川）司马，改授虢州。

《连昌宫词》应作于元和十三年春。启发当由于《韩昌黎文集》卷十和李司勋《过连昌宫七绝》及《长恨歌》。

元和十年正月"小桃花树满商山"，小桃花开于春正月。陆游《老学庵笔记》卷四记之。

唐之太监出则监军（神策军中卫），其来源以闽为最多，广次之，其次为河北、安南，大半为少数民族。

11 月 16 日　星期二

临幸、休兵问题。

《连昌宫词》大约作于元和十三年（白氏《新乐府》大约作于元和四、五、六、七年）。《新丰折臂翁》与《连昌宫词》最有关系。

白集中骂李德裕诗，骂元微之文，皆伪，但亦有由白自删今不存者。

11 月 19 日　星期五

白香山小弟名金刚奴。三宝奴，不一定为女的。裴兴奴，元以后始专称女的。

唐人夜半送行，杜牧："蜡烛有心还惜别，替人垂泪到天明。"

前朱雀，后玄武，左青龙，右白虎。

| 之春 | 之莲 |
| 门明 | 夺华（花） |

11 月 23 日　星期二　《琵琶行》

白氏以元和十年谏用兵被贬。

"弟走从军阿姨死"，当在元和七年用兵淮蔡时（寄籍神策军）。

蒋士铨：《回船秋》（传奇）。

刘晏之改革航运与其推行盐茶专卖有关（此为间接税，以普遍为原则）。

茶，在东汉以至南齐，大约由印度 Assam 或缅甸来中国，由四川入长江。与"荼"无关。

江西茶非名贵品，但产量多，为平民所消费，不用于供奉。

宋黄山谷双井茶。

陈先生少年旅行时，九江至扬州船只最大（盐船），九江至武汉、洞庭湖之船较小。

"空船"，大船也。去浮梁之船则小。

"移船相近邀相见"，当为移客舟以就大船。

11 月 26 日　星期五

明周宪王《雍熙乐府》：《豫章城双鉴赶苏卿》（《琵琶行》之另一本）。

自汉至唐酒家胡（胡女）以制酒、歌舞、制玻璃为业。

《晋书》龟兹，数十年不坏之酒。

张裕（弼士）酿酒。

凡种葡萄及卖酒之处多为胡人所聚居（以待贾胡）。

今按《教坊记》所载多为西域种姓。故此女子（《琵琶行》）应为胡女。

巢元方，巢氏《诸病征候论》，王焘《外台秘要》，"胡臭"、"狐臭"。

《教坊记》："微愠羝"（谓腋气也）。

杜秋娘，镇海军节度使即浙西观察使（镇江、京口）李锜之妾。秋娘，金陵（镇江，杜牧"京江水清滑，生女白如脂"）。

11 月 30 日　星期二

琵琶由西域传来，善弹者多为西域种。《颜氏家训》谓不使子弟弹琵琶，学鲜卑语。（北齐时事）

隋郑评宗庙雅乐与琵琶有关。参考凌廷堪《燕乐考原》。

旧的存在各地，新的流行于中央宫廷间。（《刘梦得文集》卷九《泰娘歌引》："捐去故技，以新声度曲。"）"如听仙乐耳暂明"非虚语也。

段氏《说文解字》[①] 喜用"浅人所解"，盖纯为主观主义。

间关，《汉书·王莽传》："间关 ［艰难］ 至渐台"，但疑为关关鸟鸣之义。

---

① 此指清人段玉裁撰《说文解字》，尽管许多人认为段本注释最精深。

涵芬楼据常熟瞿氏铜琴铁剑楼藏本影印白诗，"一·二八"被倭炸掉，今《四部丛刊》本用日本那波本，不佳。

卢文弨抱经堂本、钱曾（遵王）本、汪立名本均佳。《全唐诗》、季振宜本亦佳。

12 月 3 日　星期五　元稹《琵琶歌》

《元氏长庆集》卷十七《仁风李著作园醉后寄李十》云："胧明春月照花枝，花下音声是爱儿。却笑西京李员外，五更骑马趁朝时。"

李绅悲善才"紫髯供奉"（西域胡人）——约作于文宗大示间。白香山《新乐府》（元诗附，白氏《秦中吟》附）五十首。

《秦中吟》作成年代：白氏元和三年充翰林学士（差名，非官也），官拾遗。至元和五年四月为京兆府户曹参军，已非谏职。

《长恨歌》作于元和元年，《新乐府》四年，《秦中吟》作于两者之中间。《秦中吟》一吟怨一事，《新乐府》犹守此法。

《新乐府》不能作于早在元和四年春以前，其中有五年以后之作。

12 月 7 日　星期二　白氏《新乐府》

白作于长安，元作于洛阳。最初作者为赵郡李绅（公垂），武则天时其家已住在江南无锡，为李德裕之党。

唐代武宗以后史料甚缺。元和二年李锜起兵时使绅为敕，不肯从。绅时在镇江为幕。其后当到长安，作诗时大约在洛阳。

上阳白发人（上阳宫在洛阳）。

窦氏（庠、巩等）《联珠集》（汲古阁本）随留守相公巡视上阳宫。

作诗之次序：元先和李，白继之。李诗二十首，元止和十二首，白全和二十首，扩至五十首（且以《秦中吟》中诸篇充数）。可见李氏题目不明之八首，定亦包括在五十首题目之中也。

李锜所以能举兵，因其兼盐铁尚书（杜牧诗"老濞"）。

蔡京子絛（音滔）《西清诗话》载《王荆公和侍郎西府落成二律》："功谢萧规惭汉第，恩从隗（槐）始诧燕台。"陆佃（放翁之祖）问何故用"恩"字，荆公答曰孟郊、韩愈城南联句："感恩从隗始。"可见用典有时亦用第二手资料。

《渭南文集》施注苏诗序："遥知叔孙子，已致鲁诸生。"（谓荆公行新法，他人皆用，仅不用自己及子由）

12 月 10 日　星期五　白氏《新乐府》（即杜甫之今体乐府）

1. 组织。2. 体裁。3. 主旨。

白氏《古乐府》五十首，每首平均二百字，共约一万字。其排列之先后、关连，均犁然可寻。"一吟怨一事"，不重复，各有独立的地位，但有相当之配合。如官牛、天可变均似咏李吉甫，今断为官牛不是咏李吉甫，天可变是咏李吉甫。盖为一整个有组织的有机体，不是杂凑的。《秦中吟》是杂凑、无组织的。

"首句标其目"，诗三百篇之意（《关雎》《学而》），《庄子》篇目则不然，盖后出。学毛诗，有大序、小序。白氏乐府"作唐一经"比韩愈之《顺宗实录》学《春秋》为成功。"其体顺而律［一作肆，不如律字佳］，可播于乐章。"乐府应作到唱的程序，至少作到能吟（哼）。虽说"章无定句，句无定字"，实则每句多为三七字，今敦煌发见者多亦如此，可见为民间文学（来源于古乐府）。

偈颂［八字（syllabu）四句。二二，末字不须押韵，但有平仄，名曰"音缀"）。西域（藏）仿印度（梵）文亦为八（？）字四句，但中国则为七字四句（李白《清平调》）。日本人唱张继《枫桥夜泊》"月落乌啼霜满天"。有时间性，有实在性。

12 月 14 日　星期二

伪文中子《元经》（伪为王通作，毫无价值）。

段安节《乐府杂录》龟兹部，破阵乐，秦王所制。

白受杜影响最深最大。白以为李不如杜。元为杜子美墓志铭更倡言此说。采诗志在陈民间痛苦，但尚未完全达到标准，因：1. 有时不知事实内幕，故言之不免错误（如骠国乐、蛮子朝等）。2. 由于依体唱酬，非真知灼见（如城盐州谓德宗个人定计，陆贽不与闻）。"韩公［张仁亶（旦），后改名仁愿］本意筑之城。"（受降城）避中宗讳，亶改为愿。此等诗在五十首中较差，由其直接性（真实性）较差。大智度论（波若经）第一篇最长。故"七德舞"笺证亦最长。七德见《左传·楚庄王》："武有七德，而我无一焉。"拨乱、反正、保大、定功、和民、安民、丰财。贞观七年改破阵乐为七德舞，七德舞为郊祀之舞，白氏亲见否不可知，但秦王破阵乐必看过，可以断言，特不知其在宣州或长安时耳。元氏必是在外藩时看此舞。"以声感人人心归"为本诗之主旨。

沈枢：《通鉴总类》（分类体，吴兢《贞观政要》与之相近），此书似未刻，故宫有抄本。

12 月 17 日　星期五

七德舞从《贞观实录》取材（实则为吴兢《贞观政要》，原来日本、朝鲜各地均有译本，今失传）。现存元戈直注本，但颠倒、脱漏已多，如失去其序，必须与罗振玉自日本抄本合校之。

《唐会要》卷一"帝号上太宗"条略云：隋开皇十八年十二月戊午初二日（即 599 年 1 月 23 日）生于武功别馆。贞观二十三年（649）五月二十六日崩于翠微宫（年五十二）。太宗以隋大业十三年（617）起兵太原，时应为二十岁。诗云十八岁，误。Julian→Gregorian。

李勣（徐世勣）、玄奘、武则天皆生于隋，其年岁史载皆有错误。《旧唐书·虞世南传》太宗语："朕方弱冠……举义兵。"此语正确。

太宗等岁数之误计，疑是由于隋恭帝义宁有两年。但应多计，而不少计（算入）也。陈垣历据汪日桢、王彼得（二教士）及刘羲波（《资治通鉴》）等历而成。唯清代一朝之历系根据故宫时宪书全份（不是康熙万年历）而成，故尚可靠，无甚问题。

Ginzal，Math. Chronologie，Oppolger Canml. Just of S. U. M.，维也纳科学院年历表。

12 月 21 日　星期二

法曲即佛家之法，从龟兹（秋迟、库车 Kuči）等地输入。

《孔雀东南飞》必与龟兹有关。孔雀初见于郑康成《职工记注》及《南越王赵佗传》。

安史之乱当时人认为是胡乱，因此有华音胡音之辩。乃时代之反感也，古文运动应与此结合来看。

元微之与韩愈同在洛阳，《新乐府》之作甚受韩氏之影响，故生硕异常。法曲今在巴黎图书馆藏有写本（唐末人字?），题作法曲歌，歌字衍。

12 月 24 日　星期五

白氏所引为《贞观政要》，而非《太宗实录》及《意林》。

翰林学士六人，其中承旨一人为之长，必为宰相。李绛诗："同时六学士，五相一渔翁。"

唐太宗征高丽失败后，吃印度婆罗门药，性急燥，致死。宪宗致死原因亦同，为元和逆党陈宏志所弑。《海漫漫》一篇负有先几之见。

华原磬——乐天之议论是错误的。但其错乃时代使然。

12 月 28 日　星期二　学期总结（《梦游春》《长恨歌》）

各诗皆论男女婚姻。

元稹乃北魏拓跋氏之后。

"三十老明经，五十少进士。"明经重记诵之学，但不为世所贵，容易得。进士（清），明经（浊）。官亦如之，婚姻亦如之。

韩愈举进士，但未应词科。微之则兼中词科。

微之之婚韦丛，非为欲倚靠丈人（韦夏卿）之政治地位，乃为社会地位。微之《梦游春》诗后半部叙其仕宦之不得意，盖官小尚未达宦情，不知宫中已为阉党所操纵也。

乐天出身与婚姻与元相类，但仕宦情况则不同。

元、白之信仰佛教，仅口头禅而已。（门面语）

高宗之立武后，尚掩饰为之。至玄宗之立杨妃，则先令其出家。其婚姻乃从政治集团中选择最合宜之人为之。贵妃乃用以替武惠妃之人选也。诗为小说体裁，议论部分则为陈鸿传。

12 月 31 日　星期五　总结 ［《连昌宫词》《琵琶行（引）》］

宪宗多内宠，好神仙。故《长恨歌》末段深中其弊，以此获赏。所谓虚者实之。至《连昌宫词》叙明皇贵妃事，则为实者虚之。

玄宗自开元二十五年以后，长期驻长安，盖边防重在西北，在东北仅取保守，不事积极经营也。微之以此诗得官（由太监送与穆宗）为相。

"弟走从军阿姨死"为娼女沦落之故，此句甚重要。因乐天以反对用兵被贬官（其奉疏今不见文集，殆乐天有意删去，以言事不灵，用兵胜利也）。此诗应与茶税（与盐商同为新兴资本家）等间接税合看，又应与当时之风俗（商人姘妇）合观。商人妇有谓为裴兴奴者，当不确。因其住在虾蟆陵，且卖酒，故大概出于西域胡种（教坊多为胡种）。此妇年龄（"妆成每被秋娘妒"）卅来岁。其沦落由于对淮蔡用兵。元《连昌宫词》反对用兵为无意的、预料的。乐天反对用兵为有意的。元得宰相为无意的，白对用兵结果之得胜利是意料所不及的。

1955 年 2 月 9 日　星期三、2 月 11 日　星期五　开市协委会，缺课。《上阳人》

2月16日　星期二　《胡旋女》

朔方军：方思顺、李光弼、郭子仪。

陇右河西：哥舒翰、封常青、高仙芝。

袁枚："唐书新旧分明在，那有金钱洗禄儿？"盖新旧唐书皆不载贵妃与禄山私通事，唯姚汝能《禄山事迹》记之，《资治通鉴》取此。王仁裕记明皇与禄山评贵妃之乳，事殊不足信。

禄山为贵妃养儿，事可信。盖乃部落之遗风。参考《五代史记·义儿传》。

胡旋舞系始于天宝末载，诗中所记不确。

默啜（东突厥，唐时亦称北突厥）传来胡旋舞。更从中亚康居传来，时当突厥大帝国成立之顷。在天宝末数十年以前已在唐宫廷流行。禄山本姓康，康居人（中亚），西胡也。

梨花园＝梨园，有两个：一在北门外，为拔河之所。另一在蓬莱宫侧，乃教坊所住（清升平署在颐和园侧可证）。两地均非册妃之所，诗中"梨花园中册作妃"不可解。《太真外传》"天宝四载七（当作八）月……于凤凰园册太真宫女道士杨氏为贵妃。"日本"凤凰间"为许世英见天皇之地，盖大礼堂也。

2月18日　星期五　《折臂翁》

此篇仿杜甫《兵车行》作。杜诗开边为陇海西头，白诗则为云南事。"老人言，君听取……请问新丰折臂翁"为《长恨歌》之议论部分。

元微之《连昌宫词》（元和十四年？）为拟白《折臂翁》（元和四年？）之作。

2月23日　星期二　《太行路》

此首疑为李公垂、元稹所无，为白所自创。

韦执谊宪宗初年贬海南，虽未赐死，实即等于赐死。此诗疑为韦作。盖乃与白同气类之人（北宋贬沙门岛，见《水浒传》，乃自登州出发）。

又宪宗对郑绹亦曾大怒，几险遭不测，此诗亦可能附带影射言之。

《司天台》。唐代最高官为三公：太尉、司徒、司空。

2月25日　星期五　《捕蝗》

此诗应与"骨月（按：月恐为肉之笔误）流离道路中"一诗合看。大兄为幼文，陈夫人生。下邽（今渭南一带），邽音规。乐天父季庚，襄州别驾，贞元十年死，白家产业最老者在下邽，其父所置者在宿县埇桥，流落江淮一带。

唐时河北世族、山东旧地主于安史之际失其根据地而至河南（平原省一带）。

牛李党争尖锐化于贞元末元和初，盖亦与当代社会变动有关。

白之家庭为一小公务员。欲求上进必须科第。

3月2日　星期三　《昆明春》

唐代举人由所住地解送京都应进士试，与明清之由原籍解送者不同。乐天由宣州解送，于贞元十四五年。

唐中式进士者以京兆，同、华（二州）者为多。刘蜕"破天荒"。

李翱（音肴）。

贞元十三年京兆尹韩皋疏通昆明池，张仲素、宋悛：张《昆明赋》，其题目今载《文苑英华》。

乐天此篇之作，乃其留京应进士试时揣摩地方（非京兆，乃各省举人）试卷而成。此篇李公垂原作应无之，李为江苏人，其作新乐府则在洛阳（盐商妇是否为和李作，即未易言）。

1. 唐人吃茶法：参考《全唐诗》第十四函卢仝二《走笔谢孟谏

议寄新茶》云："七碗吃不得也，唯觉两腋习习清风生。"盖有麻醉性。日本茶道，坐禅与茶。将茶磨成末，以筅（竹子，选。《莺莺致张生书》）碾之，故必须放于大碗，而不用杯。东坡诗：蟹眼白，鱼眼，泼乳，乃指水之白泡。此种吃法，刺激性甚大。坐禅不能睡，故需此。今日之开水泡茶叶法，始于明。

3月4日　星期五　《昆明春》（续）、《城盐州》

茶的来源："谁谓荼苦，舌甘如荠"为黄河流域诗。荠乃草本。《古文苑》王褒僮约。

茶由南方传至北方，南北朝时北方仍不吃茶。茶由四川输入，梵文（梵文字母，待考）。（茶字，ch 音）。茶为灌木。

Red Robin（知更鸟）。美洲与欧洲的不同。

Plum（湿梅），Prume（英）；Prume（干梅），Prumme［湿梅（法文）］。

荈字乃借用同音之字以为从印度输入之茶之名。茗字后出。

《城盐州》诗应与《西凉使》及元微之《缚戎人》《蛮子朝》诗合看。此诗表面与史实不符，但乃存感慨之作，美圣谟乃美宪宗而非德宗，诮《诸将》乃当时之将而非宪宗时将。

此诗仿杜甫《诸将》第二首作，乃写实之作。

西藏历史抄袭印度历史而作。藏字仿梵文但按直行写。巴思八字，今八达岭乃畏吾儿字。

参考《彰所知论》（陈著）。

藏今 Indian office 文档案续有发表，载《亚洲研究学报》。

陈著：《稻竿经疏听论跋论》法成事。

Bibliographia Buddhica《金光明经》，法成从中文译成藏文，又译成回纥文。

《如来缘法灭尽之纪》。日本僧章本婉雅改题《于阗国志》。

3月9日　星期三　《道州民》

1. 黑人（Negro）的来源——①Negro。②Negrorietto。唐代名之曰昆仑（Condore）奴，前者身材高大，小者供玩弄之用。Hirth, *China and the Roman Orient* 谓小黑奴原为中国所有。其根据为《南史》卷五十八中《天竺国传》，孙权黄武年间诸葛恪讨山越（丹阳，汉郡名，在安徽宣城，包括徽州府等地）得黝歙短人。按原文为歙黝（音协忧），夏德盖误倒置。

黝骑——刘宋改名黝骑。黝为地名，非皮肤黑也。矮人则有之，但非黑色。大庾岭有之。年前报载海南岛仍有矮人，但非黑人也。

顾况诗囝（音 Nûr）诗（原注音蹇）。唐代多掠之加以阉割而为太监——多为福建人（名曰"南口"）。

阳城禁以道州侏儒为贡。

2. "城云：臣按《六典》书，任土贡有不贡无"，《四库提要》史部政书类，《唐六典》韦述（早于乐天），集贤院记载玄宗令徐坚等编《六典》，仿《周礼》为之。令式（式为施行细则，令则为概括规定）。

所谓"未行于世"，盖指没有明令公布。

吕温《和叔文集》（乐天同时人）代郑余庆（宰相）上疏亦谓此书未行于世。

此书虽未颁布，但其所载令式则皆为已曾颁布者也。

3. 此诗作成年代——有两说：①元和四年。②元和七年。此诗与《海漫漫》大约作于五年后；《杏为梁》则确作于五年后。

3月11日　星期五　《驯犀》《五弦弹》

此诗李、元皆有，白作特佳，不止词名美，且意思亦比元佳。此为策问时事之作，故须"颂圣"（清代试帖诗最好二句皆然）。白作此时必曾参考过独孤绶《放驯象赋》（《杜阳杂编》上）："化之式孚，则必受乎来献。物或违性，斯用感于至仁。"

白作意存规谏，以有始无终为言。德宗初年锐意图治（与宪宗同，欲用兵以立威）。及为朱泚所逼，自蜀回驾，政治遂衰，急于聚敛，茶税、间架税等叠出。

诗不止连系德、宪两宗时事，且连系自己身世："海鸟不知钟鼓乐，池鱼空结江湖深。"

"骇鸡犀"出处，见《抱朴子》卷十七《内篇·登涉》："通天犀角有一赤理如綖……置群鸡中，鸡……惊却退去……"

《五弦弹》应与《琵琶行》《秦中吟》五弦合看。此诗李、元皆有作。白作此诗似没有花多大气力，大约作在元和四年（可能五至七年有修改）。诗在五十首中，非上乘之作，因无新意。

3月16日　星期三　《五弦弹》（续）、《蛮子朝》

琵琶本为四弦，古琴七弦（六七文武弦，传文武王作）。赵璧弹者为五弦，应与四弦者相差不多，但与七弦者极异。此引起元、白注意。

《蛮子朝》咏韦皋事。朱泚逐德宗后，时韦镇陇州，朱欲联络之，朱不允，终奉天子。德宗复位后，特升拔之——四川节度使二十余年。当时元微之在凤翔，年尚少，不知韦初年高，以为韦与刘昌（韩滉）同一贪暴，不知韦奉命抚土蕃，故论失之苛刻。

"清平官持赤藤杖"疑为《本草纲目》中之鸡血藤（《顺宁府志》，云南），唐诗咏此者亦夥。

大将军应作大军将（音酱）。

摩挲俗羽双隈伽（音chia）。《汉书·隽不疑传》"摩挲榍县"，剑首饰。

玄宗国防政策，东北守势，西北攻势，切断大食（阿拉伯）与吐番（西藏）的连系。

高仙芝之远征，1913 年印度英学会比之于拿破仑之度 Alps[①]

3 月 18 日　星期五　《蛮子朝》（续）、《骠国乐》（*Burma*）

袁枢《通鉴纪事本末》漏载：何履光发岭南五（藩）府兵（广西）攻安南。王鸣盛《十七史商榷》谓海指云南，非。因路线不如此走。唐时应由粤桂海道赴安南。

骠国即缅甸。元亦有此诗，李亦应有之。《阴山道》亦然。以上三诗皆为论与边疆民族之关系。

《城盐州》一诗，疑李有之，但元未和。诗与史实完全不符；乐天未到西北，仅为依杜老《诸将》一首酬应李作而成。

李公垂为李德裕党。白为牛党，元亦然，均反对开边。

德裕与刘争维州事（参考胡注《通鉴》论司马温公）。

《城盐州》虽论土蕃，实为吐厥事。以上四诗可见唐国际形势。但乐天《城盐州》诗为虚构，非实际经验也。

今缅甸佛教仍为印度小乘巴利系统。"舒难陁"亦为巴利名。元代人名有用梵文——由西藏传来之西藏化梵文，而非由印度传来者。印度文化（印度西北之文化）如从龟兹传来，是佳妙的，如霓裳羽衣舞是；若从骠国传来（即印南部之文化），殊不妙。现此诗所用之乐器：铜鼓等可见。

房融（武则天时宰相）译《楞严经》，贬广州时。有殿本四译本（汉、满、蒙、藏四种文字）。

揭谛（音译，意"去罢！"）为咒语。

印北大乘，印南小乘。

摩登伽女论（印之最下级女，妓女）。阿难为其请求，因佛教重男轻女，一百年的尼姑亦应向一岁的和尚下拜。

紫庭 ＝ 紫宸殿，与延英、宣政为唐代三大殿。

---

① 中译为阿尔卑斯（山）。

3 月 23 日　星期三　《缚（音附，又音霍）戎人》（日本本作傳，如作传置解，亦通）

德宗时制舞作乐，韦皋于頔（音狄）："穷兵独舞。"

德宗时与中国关系最密切者为回纥与吐蕃。唐因南诏而灭亡，乐天作诗时南诏势尚未盛。

"捉生"，捉生口也。守捉、捉生将，设于边境。

罗些（拉萨，西藏）《长庆会盟碑》云："若有所疑，或要捉生问事，便给衣粮放还。"

驿站（跕、蘸，皆蒙语 Jam 音译。站赤，今佳木斯即此音译）

龟兹即库车。

3 月 25 日　星期五　《骊宫高》

贞元三年尚（吐蕃舅舅意）结赞，论（blon）＝相（部长也）。

法成曾翻译汉经籍为藏文，又译藏文佛经（原文为梵文）为汉文。其翻译品甚多，为少见之翻译人才，疑为汉藏合种。陈（编者按：陈寅恪）有论文及之。但不能考定其父母。

乐天《缚戎人》主张杀胡不必厚给之以靡国帑，特谓不可误执汉人为虏耳。

《骊宫高》：确定作于元和四年（诗句中："吾君在位已五载"，盖乃指顺宗时永贞八月宪宗已登位也）。此诗元、李皆无作。

此诗应与《长庆集》卷十二《江南遇天宝乐叟》诗合看。《连昌宫词》乃仿《骊宫高》而作，《天宝乐叟》又仿《连昌宫词》作。

3 月 30 日　星期三　《骊宫高》（续）、《百炼镜》Late①

白诗主旨规谏宪宗不要大兴土木，并非无的放矢。

---

① 指听课者自己迟到。

元稹《连昌宫词》"老翁此意深望幸"，与白正相反，可见人格不同。

《百炼镜》咏德宗时事。李公垂有此，不可考。

德宗最贪，作琼林大盈库。但初年政甚美。

镜作于五月五日午时，乃照妖镜之类。百炼不可信。

4 月 1 日　星期五　《青石》《两朱阁》

墓志原埋在墓内，后乃植墓外，故曰墓表或碣。清代三品以上官始允立神道碑。

《青石》应作于元和五年，疑为卢潜（节度使）而作。应与《杏为梁》参看。

《两朱阁》"贞元双帝子"即德宗之两公主。唐公主照例出家为女道士，今诗载其为尼，然事迹已未可考。诗旨殆谓公主破例为尼，故有末句"渐恐人家尽为寺"乎？

4 月 6 日　春假

4 月 8 日　星期五　《西凉使》

凉州初属陇右道，天宝又分出为河西道，参考《哥舒翰传》。文殊佛骑狮子，有两小黑奴（昆仑）倚旁。锡兰（Sinla，师子国），新加坡（Sinka 师子 poro 城）。

紫髯深目两胡儿，乃中亚胡人，非南海黑奴也，以引人发笑。

李繁《邺侯家传》《朱子文集》中有读后记。王应麟《玉海》亦引以论兵制。元人犹有见之者。其佚大约在元时。《通鉴》卷二三二《唐纪·德宗》"李泌议遣胡客返"条。

"王子"与法文 Prince 约相当。乃一般贵族，非国王之子。

元"台吉"乃太子之翻译，非"太师"。

《高僧传》鸠摩罗什"参军太子"，其实 Kūmara 意即太子，然行选举制，故不一定能嗣王位。故与中国之"太子"不同。

贞元时政策，拟包围土蕃以收复河湟（与回纥联合，且割断土蕃与南诏之连系）。

《新唐书》卷二二二《南诏传》贞元十七年韦皋："康、黑衣大食等兵及吐蕃大酋皆降"。参考洪钧《元史译文证补·大食传》。

《通典》卷一四六《乐典》"坐立部伎"条"五方师子舞"。

宪宗力图收复河湟，见李相国（绛）《论事集》卷四"论内库钱帛"条。及宣宗时果然收复。

"畲、佘"（皆为南方姓）与"折"（北方部落）通。

4月13日　星期三　《八骏图》《涧底松》

《八骏图》元作于德国火车初发明时，某教授著论文言其太快不可坐，否恐发狂之意相同。李公垂有作否，不知。元氏《长庆集》卷二十四《望云骓马歌序》；同书卷三《八骏图诗》："千官暖热李令（圣，郭子仪部下）闲，百马生狞望云老。"参《国史补》上、《柳河东集》卷十六《观八骏图说》。

《涧底松》，左太冲作，见《文选》。有才无地也。元、李似皆无作。白此诗疑指牛僧孺（及其一派）而作。

李相国（司徒、绛）论事集专攻李吉甫、吐突承璀，疑为牛党所增附。

白时牛李之争尚未完全尖锐化，与李义山时不同。

白与李绅之交情（李为李德裕党）建筑在反对用兵及六科出身两点。

黄宪曾为牛医，但"牛衣"二字原不误。乾隆御批失之。

4月15日　星期五　《牡丹芳》

《秦中吟》有买花（牡丹），与此有关。但意微别。此诗极力描写牡丹之艳丽，前诗无之。

欧阳修《五行志》引《时世妆》等，但不及此诗。《容斋笔记》已斥其非。

菊花有两种：陶诗"菊解制颓龄"，盖为药用，乃野生菊，小。轻泻用（花粉）。今日大菊花，非此类。

牡丹亦然。齐梁间陶弘景《名远别录》谓牡丹东阳（浙江一带），亦作药用，非赏玩物。花甚小，殆今之"丹皮"。六朝时北齐杨子华"画牡丹处极分明"（尚书故实）。北齐都邺，其陪都为晋阳（太原）。盖山西有之，武则天亦为山西人。故由山西移植长安。此为赏玩之大牡丹。

故宫（及颐和园）植太平花，宋神宗时始有之，见放翁诗。

太和应作"大和"（石刻皆然）。今木刻作太和，误。

牡丹，开元天宝时，尚止供宫廷赏玩。及德宗时已普遍民间，与崔莺莺已着夹缬者正同。

唐末长安大乱，始移于洛阳，北宋时尤甚。故名洛阳花。

"花开花落二十日"乃指长安城，大约在谷雨后，立夏前。参考《独异志》上"裴晋公"崩条。

花开早迟与二十四节气关系——二十四节气乃根据日绕地球而定，乃阳厉（Julian）[1] 历当非（Gregorian）[2] 历。古人往往据阴历而言早晚（月绕地球而定），盖未根据二十四节候也。

4 月 20 日　星期三　《红线毯》

此诗元、李无作。白乃宣城解贡，故为亲身目睹之作。武德及天宝时称郡，其余唐代二百多年皆称州。诗中"宣州太守"实应作"宣州刺史"，或作宣城郡太守亦可。

"年年十月来宣州。"十月乃税期。

《飞燕外传》记淖方成见飞燕于披香殿，曰此祸水也，灭火必矣。

---

[1]　古罗马恺撒历。

[2]　指阴历。

此语殊不可靠。见《四库提要》。《外传》大约作于六朝，披香殿有无亦不可知，淖方成有无其人不可考。

《梅妃传》作于北宋初，梅花北宋时始盛，闽人尤好之，如蔡襄、吕惠卿等时得势。但陈简斋（与义）蜡梅诗已用《梅妃传》入典。

杜甫《忆昔诗》："齐纨鲁缟。"（用班捷妤团扇曲典）

4月22日　星期五　《缭绫》

《缭绫》李、白似无作。今敦煌本有此诗，但加一"歌"字，不应有此一字。缭字初从人旁（亻），后乃改从纟旁。绫为薄绸，甚光亮，然无花。匹为丝织物单位，端为麻布单位长度。

素比缣精细（参考《古乐府》）。

药量（古制）重，故不能依古方服。

度量衡越来越大，盖政府为便于剥削起计。

《国史补》下，薛兼训为江东节制，令军士娶越妇，以传织术。

织缭绫仍为官匠。参考《太平广记》卷二五七《嘲诮门》"织锦条"引《芦氏杂说》。

元氏《长庆集》卷二十三古题《乐府织妇词》。

织妇多不嫁，盖以便供应织造。

4月27日　星期三　《杜陵叟》《卖炭翁》

元和三年大旱，乐天《秦中吟·轻肥》："是岁江南旱，衢州人食人。"是诗当作于元和四年。杜陵叟述及恩赦事，当作得稍迟。然亦不出元和四年牡丹花开后。汪立名系于五年，似过迟。

中书起草，门下审核（北朝侍中最贵，因其有否决权。唐武后时犹然），尚书省执行，翰林院待诏，其领班曰承旨，"鸿都客"。参考《后汉书·杨震传附赐传》。初时翰林仅下棋、写字，所谓"雕虫小技"。至德宗时，翰林学士始专任起草重要谕旨，不重要的（如封诰等）专由中书舍人任之。"白麻纸上书德音"，乃指重要纶音而言。

白氏集分：内制（翰林学士时作），外制（中书舍人时作，乐天长庆时为中书舍人，其事在为翰林学士之后）。王明清《挥麈录》谓元微之为宰相，乃由乐天起草。按是时白为舍人，不应起草任命宰相事，故所记与制度不符。

《卖炭翁》：终南山有炭窖，在长安之南。参考《通鉴》卷二三七《唐纪·宪宗纪》元和四年九月。旧制，民输税有三：一曰上供，二曰送使，三曰留州……

《昌黎先生集外集》卷七《顺宗实录二》：旧事，宫中有要，市外物，令官吏主之。与人为市，随给其直……

唐代省估（虚估也）。

"半匹红纱一丈绫……充炭直"，显而易见所付价太低。

上估（清廉，宋子京弄错）。

开元以前唐人多愿为京官而薄外官。至天宝后正相反，因京官（虚估）、外官（实估），实际所差甚多。

"黄衣使者白衫儿"，白直，守望岗口。

4月29日　星期五　《卖炭翁》（续）、《母别子》

清鉴于中官之病（与唐宪、顺宗时同），故设立内务府掌官市之事。韩愈《顺宗实录》（上引）主要为攻击太监（白诗亦同），故后屡敕令修改。韩愈贬两次，皆为粤。第一次为阳江令，第二次为潮州（为谏佛骨事）。东坡咏诗，误记。第一次贬疑由于反对王叔文，而非由于宫使。

《母别子》（参考古诗《上山采蘼芜》），李公垂疑有作（诗中"洛阳迎得如花人"，"洛阳无限红楼女"可见）。"关西骠骑大将军"，用后汉杨震，弘农人，又杨仆武帝时人，新安人事。诗中所指疑为杨朝晟（《旧唐书》卷一四四）。

《颜氏家训·婚娶》：河北（山东）最重嫡（大地主之影响）。江南不然，如杜祐娶于淄青李师道。

《拾遗记》房老（姨太太）。

5月4日　星期三　《阴山道》（另条）

绢：①缯帛总名，包括缟、素、缣（粗）。②绢素互用，且连文，如杜甫曹霸丹青引。

缣、纪、坚。

可敦 Xotun（hotun）女人、公主、皇后、妇人。

河东郡牧使，参考新书兵志及元稹此诗。

汗血马（天马）为真。

昭君出塞诗皆为文人想像之作。唯《北史》《隋书》宇文周、赵王杨为写实之作。王安石《明妃曲》亦可参看。

刘蜕家今在长沙通泰街（蜕宅）。

5月6日　星期五　《时世妆》

《汉书》卷九十五《西南夷传》云："此皆椎结。"师古注云：结读曰髻，为髻如椎之形也。

《白氏长庆集》卷十三《代书一百韵》云："风流夸堕髻，时世斗啼眉。"（自注云：贞元末，城中复为堕马髻，啼眉妆。）

"上阳白发人"为中亚细亚装饰（短衣窄袖）。

时世妆为土蕃装饰。吐蕃于代宗时曾占领长安，立皇帝，离都城仅五百里。

由贞元末至元和末，为土蕃时世妆盛行之时（《琵琶行》"啼妆泪落红阑干"可证，欧公新书不误）。

5月11日　星期三　《时世妆》（续）、《李夫人》《陵园妾》

啼妆为土蕃影响。土蕃为浓妆。

天宝时浓妆（上阳白发人），贞元中崇尚淡妆（元《梦游春》诗），皆受中亚影响。贞元末啼妆为浓装，则为土蕃影响，盖欲于中亚影响之外另出一途也。（髻）椎结疑亦为土蕃装束。

欧公谓盛于元和末，与白诗不符，或另有所据。

《李夫人》应与《长恨歌》合看。为白所独作，元、李皆无作。

宪宗灭李锜后，锜宫人二人（杜秋、郑）被收入宫。杜生宣宗。宣宗立，追论"光陵（穆宗陵）商臣（用《左传》楚国事）之酷"，郭后被毒死。

5 月 13 日　星期五　《陵园妾》（续）、《盐商妇》

八司马中之韦执谊（八司马中之一人）疑为描写之对象。

《盐商妇》李公垂有作，元无和。因李曾佐李锜幕府，元于盐政隔阂也。

5 月 18 日　星期三　《盐商妇》（续）、《杏为梁》

杜牧《夜泊秦淮》诗，"隔江"明明是从扬州来的，此船从扬州开到南京。

《杏为梁》李公垂有作与否不可知。元微之无和作。

清代书办房子外貌不扬，但内部甚壮丽。

《海漫漫》《道州奴》《杏为梁》三诗皆有作于元和四年以后之可能。《杏为梁》疑补作于元和五年。

唐代之贪污，武人甚于文人。

此诗作得似乎没有《秦中吟·伤宅》一首那样好。

5 月 20 日　星期五　《井底引银瓶》《官牛》《紫毫笔》

此为古乐府题。

李商隐《无题四首》之二"玉虎牵丝汲井回"，《富平少侯》"却惜银床在井头"（淮南王）。

《官牛》，应为讥于頔（音迪）之作（用"一吟怨一事"及递减法得到）。

中书省（在左），门下省（在右）。

汉右丞相（周勃），左丞相（陈平）。周、汉皆尚右，至北朝后始尚左。

5月25日　星期三　《紫毫笔》（续）、《隋堤柳》

张来（文潜）学白香山，其《明道什志》谓宣州笔实用陈、亳、宿数州毫，以白诗为非。其实唐代宣州确实出兔毫，至宋代兔毛可能已断绝（野兔死尽）。但笔工仍以宣城为精。故两说皆不误。如江西景德镇所用之白土，实由祁门附近运去，工人多为溧阳是也。

紫毫为硬笔，用此以自喻。

"愿赐东西府御史，愿盼左右台起居"乃互用句法。唐有一时中书省名凤阁，门下省名鸾台；有时中书名西台，门下名东台。御史台分左右台。殿中侍御史东推、西推。

起居郎记动（清代起居注官）属门下省。

起居舍人记言（属中书省）。

左（东）相，右（西）相，如李林甫时。

皇帝私生活由内务府敬事房记录。（梁基永按：此系清初事。）

清顺治无起居注，起于康熙三年（陈先生在京时调阅所得，无刻本）。吕留良孙女刺杀雍正案，雍正死前第三日尚召见四品知府（补缺）。

西藏近发见赞普起居注，在伦敦。

《隋堤柳》元微之无作，李公垂有作否不知，很可能。因李原籍无锡。

《五代会典》所载陈州门，乃指自此往陈州之路也。

5月27日　星期五　《草茫茫》《古冢狐》《黑潭龙》《天可度》

诗首言秦皇，末言汉文，是否皆就皇帝而言？且元和初（德、順、宪宗）死逝生承，故尤有可能。然史籍记载，并无厚葬之事。故不敢断言，可能亦指一般民间风俗也。且证以元微之《莺莺传》所载褒姒（妲己），大致系专指普通一般人民而言。

《古冢狐》，参考沈既济《任氏传》。按六朝时尚无狐变女人之小说，至唐始有之。狐之故事乃从印度传来。日本之天狗，即中国之狐狸。Jakak（Jaga），野干，野狐，善变。

"落五百年野狐禅"，野狐非今日之狐，乃猫身狐头，如日本天狗。天狗能吃人心肝，小儿最畏之。中国翻译为狐狸，乃假借，非。

6月1日　星期三　《秦吉了》《鹍九剑》　采诗官李商隐《无题》诗

《吴越春秋》（东汉赵峰撰）：干将（莫干山）、莫邪（音野）。

唐代自武宗以后，实录残缺。安史之乱，陵寝虽残缺，然史料大体尚备。

商隐文宗时进士，历武宗、宣宗，值史料残缺之际。

李诗注之善者：朱鹤龄、冯皓、张尔田。

《通鉴》记李德裕自海南归葬在宣宗大中九年，此事甚可怀疑。

冯将李上峡下峡一类诗系于大中二年。游川不谒杜悰（谓之"秃角犀"）时作。张尔田亦谓"无可议"。其实甚可议。

陈先生谓"万里风波一叶舟"诗应作于大中六年四月。

6月3日　星期五　李义山《无题》（续）

杨家将［折（余为南方姓，不应相混）家将］皆党项人。

"下诏悔祸"应在大中五年。宣宗之忽然改悟，实由党项不能平，追思德裕之功也。

冯皓以为义山未见杜悰，今据《永乐大典》知义山奉柳宗元命往荆北祭奠德裕时，途中已遇杜悰也。

刘盼遂《燕大国文半年刊》释义山《锦瑟》诗，用陈先生说。

参考《北史》卷二十八《陆岩传附印》。"老蚌生明珠","蓝田生玉",吴王夫差"小玉化烟"。

李义山为王茂元之婿,诗为悼亡作。

韩偓之父畏之,为义山连襟。有诗云"嵇氏幼男犹可悯,左家娇女最难亡",盖不止妻死,儿女亦死也。

"可待成追忆"——可待,"岂待""何待"也。

6月8日　星期三　总结

1. 主旨:《国语·周语》厉王监谤,《诗经》。
2. 体裁:四、五、七字,乐府。

因杜甫"因事立题"之作法(如《兵车行》《丽人行》《哀王孙》等),意则《诗经》。

3. 作诗缘起:和李公垂作二十首,元和作十二首。

如《母别子》说洛阳事,时元在洛阳,白并不在;又如《盐商妇》李作是与其本身发生关系,白则没有。故白诗五十首应包括李作之二十首题目在内(即元未和之八首亦在其中)。

4. 作诗之年月。

《海漫漫》《杏为梁》《道州民》皆可决定为元和五年以后所作。有一本有一诗题为元和七年作,盖修改之日期也。

《秦中吟》应作于《新乐府》以前,《秦中吟》据乐天自言作于为谏官时,盖即为拾遗时,元和二至五年。五年改京兆府,已不为谏官矣。

5. 作诗之方法:"一吟怨一事",故不应有重复。

6月10日　星期五　总结(二)

策林七十五目:如王泽流、人心感等。白氏《新乐府》亦仿之,"一吟怨一事",如《沙堤》讽执政也。五人中,用递减法,知其为杜佑。更进一层,一吟一事,不至为两事,不重复,不混杂。

五十首诗为乐天之政治主张，谓为述唐代之社会风俗情况者，尚未免有隔。其主旨为反对用兵，政治抱负也。

五十首为一篇文章，不可分开来看。

如论男女关系，便分为男慕女，或女慕男，或从天子立言（如李夫人），或从高官言之。故不重复。

《新丰折臂翁》应与《长恨歌》及传合并观之，且为歌与传之合一也。

《新乐府》之主旨为陈时政之得失，改革政治之主张。

白诗用典，不一定用最早的典，而是用与其题目最适合之典。

王安石"功谢萧规惭汉第，恩从隗始诧燕台"原用《史记·燕世家》。陆佃问曰，"恩"从何来，荆公答曰，韩愈联句斗鸡诗"感恩从隗始"，为所自出。

蔡《西清诗话》今已佚，但见李《王荆公诗注》中。

《元白诗证史·选诗》

旁批（影印）

　　整理说明：梁方仲先生在陈寅恪先生所编著《元白诗证史》中选辑了元稹、白居易两人的若干诗。梁氏对陈氏所选之元、白诗作了旁批，一则可理解为听陈氏课的补充记录，二则也是他个人之看法。

元白詩證史

夢遊春七十韻　才調集伍

元稹

昔歲夢遊春，夢遊何所遇。夢入深洞中，果遂平生趣。清冷淺漫流，畫舫蘭篙渡。過盡萬株桃，盤旋竹林路。長廊抱小樓，門牖相迴互。樓下雜花叢，叢邃綠縟。烏龍不作聲，碧玉曾相慕。漸到簾幕間，徘徊意猶懼。閑窺東西閤，曉日初鳴煦。未敢上階行，頻移曲池步。影落池塘水，強鷄飢亂鳴，嬌娃斜薄翠，滑膝見珊瑚。

隔子碧油糊，馳鈎紫金鋪。隔子碧油糊，睍睆怒。簾開侍兒起，見我遙相勵，鋪殼繪紅茵，施張鈿裝具。睡臉桃破緋，汗妝蓮委露。玲瓏合歡袴，纖妍脂粉薄，暗澹（夾纈名）纖妍脂粉薄，暗澹。

「狂」。最似紅牡丹，雨來春欲暮。夢魂良易驚，靈境難久寓。夜夜望天河，無由重沿泝。結念心所親，但作懷仙句。

不辨花貌人，空驚香若霧。近作夢仙詩，亦知勞肺腑。一夢何足云，良時事婚娶。當年二紀初，嘉節三星度。朝佩紫玉佩，道性尤堅固。身迴夜合偏，恩愛晨霞聚。

浮生轉經歷，出入多歡裕。申鋪漾清池，鳴騶引朱轂。高松女蘿附，華寶潛幽蠹。草門正忘，紅樓豎墮髻。金谷迷荒戍，卓女白頭吟，阿嬌金屋賦。

石壓破欄干，門摧舊桂枝。雖云霓夢殊，同是終纏駐。驚絡竟何如，芬絲不成約。嫠委羸癃骨，皆隨流波注。幸有古如今，何學繼比素。三十再登朝，一登還一仆。

史詩諳石壓，門摧舊桂枝。

白詩金屋賦，重璧盛姬臺，青探明妃墓。

　務。詔冊冠賢良，諫垣陳好惡。

元時，早歲諧如（「如」一作「時」。）

榮非不早，還週亦云厚。直氣在膏肓，氛氳日沉痼。不言意不快，快意言多忤。忤誠人所賊，性亦天之付。乍可沉爲香，不能浮作飄。誠爲堅所守，未爲明所措。事身已經，營營計何謏。美玉孫文往，暗來良金壞武庫。徒謂自堅貞，安知受磷錯。長絲羂野馬，密網羅陰兔。物外各迢迢，誰能遠相慰。晤來既若飛，禍速當如騖。嘗意自來裯，此行何所訴。（「訴」一作「愬」。）努力去江陵，笑言誰與晤。江花縱可憐，奈非心所慕。石竹逞奼紫，蔢薺誇斂黤。一種蓪地生，淺深何足妬。荷葉水上生，團渟水中住。瀉水慣葉中，君看不相污。

和夢遊春詩一百韻并序
汪立名本白香山詩集壹貳

白居易

微之既到江陵，又以夢遊春詩七十韻寄予，且題其序曰：「斯言也，不可使不知吾者知，知吾著亦不可使不知，樂天知吾也。」予辱斯言，三復其旨，大抵悔既往而悟將來也。然予以爲苟不悔則已，則宜悟於彼也。反於彼，而悟於真也。况與臣下外服儒鼠，內宗燃行者，有日矣。而今而後，非彎路之返也，非空門之歸也，將安返乎？將安歸乎？今所和者，其章旨卒歸於此。夫感不甚，則悔不熟，感不至，則悟不深。故慮居下七十韻爲一百韻，宜爲足下陳夢遊之所以甚感者，敍婚仕之際，所以至惑者，欲伊曲盡其妄，周知甚非，然後返乎真，歸于實，亦猶法華經序火宅，偈化或，維摩經入婬舍，過酒肆之羲也。微之！微之！予斯文也，尤不可使吾知吾者知，幸藏之云耳。

昔君夢遊春，夢遊仙山曲。草嫩蹋綠蓐，花嬌紅半熟。輾行深深院，漸入桃花谷。到一紅樓家，愛之看不足。池滟渡清泚，門柳閉全低，蒼樓紅半熟。轉行深深院，過繞重重屋。到一紅樓家，愛之驚，青鳥飛相逐。漸聞玉佩響，始辨朱履躅，遙見簾下人，姍姍十五六。霞光抱明月，蓮艶開初旭。

縹渺雲雨仙，氛氳蘭麝馥。風流薄梳洗，時世寬妝束。袖軟異文綾，裾輕單絲縠。裙腰銀線壓，梳掌金筐蹙。帶纈紫蒲萄，袴花紅石竹。凝情都未語，付意微相矚。眉斂遠山青，鬟低片雲綠。帳牽翡翠帶，被解鴛鴦襆。秀色似堪飡，穠華如可掬。半卷錦頭席，斜鋪繡腰褥。朱唇素指勻，粉汗紅綿撲。心驚睡易覺，夢斷魂難續。籠委獨棲禽，劍分連理木。存誠期有感，誓志貞無黷。京洛八九春，未曾花裏宿。壯年徒自棄，佳會應無復。鸞歌不重聞，鳳兆從茲卜。韋門女清貴，裴氏甥賢淑。羅扇夾花燈，金鞍攢繡轂。既傾南國貌，遂坦東牀腹。劉阮心漸忘，潘楊意方睦。新修履信第，初食尚書祿。九醞備聖賢，八珍窮水陸。秦家重蕭史，彥輔憐衛叔。朝饌饋獨盤，夜醪傾百斛。親賓盛輝赫，妓樂紛曄煜。宿醉纔解酲，朝歡俄枕麴。飲過君子爭，令甚將軍酷。酩酊歌鷓鴣，顛狂舞鴝鵒。月流春夜短，日下秋天速。謝傅隙過駒，蕭娘風過（一作送）燭。全凋蕣花折，半死梧桐禿。闇鏡對孤鸞，哀猿留寡鵠。淒淒隔幽顯，冉冉移寒燠。萬事此時休，百身何處贖。提攜小兒女，將領舊姻族。再入朱門行，一傍青樓哭。迨空無廄馬，水涸失池鶩。搖落廢井梧，荒涼故籬菊。莓苔上几閣，塵土生琴筑。舞榭綴蟏蛸，歌梁聚蝙蝠。嫁分紅粉妾，賣散蒼頭僕。門客思徬徨，家人泣咿噢。心期正蕭索，宦序仍拘跼，懷策入崤函，驅車辭郟鄏。逢時念既濟，聚學思大畜。端詳筮仕蓍，磨拭穿楊鏃。始從讎校職，首中賢良目。一拔侍瑤墀，再升紆繡服。誓酬君王寵，願使朝廷肅。密勿奏封章，清明操憲牘。鷹鞲中病下，豸角當邪觸。糺繆靜（一作靜）東周，申冤動南蜀。危言詆閽寺，直氣忤鈞軸。不忍曲作鉤，乍能折為玉。捫心無愧畏，騰口有謗讟。只要明是非，何曾慮禍福。車摧太行路，劍落酆城獄。襄漢問修途，荊蠻指殊俗。謫為江府掾，遣事荊州牧。趨走謁麾幢，喧煩視鞭扑。簿書常自領，縲囚每親鞫。竟日坐官曹，經旬曠休沐。宅荒渚宮草，馬瘦畬田粟。薄俸等涓毫，微官同桎梏。月中照形影，天際辭骨肉。鶴病翅羽垂，獸窮爪牙縮。行看鬢間白，誰勸杯中醁。時傷大野麟，命問長沙鵩。夏梅山雨漬，秋瘴海（一作江）雲毒。巴水白茫茫，楚山青簇簇。吟君七十韻，是我心所蓄。既

元白詩證史

丟跡莫追，將來幸前勐，欲除憂惱病，當取禪繼調，須愔事皆空，無令念將屬，請思遊春夢，此夢何閃倏。艷色卽空花，浮生乃焦穀。良姻在嘉偶，頃刻爲單獨，入仕欲榮身，須臾成黜辱，合著離之始苦聚落，愛是悲林藪。水蕩無明波，輪迴死生輈。廢懲甘露灌，坊待醒醐浴，障要智燈燒，風須戀刀戮。外臺性易染，內戰心難緘。法句與心王，期君日三復。（微之常以法句及心王頭陀經相示故申言以卒其志也。）

汪立名本白香山詩集卷貳

長恨歌并傳

白居易

長恨歌傳

開元中，泰階平，四海無事。玄宗在位歲久，倦于旰食宵衣，政無小大，始委于右丞相，深居遊宴，以聲色自娛。先是元獻皇后武淑妃皆有寵，相次卽世。宮中雖良家子千數，無可悅目者。上心忽忽不樂。每歲十月，駕幸華清宮，內外命婦熠燿景從，浴日餘波，賜以湯沐，春風靈液澹蕩其間。上心油然，若有顧遇。左右前後粉色如土。詔高力士潛搜外宮，得弘農楊玄琰女于壽邸，既笄矣，鬢髮膩理，纖穠中度，舉止閒冶，如漢武帝李夫人。別疏湯泉，詔賜澡瑩。既出水，體弱力微，若不任羅綺，光彩煥發動照人。上甚悅。進見之日，奏霓裳羽衣曲以導之。定情之夕，授金釵鈿合以固之。又命戴步搖，垂金璫。明年冊爲貴妃，半后服用。繇是冶其容，敏其詞，婉孌萬態，以中上意，上益嬖焉。時省風九州，泥金五岳，驪山雪夜，上陽春朝，與上行同輦，居同室，宴專席，寢專房，雖有三夫人，九嬪，

元白詩証史

二千七世孫，八十一衛妻，聲後官才人，樂府妓女，使天子輒顧龥龥。自是六宮無復進幸者，非徒殊艷尤態致是，蓋才智明慧，善巧便佞，先意希旨，有不可形容者。叔父昆弟皆列在清貴，韟爲通侯，姊妹封國夫人，富埒邸第與大長公主侔，而恩澤勢力，則又過之。出入禁門不問，京師長吏爲之側目。故當時謠詠有云：「生女勿悲酸，生男勿喜歡。」又曰：「男不封侯女作妃。看女卻爲門上楣。」其人心羨慕如此！天寶末，兄國忠盜丞相位愆弄國柄。及安祿山引兵向闕，以討楊氏爲辭，潼關不守，翠華南幸，出咸陽，淖次馬嵬亭，六軍徘徊，持戟不進。從宮郎吏伏上馬前，請誅錯以謝天下。國忠奉氂纓槃水，死於道周。左右之意未快，上問之，當時敢言者請以貴妃塞天下怒。上知不免，而不忍見其死，反袂掩面，使牽之而去。蒼黃展轉，竟就絕於尺組之下。既而玄宗狩成都，肅宗受禪靈武。明年大兇歸元大駕還都，尊玄宗爲太上皇就養南宮，遷於西內。時移事去，樂盡悲來，軺至春之日，左右獻冬之夜，池蓮夏開，宮槐秋落。梨園弟子玉琯發音，聞霓裳羽衣一聲，則天顏不怡，左右歔欷。三載一意，其念不衰。求之夢魂，杳不能得。適有道士自蜀來，知上皇心念楊妃，如是，自言有李少君之術，玄宗大喜，命致其神。方士乃婅其術以索之，不至。又能遊神馭氣，出天界，沒地府以求之不見。又旁求四虛上下，東極天涯，跨蓬壺。見最高仙山，上多樓闕，西廂下有洞戶東向，闔其門，署曰玉妃太眞院。方士抑聲扣扉，有雙鬟童女出應門，方造次未及言，而雙鬟復入。俄有碧衣侍女又至，詰其所從。方士因稱唐天子使者，且致其命。碧衣云：「玉妃方寢，請少待之。」于時雲海沉沉，洞天日晚，瓊戶重闔，悄然無聲。方士屏息斂足，拱手門下。久之而碧衣延入，且曰：「玉妃出見。」一人冠金蓮，披紫綃，絹紅玉，曳鳳舄，左右侍者七八人，揖方士問皇帝安否？次問天寶十四年已還事，言訖憫默，指碧衣取金鈿鈿合各析其半，授使者曰：「爲謝太上皇，謹獻是物，尋舊好也。」方士受辭與信。

将行，色有不足。玉妃固徵其意，復前跪致詞，請當時一事不爲他人聞者，驗於太上皇。不然，恐鈿合金釵負新垣平之詐也。徐而言之曰：「昔天寶十載侍輦避暑驪山宮。秋七月牽牛織女相見之夕，秦人風俗，是夜張錦繡，陳飲食，樹瓜果，焚香于庭，號爲乞巧。宮掖間尤尚之。夜始半，休侍衛於東西廂，獨侍上。上憑肩而立，因仰天感牛女事，密相誓心，願世世爲夫婦。言畢執手各嗚咽，此獨君王知之耳。因自悲曰：「由此一念，又不得居此，復墮下界，且結後緣。或爲天，或爲人，決再相見，好合如舊。」因言曰：太上皇亦不久人間，幸唯自安，無自苦耳。使者還奏太上皇，皇心震悼，日日不豫。其年夏四月，南宮晏駕。元和元年冬十二月，太原白樂天自校書郎尉于盩厔，鴻與琅邪王質夫家于是邑。暇日相攜遊仙遊寺，話及此事，相與感歎。質夫舉酒于樂天前曰「夫希代之事非遇出世之才潤色之，則與時消沒，不聞于世。樂天深於詩，多於情者也。試爲歌之如何？」樂天因爲長恨歌。意者不但感其事，亦欲懲尤物，窒亂階，垂于將來者也。歌既成，使鴻傳焉，世所不聞者，予非開元遺民，不得知。世所知者，有玄宗本紀在，今但傳長恨歌云爾。前進士陳鴻撰。

漢皇重色思傾國，御宇多年求不得。楊家有女初長成，養在深閨人未識。天生麗質難自棄，一朝選在君皇側。迴眸一笑百媚生，六宮粉黛無顏色。春寒賜浴華清池，溫泉水滑洗凝脂。侍兒扶起嬌無力，始是新承恩澤時。雲鬢花顏（一作冠）金步搖。芙蓉帳暖度春宵。（一作悵裏暖春宵）春宵苦短日高起，從此君王不早朝。承歡侍宴（一作讌）無閒。暇春從春遊夜專夜。後（一作漢）宮佳麗三千人。三千寵愛在一身。金屋妝成嬌侍夜，玉樓宴罷醉和春。姊妹弟兄皆列土。可憐光彩生門戶。遂令天下父母心，不重生男重生女。驪宮高處入青雲。仙樂風飄處處聞。緩歌慢舞凝絲竹。盡日君王看

天寶十五載（756）
貴妃死

此处漏去
載說詩詩所
長恨歌傳本
文義莫華本
多白集
已删去

—— 6 ——

元内　詩証史

（一作聽）不足。漁陽鼙鼓動地來，驚破霓裳羽衣曲。九重城闕煙塵生，千乘萬騎西南行。翠華搖搖行復止。西出都門百餘里。六軍不發無奈何，宛轉蛾眉馬前死。花鈿委地無人收，翠翹金雀玉搔頭。君王掩面救不得，回看血淚相和流。黃埃散漫風蕭索，雲棧縈紆登劍閣。峨嵋山下少人行，旌旗無光日色薄。蜀江水碧蜀山青，聖主朝朝暮暮情。行宮見月傷心色，夜雨聞鈴腸斷聲。天旋日轉迴龍馭。到此躊躇不能去。馬嵬坡下（一作處）土中，不見玉顏空死處。君臣相顧盡沾衣，東望都門信馬歸。歸來池苑皆依舊。太液芙蓉未央柳（一作處）。對此如何不淚垂。春風桃李花開日，（夜）秋雨梧桐葉落時。西宮南內多秋草。落葉滿階紅不掃。梨園弟子白髮新，椒房阿監青娥老。（一作夜）殿螢飛思悄然。孤（一作秋）燈挑盡未成眠。遲遲鐘鼓初長夜，耿耿星河欲曙天。鴛鴦瓦冷霜華重，翡翠衾寒誰與共。（一作舊枕故衾誰與共）悠悠生死別經年，魂魄不曾來入夢。臨邛道士鴻都客，能以精誠致魂魄。為感君王輾轉思，遂教方士殷勤覓。排空馭氣奔如電，升天入地求之遍。上窮碧落下黃泉，兩處茫茫皆不見。忽聞海上有仙山，山在虛（一作虛）無縹緲間。樓閣玲瓏五雲起。其中綽約多仙子。中有一人字太真，（一作玉妃）雪膚花貌參差是。金闕西廂叩玉扃，轉教小玉報雙成。聞道漢家天子使，九華帳裏夢魂驚。攬衣推枕起徘徊，珠箔銀屏迤邐開。雲鬢半偏新睡覺，花冠不整下堂來。風吹仙袂飄飖舉，猶似霓裳羽衣舞。玉容寂寞淚闌干，梨花一枝春帶雨。含情凝睇（一作睞）謝君王，一別音容兩渺茫。昭陽殿裏恩愛絕，蓬萊宮中日月長。回頭下望人寰處。不見長安見塵霧。惟將舊物表深情，鈿合金釵寄將去。釵留一股合一扇，釵擘黃金合分鈿。但教心似金鈿堅，天上人間會相見。臨別殷勤重寄詞，詞中有誓兩心知。七月七日長生殿，夜半無人私語時。在天願作比翼鳥，在地願為連理枝。天長地久有時盡，此恨綿綿無絕期。

元氏長慶集貳肆

連昌宮詞　元稹

連昌宮中滿宮竹，歲久無人森似束。又有牆頭千葉桃，風動落花紅蔌蔌。宮邊老翁為予泣，小年進食曾因入。上皇正在望仙樓，太真同憑欄干立。樓上樓前盡珠翠，炫轉熒煌照天地。歸來如夢復如癡，何暇備言宮裡事。初過寒食一百六，店舍無煙宮樹綠。夜半月高絃索鳴，賀老琵琶定場屋。力士傳呼覓念奴，念奴潛伴諸郎宿。須臾覓得又連催，特勅街中許然燭。春嬌滿眼睡紅綃，掠削雲鬟旋妝束。飛上九天歌一聲，二十五郎吹管逐。逡巡大遍涼州徹，色色龜茲轟錄續。李謩壓笛傍宮牆，偷得新翻數般曲。平明大駕發行宮，萬人歌舞塗路中。百官隊仗避岐薛，兩京定後六七年，卻尋家舍行宮門。行宮門閉月痕寒，眼穿腸斷難重見。今年勅使因斫竹，偶值門開暫相逐。荊榛櫛比塞池塘，狐兔驕癡緣樹木。舞榭攲傾基尚在，文窗窈窕紗猶綠。塵埋粉壁舊花鈿，烏啄風箏碎珠玉。上皇偏愛臨砌花，依然御榻臨階斜。蛇出燕巢盤鬥栱，菌生香案正當衙。寢殿相連端正樓，太真梳洗樓上頭。晨光未出簾影黑，至今反挂珊瑚鉤。指似傍人因慟哭，卻出宮門淚相續。自從此後還閉門，夜夜狐狸上門屋。我聞此語心骨悲，太平誰致亂者誰。翁言野父何分別，耳聞眼見為君說。姚崇宋璟作相公，勸諫上皇言語切。燮理陰陽禾黍豐，調和中外無兵戎。長官清平太守好，揀選皆言由相公。開元之末姚宋死，朝廷漸漸由妃子。祿山宮裡養作兒，虢國門前鬧如市。弄權宰相不記名，依稀憶得楊與李。廟謨顛倒四海搖，五十年來作瘡痏。今皇神聖丞相明，詔書纔下吳蜀平。官軍又取淮西賊，此賊亦除天下寧。年年耕種宮前道，今年不遣子孫耕。老翁此意深望幸，努力廟謀休用兵。

— 8 —

元白詩証史

元氏長慶集貳拾陸

琵琶歌（寄管兒兼誨鐵山）

元稹

琵琶宮調八十一。旋宮三調彈不出。玄宗偏許賀懷智，段師此藝還相匹。自後流傳指撥衰，崑崙善才徒爾為。逢人便請送盞斝，誓盡功夫人不知。段師弟子數十人，李家管兒稱上足。管兒不作供奉兒，拋在東都雙鬢絲。涼州大遍最豪嘈，六么散序多籠撚。我聞此曲深賞奇，賞著奇處驚管兒。管兒為我雙淚垂。自彈此曲長自悲。淚垂捍撥朱絃濕，冰泉嗚咽流鶯澀。因茲彈作雨霖鈴，風雨蕭條鬼神泣。一彈既罷又一彈。珠顆夜靜風珊珊。低徊慢弄關山思，坐對燕然秋月寒。月寒一聲深殿磬。驟彈曲破音繁併。百萬金鈴旋（去聲）玉盤，醉客湔裙箏幔醒。

李家兄弟皆愛酒。我是酒徒為酒友，著作曾邀連夜宿。是夕青春值三五。花枝向月雲含吐，著作南園花坼萼，管兒久別方相覷。六么依舊。管兒在洛我朝天。游想慈恩杏園裏，去年御史留東臺，公私蹙促顏不開。今春制獄正撩亂，畫夜摧囚心似旅。暫綴蠻時尋舊作，著作思量意緒多。辭奇寄寶奇又經過。如今左降

聲迢迢。猿鳴雪岫來三峽，鶴唳晴空聞九霄。遂巡彈得六么徹，霜刀破竹無殘節。幽關鴉軋胡雁悲，斷弦砉騞層冰裂。我為含凄歇此歌。歌此歌，寄管兒。管兒管兒憑爾說，鐵山已近耆艾（二妻才姓）間。性靈甚好功猶淺，急處未得臻幽閒。努力鐵山勤學取，莫遣後來無所祖。

汪立名本白香山詩集壹貳

琵琶引 幷序

元和十年，予左遷九江郡司馬。明年秋，送客湓浦口，聞舟中夜彈琵琶者，聽其音錚錚然，有京都（一作邑）聲。問其人，本長安倡女，嘗學琵琶於穆曹二善才，年長色衰，委身為賈人婦。遂命酒，使快彈數曲，曲罷憫默。自敍少小時歡樂事，今漂淪憔悴，轉徙於江湖間。予出官二年，恬然自安，感斯人言，是夕始覺有遷謫意。因為長句，歌以贈之，凡六百一十二言，命曰琵琶行。

潯陽江頭夜送客，楓葉荻花秋瑟瑟。主人下馬客在船，舉酒欲飲無管絃。醉不成歡慘將別，別時茫茫江浸月。忽聞水上琵琶聲，主人忘歸客不發。尋聲暗問彈者誰，琵琶聲停欲語遲。移船相近邀相見，添酒回燈重開宴。千呼萬喚始出來，猶抱（一作把）琵琶半遮面。轉軸撥絃三兩聲，未成曲調先有情。絃絃掩抑聲聲思，似訴平生不得志。低眉信手續續彈，說盡心中無限事。輕攏慢撚抹復挑，初為霓裳後六么。（一作綠腰）大絃嘈嘈如急雨，小絃切切如私語。嘈嘈切切錯雜彈，大珠小珠落玉盤。間關鶯語花底滑，幽咽泉流冰（一作水）下灘（一作難）。水泉冷澀絃凝絕，凝絕不通聲暫歇。別有幽愁暗恨生，此時無聲勝有聲。銀瓶乍破水漿迸，鐵騎突出刀鎗鳴。曲終收撥當心畫，四絃一聲如裂帛。東船西舫悄無言，唯見江心秋月白。

沉吟放撥插絃中，整頓衣裳起斂容。自言本是京城女，家在蝦蟆陵下住。十三學得琵琶成，名屬教坊第一部。曲罷曾教善才伏，妝成每被秋娘妬。五陵年少爭纏頭，一曲紅綃不知數。鈿頭雲篦擊節碎，血色羅裙翻酒污。今年歡笑復明年，秋月春風等閑度。弟走從軍阿姨死，暮会邀来颜色故。门前冷落鞍马稀，老大嫁作商人妇。商人重利轻别离，前年浮梁买茶去。去来江口守空船，绕船月明江水寒。夜深忽梦少年事，梦啼妆泪红阑干。（一作暗妆泪落红阑干）我闻琵琶已叹息，又闻此语重唧唧。同是天涯沦落人，相逢何必曾相识？我从去年辞（一作离）帝京，谪居卧病浔阳城。浔阳地僻（一作小处）无音乐，终岁不闻丝竹声。住近湓江地低湿，黄芦苦竹绕宅生。其间旦暮闻何物，杜鹃啼血猿哀鸣。春江花朝秋月夜，往往取酒还独倾。岂无山歌与村笛，呕哑嘲哳难为听。今夜闻君琵琶语，如听仙乐耳暂明。莫辞更坐弹一曲，为君翻作琵琶行。感我此言良久立，却坐促弦弦转急。凄凄不似向前声，满座重闻皆掩泣。座（一作就）中泣下（一作湿泪）谁最多？江州司马青衫湿。

汪立名本白香山诗集贰

秦中吟十首并序

贞元和之际，予在长安，闻见之间，有足悲者。因直歌其事，命为秦中吟。

议婚（按荛才调集，作贫家女。）

天下无正声，悦耳即为娱。人间无正色，悦目即为姝。颜色非相远，贫富即有殊。贫为时所弃，富为时所趋。红楼富家女，金楼绣罗襦。见人不敛手，娇痴二八初。母兄未开口，已嫁不须臾。绿窗贫家女，寂寞二十余。荆钗不直钱，衣上无真珠。几回人欲聘，临日又踟蹰。主人会良媒，置酒满玉壶。四座且勿饮，听我歌两途：富家女易嫁，嫁早轻其夫。贫家女难嫁，嫁晚孝于姑。闻君欲娶妇，娶妇意何如？

史
証
詩
白
元

—11—

重賦（按才調集，作無名稅。）

厚地植桑麻，所用濟生民。生民理布帛，所求活一身。身外充征賦，上以奉君親。國家定兩稅，本意在愛（一作憂）人。厥初防其淫，明勑內外臣，稅外加一物，皆以枉法論。奈何歲月久，貪吏得因循。歲暮天地閉，陰風生破村，夜深煙火盡，霰雪白紛紛。幼者形不蔽，老者體無溫。悲喘與寒氣，併入鼻中辛。昨日輸殘稅，因窺官庫門。繒帛如山積，絲絮似雲屯。號為羨餘物，隨月獻至尊。奪我身上暖，買爾眼前恩，進入瓊林庫，歲久化為塵。

傷宅（按才調集，作傷大宅。）

誰家起甲第，朱門大道邊？豐屋中櫛比，高牆外迴環。累累六七堂，棟宇相連延。一堂費百萬，鬱鬱起青煙。洞房溫且清，寒暑不能干。高堂虛且迴，坐臥見南山。繞府紫藤架，夾砌紅藥欄。攀枝擷櫻桃，帶花移牡丹。主人此中坐，十載為大官。廚有臭敗肉，庫有貫朽錢。誰能將我語，問爾骨肉間？豈無窮賤者，忍不救飢寒？如何奉一身，直欲保千年！不見馬家宅，今作奉誠園。

傷友（又云傷苦節士，按才調集，作膠漆契。）

陋巷孤寒士，出門苦恓惶。雖云志氣高，豈兔顏色低。平生同門（一作袍）友，通籍在金閨。曩者膠漆契，邇來雲雨睽。正逢下朝時，軒騎五門西。是時天久陰，三日雨淒淒。蹇驢避路立，肥馬當風嘶；迴頭忘相識，占道上高堤。昔年洛陽社，貧賤相提攜：今日長安道，對面隔雲泥。近日多如此，非君獨慘悽。

不致仕（按才調集，作合致仕。）（任公叔戴逢）

七十而致仕，禮法有明文。何乃貪榮者，斯言如不聞！可憐八九十，齒墮雙眸昏。朝露貪名利，夕陽憂子孫。死生不變者，唯聞任與黎。（任公叔黎逢）

掛冠顧翠緌，懸車惜朱輪。金章腰不勝，傴僂入君門。誰不愛富貴？誰不戀君恩？年高須皆老，名遂合退身。少時共嘆詬，晚歲多因循。賢哉漢二疏，彼獨是何人！寂寞東門路，無人繼去塵。

立碑（按才調集，作古碑）

勘德既下衰，文章亦陵夷。但見山中石，立作路旁碑。銘勳悉太公，敍德皆仲尼。復以多爲貴，千言直萬貲。爲文彼何人？想見下筆時。但欲慰者悅，不思賢者嗤。豈獨賢者嗤，仍傳後代疑。古石蒼苔字，安知是愧詞！我聞望江縣，麴令撫惸嫠；（麴令名信陵）在官有仁政，名不聞京師。身殁欲歸葬，百姓遮路歧。攀轅不得歸，留葬此江湄。至今道其名，男女涕皆垂；無人立碑碣，唯有邑人知。

輕肥（按才調集，作江南旱。）

意氣驕滿路，鞍馬光照塵。借問何爲者，人稱是內臣。朱紱皆大夫，紫綬或（一作悉）將軍。誇赴軍中宴，走馬去如雲。罇罍溢九醞，水陸羅八珍。果擘洞庭橘，膾切天池鱗。食飽心自若，酒酣氣益振。是歲江南旱，衢州人食人。

五絃（按才調集，作五絃彈。）

清歌且罷（一作停），紅袂亦停舞。趙叟抱五絃，宛轉當胸撫。大聲麤若散，颯颯風和雨，小聲細欲絕，切切鬼神語。又如鵶報喜，轉作猿啼苦。十指無定音，顚倒宮徵羽。坐客聞此聲，形神若無主。行客聞此聲，駐足不能舉。嗟嗟俗人耳，好今古。所以綠窗琴，日日生塵土。

歌舞（按才調集，作傷閿鄉縣囚。）

秦中歲云暮，大雪滿皇州。雪中退朝者，朱紫盡公侯。貴有風雲興，富無飢寒憂。所營唯第宅，所務在追遊。朱門車馬客，紅燭歌舞樓，歡酣促密坐，醉暖脫重裘。秋官爲主人，廷尉居上頭。日中爲樂飲（一作樂）夜牛不能休。豈知閿鄉獄，中有凍死囚。

元白詩証史

—13—

帝城春欲暮。喧喧車馬度。共道牡丹時，相隨買花去。貴賤無常價，酬直看花數。灼灼百朶紅，戔戔五束素。上張幄幕庇，旁織笆籬護。水灑復泥封，移來色如故。家家習爲俗，人人迷不悟。有一田舍翁，偶來買花處。低頭獨長歎，此歎無人喻。一叢深色花，十戶中人賦。

買花（按才調集，作牡丹）

元氏長慶集貳肆

和李校書新題樂府十二首并序

予友李公垂貺予樂府新題二十首，雅有所謂，不虛爲文。予取其病時之尤急者，列而和之，蓋十二而已。昔三代之盛也，士議而庶人謗。又曰：世理則詞直，世忌則詞隱。予遭理世而君盛聖，故直其詞以示後之人，關今日爲不忌之時焉。

上陽白髮人

上陽人（天寶五載以後，楊貴妃專寵，後宮人無復進幸矣。六宮有美色者，輒置別所，上陽是其一也，貞元中尚存焉。）

天寶年中花鳥使（天寶中密詔採取豔異者爲花鳥使。）撩花狂鳥舍春思，懷疊疊詔求嬪御，走上高樓半酣醉酣醉。直入卿士家，閨閤不得徹週避。良人顧妻心死別，小女呼爺血垂淚。十中有一得更衣，永配深宮作宮婢。御廚南奔胡焉。戀宮女三千合宮棄宮門，一閉不復開上陽花草青苔地，月夜開聞洛水聲秋池暗度廢氣荷氣，日日長望象門終身不見門前事，近年又送數人來，自言與慶南宮至，我起此曲將徹骨，更想深冤復酸鼻，此輩賤嬪何足云帝子天孫古稱貴

——14——

諸王在閤四十年七宅六宮門戶邃陰随燭枝條繁封邑（近古封前代子孫為二王三恪）肅宗而亂無官位（肅宗

巳後諸王未出閤）王無妃主無媵陽亢陰淫結災寒何如決壅順衆流女適從夫男作吏

華原聲（李傳云天寶中始廢泗濱磬用華原石）

五絃彈

泗濱浮石致為磬古樂跡存少人聽工師小賤牙曠稀不辨邪聲嫌雅正正響不屈古調高鍾律參差金石夔

趙壁五絃彈徵調徹聲聲網何清峭雄臞皓鶴寥寥失子哀猱林嘯鳳入春松正凌歊含嚬吞恨艷妙鳴嗚暗

溜咽冰泉殺殺霜刀澀急節繁促撥萬轉珠鎗斗絕金鈴掉千秋鳴鏑發胡弓萬片清球驚蹕庭衆樂雅同第一

部德宗皇帝常偏召旬休前假暫歸來一聽莫狂殺長安第一家俠家最離見投（薛雷反）歌按曲皆承詔水精廉外

敦貴嬪縹緲遊心伴中要臣有五賢非此絃或有拘因或屠劌賢得進勝累百兩賢得進同周祁三賢事漢滅暴強

四賢鎮岳寧邊徼五賢並用調五常五常既序三光曜趙壁五絃非此賢九九何勞殺庭燎

西涼伎

元白詩證史

吾聞昔日西涼州人煙撲地桑柘稠葡萄酒熟恣行樂紅豔青旗朱粉樓下當壚沽酒清曲名莫慈鄉人不

識離別更苦多為沉滯游哥舒開府設高宴八珍九醞前頭戲錯亂丸劍跳擲霜雪浮師子搖光彩

壁胡姬醉舞筋骨柔大宛來獻赤汗馬贊普亦奉翠茸裘一朝燕賊亂中國河湟忽盡空遺丘開遠門前萬里堠今來

鸞到行原州（平時開遠門外立堠云去安西九千九百里以示戎人不為萬里行其就盈故矣）去京五百而近何

其逼天子縣內半沒爲荒陬西京之道爾固修運城邊將但高會每說此曲能不羞

法曲

吾聞黃帝鼓清角弭伏熊羆舞玄鶴舞干羽苗革心亮用咸池鳳集閬大夏護武皆象功功已訖玄功薄漢祖過

沛亦有歌秦王破陣非無作之宗廟見譏雖作之軍旅情精粕明皇度曲多新飜宛轉侵淫易沓赤白桃李取花

名霓裳羽衣驪天落雅弄雖云已變齙夷音未得相紊雜自從胡騎起煙塵毛羶腥膻滿咸洛女爲胡婦學胡粧伎進

胡音務胡樂（音洛）火鳳聲沉多咽絕春鶯囀罷長蕭索胡騎與胡粧五十年來競紛泊

驅犀（李傳云元和丁亥歲南海來貞至十三年冬寒死於苑中）

立部伎（李傳云太常選坐部伎無性靈者退入立部伎又選立部伎無性靈者退入雅樂之則雅樂可知

矣李君作歌以諷焉）

建中之初放馴象遠歸林邑近交廣歐迴深山鳥獸集鳳皇鸞鳳雜不知貞元之歲貢馴犀上林置圈官司養玉益金

棧非不珍虎咬猱牛魚網渡江之橘踰淮變易晦易性安能長臟月北風霜雪瀧踘跼身遂往行地無靈覺傳

驛通天異物羈幽耗乃知養人不必人自敦獎不擾則得之於遯有以多賞脫衣推食衣食不若男

耕女令紡鷇民不自知有處但見安閒聊觀馴象後觀犀理國其如指諸掌

胡部新聲錦筵坐中庭漢振高音播太宗廟樂傳子孫取穎蟄凶陣初破戰戰撋搶霜耀騰騰聲鼙風雷颼初疑遇

敵身行絳象由文士齊左昔日高宗常立聽曲終後臨玉座如今將一掉頭鼠收盡褌桎宋吾鄭友歌影

發滿堂會客喧歌珊瑚佩玉動腰身一一貫珠隨咳頌向圓丘見郊祀曾正旦親朝賀太常雅樂備宮縣九奏

「金石絲竹匏土革木」樂校作，牢晉鄭女歌共發」鐵校作「宋唐晉女歌共聲」

——16——

《元白诗证史·选诗》旁批（影印）

261

元白詩證史

未給百寮情緒憂憤雜令季札辨遍但愁文侯臥工師蔽取　　聊咏人登是先王作之過宋沈當傳天寶季法曲胡音

忽相和明年十月燕寇至九廟千門廢盡流（太常丞宋沈傳漢中王嘗說云玄宗雅好度曲然而未嘗使蕃漢

雜奏天寶十三載始招道調法曲與胡部新聲合作識者異之明年祿山叛）我聞此語歎復泣古來邪正將誰奈

聒聲入耳使人心傈儒飽飫夷齊餓

驃國樂（李傳云貞元辛巳歲始來獻）

驃之樂器頭象駝音磬不舍十二和促節硬簇詞變亂名字玭千彈萬唱皆咽咽左旋右轉空俛地

呼天終不覺曲成調變蓄如何德宗深嘉在柔遠笙鏞不御停煩娥史館書為朝身傳太常緰入縫抹科古時陶緰

作天子遂過親攤康衢文遍遍人持木鐸遍探諷諭天下過萬人有惠皆稠達四穀不政旋煩苦蠹令區中攙壤

塊燕及海外覃恩波奏鈞天闊奏古官廢下埋上塞王道師共於異俗同聲皆不念齊民方廓薑傳淵為魚漢所咸若荷

能效此誠足多惜如牛喘未蒙澤豈在抱蕢滋筐篚敕化從來有源委必將泳海先泳河是非倒置自古有綠芳

驟兮難爾訶

胡旆女（李傳云天寶中西國來獻）

天寶欲末胡欲亂胡人獻女能胡旋旋得明王不覺迷妖胡韶到長生殿郎旄花炫世莫知胡旋

之容我能傳蓬斷籬根羊角廽戴朱盤火輪炫龍珠連紙逐龍星虹（春降）輕巾製流電潛鯨暗鳴笙（殘

謝反）海波廽風亂舞當空宇誰辨相承言承卷君恩在圓變是非好恐

隨君口南北東逐君盼柔軟依身看絲緋徘徊繞拍同環劍廽慈此心計過慈亂君心君眼炫君言似曲凩如

鈎君喜好直舒為萐巧隨清影觸處行妙學春奏百般傾天側地用君力抑薑周遮恐君見翠華南萬里橋支

宗始悟坤維轉（韋書云僧一行奏玄宗日陛下行幸萬里聖祚無疆故天寶中藏幸洛陽冀充盈數及上幸蜀

至萬里橋乃歎謂左右曰一行之奏其是也察晉旋目與旋心有國有家當共譏

蠻子朝（李傳云貞元末蜀川始通蠻徼）

西南六詔有遺種，僻在荒陬路尋遠。綿綿百姓支離君長賤，比諸夷狄犬戎强盛，頻偪有憤心，戰無勇，矣防鈔盜保 （為冗）

深山朝望煙靄上，高下綠雲如卷縠。因巢化為怜汀官，鼙金吼崱求天叩地持雙珠。益州大將會公廷

項實遭時定近隴，目居劇鎮無他虞。辛得繼來固厥疆，驚開泹引蠻朝接蠻送蠻踵天子臨軒四方賀朝廷

無事唯端拱漏天，南寒椎頭醜類除憂患，痃足役夫勞泂湧剣奴互市歲不供蠻蠻迪好

譬長縣我王羞馬漸多年，南人耗顇西人恐

縛戎人（近制西邊每擒蕃囚皆傳置南方不加勦戮故李君作歌以諷焉）

邊頭大將荒健卒，入抄擒生快於鶻。但逢面即捉將來，半是邊人半戎羯。大將論功重多級，捷書飛奏何超忽。聖朝

不殺諸至仁，遠送炎方示微罰。萬里流勞肉食賤，連頭韲被鹽華菌。重膇臥腥臊病大愁鴂啞嚶中有一人

能漢語，自言家本穿西涼小年隨父戍安西。河渭瓜沙眼看沒，天寶未亂前數載，狼星四角光鋩勃中原禍作邊防

危果有殺狼四來伐番，賜賂臕成正𩦱健。兵肉飽唐突，煙塵亂起無亭主帥驚跳弃旌旆半夜摧飛鴉鳴妻

啼子叫曾不歇，陰依脆薄河冰可越荊棘深，深泉前困蒺藜後。鮑魀平明番騎四面走，古冤深

密，林盡株揀少壯頭被縶老者留居足。烏鳶野凥狼藉横，樹成灰燼突兀暗，水漵波入舊池平沙漫漫鋪

明月，戎王遣將來安慰。口不敢言心咄咄。料墮料窮五六十年，消鳥綱中間盟

會又猖獗眼穿東日望嫑雲，腸斷正朝梳藻髮（延州鎮李如暹蓬子將軍之子也嘗沒西番及歸目云番法唯正

歲一日許唐人沒番者服衣冠此日由是悲不自勝遂與番妻密定歸計）近來如此思漢者半為老病半

埋骨尚敫孫子學鄉音齊兒時好城闕老者儻盡少壯者壯生長蕃中似番恐懼不知祖父皆漢民便恐為番心怵怵

緣邊飽煖孫十萬衆何不齊驅一時發年年但捉兩三人精衛銜蘆塞溟渤

《元白诗证史·选诗》旁批（影印）

陰山道（李傳云，元和二年有詔悉以金銀酬迴鶻馬價。）

死徙

年年買馬陰山道馬死陰山帛空耗元和天子念女工內出金銀代酬績臣有一言昧死生甘分苦臣壽費財爲烏

不獨生耗帛傷工有他盜臣開平時七十萬匹馬關中不省閑嘶磔四十八監選龍媒辭貢天庭付良造如今泂野

十乘一盡在飛龍相餞暴萬束荼秀供旦慕千鍾叔粟長牽渾田軍郡國百餘鎮緜紬歲奉春冬稅戶通逃例攤

配官司拆納仍貪圖挑紋變綵力倍發者舊從新人所好裁穀擦後織一端十足素繰功未到豪家富貴踴常制合

族親班無雅操從隨愛奴絲布衫臂屬小兒裳錦韜纂臣利巳要差偕天子深衷空閒悼縛立花塲鷄鳳行兩露凰

波鑾時報

汪立名本白香山詩集叁

新樂府幷序〇（元和四年，爲左拾遺時作。）

序曰：凡九千二百五十二言，斷爲五十篇，篇無定句，句無定字，繫於意不繫於文。首句標其目，卒
章顯其志，詩三百之義也。其辭質而徑，欲見之者易諭也；其言直而切，欲聞之者深誡也，其事覈而
實，使采之者傳信（一作有徵）也；其體順而律，可以播於樂章歌曲也。總而言之：爲君爲臣，爲民
爲物，爲事而作，不爲文而作也。

七德舞　美撥亂陳王業也。

（武德中。天子始作秦王破陣樂。貞觀初，
太宗重製破陳樂舞圖，以歌太宗之功業。
詔魏徵虞世南等爲之歌詞，名七德舞。
自龍朔巳後，詔郊廟享宴，皆先奏之。）

七德舞七德歌。傳自武德至元和元和小臣白居易。觀舞聽歌知樂意。樂終稽首陳其事。太宗十八擧義兵。白旄黃鉞定兩京。擒充戮竇四海清。二十有四功業成。二十有九即帝位。三十有五致太平。功成理定何神速。速在推心置人腹。亡卒遺骸散帛收，（貞觀初詔收天下陣死骸骨致祭而瘞埋之尊又散帛以求之也）飢人賣子分金贖。（貞觀五年大飢人有鬻男女者詔出御府金帛盡贖之遣其父母）繞徵夢見天子（一作子夜）泣。（貞觀魏徵疾甚太宗夢與徵別既寤而流涕是夕徵卒故殷勤繫碑文云昔殷宗得良弼於夢中今朕失賢臣於覺後）張讓哀聞辰日哭。（張公謹卒太宗爲之擧哀有司奏曰在辰陰陽所忌不可哭上曰君臣義重父子之情也情發於是乎將出之任乎）恕女三千放出宮。（太宗嘗謂侍臣曰婦人幽閉深宮情實可愍今將出之任求伉儷於是令左丞戴冑給事中杜正倫於掖庭西門揀出數千人盡放歸）死囚四百來歸獄。（貞觀六年親錄囚徒死罪者三百九十人放出歸家令明年秋來就刑應期畢至詔悉原之）剪鬚燒藥賜功臣。（李勣疾嘗云得龍鬚燒灰方可療之太宗自剪鬚燒灰賜之服乾而愈勣叩頭泣涕而謝。含血吮瘡撫戰士。恩深莫報能吮瘡）（李思摩嘗中弩太宗親爲吮血）不獨（一作則知不獨）喜戰喜乘時。以心感人人心歸爾來一百九十載，天下至今歌舞之。歌七德。聖人有作垂無極。豈徒耀神武，豈徒誇聖文。太宗意在陳王業，王業艱難示子孫。

（舞七德）

法曲

法曲法曲歌大定。稽德重照有餘慶。（永徽之時有貞觀遺風故高宗能一戡大定樂曲）法曲法曲舞霓裳。政和世理音洋洋。開元之人樂且康（霓裳羽衣曲起於開元盛於天寶也）法曲法曲歌堂堂。堂堂之曲垂無疆。中宗崩後復鴻業。唐祚中興萬萬葉。（永隆元年太常丞李嗣貞善審音律能知興衰云近者樂府有堂堂之曲再言唐祚再興之兆也）法曲法曲雜（一作合）夷歌。夷隆鄭衛華聲和。

美列聖正華聲也。（元宗雜華歌，不能無所刺焉。）

—20—

以亂干利天寶末，明年胡塵犯宮闕。（法曲體似失雖音盡諸夏之聲也故歷朝行焉茲蒂輻雅好淫曲然未嘗使蕃漢雜奏天寶十三載始詔諸道調法曲與胡部新聲合作聲者梁與之明年冬而安祿山反）乃知法曲本華風。苟能審音與政通。一從胡曲相參錯。不辨與衷與良樂。願求牙曠正華音。不令夷夏相交侵。

二王後　明祖示之意也

彼何人？介公酅公爲國賓。周武隋文之子孫。古人有言天下者，非是一人之天下。周亡天下傳于隋，隋人失之唐得之。唐興十葉歲二百。介公酅公世爲客。明堂太廟朝享時。引居賓位備威儀。助郊祭。高祖太宗之遺制。不獨與波國，不獨絕州世。欲令嗣位守文君，亡國子孫取爲戒。君看驪山頂上茂陵……

海漫漫　戒求仙也

海漫漫，直下無底旁無邊。雲濤煙浪最深處，人傳中有三神山。山上多生不死藥，服之羽化爲天仙。蓬萊今古但聞名，煙水茫茫無覓處。海漫漫，風浩浩。眼穿不見蓬萊島，不見蓬萊不敢歸，童男丱女舟中老。徐福文成多誑誕，上元太一虛祈禱。不言藥，不言仙。不言白日昇青天。

史

立部伎，鼓笛諠。變舞劍，跳七丸。嫋巨索，掉長竿。

証

刺雅樂之替也。（太常選坐部伎無性識者，退入立部伎，又選立部伎絕無性識者，退入雅樂部，則雅樂之替可知矣。）

蔣

太常部伎有等級。堂上者坐堂下立。堂下立部鼓笛鳴。堂上坐部笙歌清。笙歌一曲（一作聲）衆側耳，鼓笛萬曲無人聽。立部賤，坐部貴。坐部退……

白

元

頭，畢竟悲風吹蔓草。何況玄元聖祖五千言，……

為立部伎。擊鼓吹笛和雜戲。立部又退何所任，始就樂縣操雅音。雅音替壞一至此。長令爾輩調宮徵。圓丘后土郊祀時，言將此樂感神祇。欲望鳳來百獸舞，何異北轅將適越。工師盡賤安足云，太常三卿爾何人！

華原磬　刺樂工非其人也

華原磬，古人不聽今人擊。泗濱石，今人不擊古人擊。今人古人何不同，用之捨之由樂工。樂工雖在耳如壁，不分清濁即爲聾。梨園弟子調宮商，不辨興亡能辨聲。華原磬與泗濱石，清濁兩音誰得知。

（天寶中，始鑄泗濱磬，用華原石代之。詢知鑄磬人即日故老云：泗濱磬下，調之不能和，得華原石，考之乃和，由是……不改。）

上陽火（一本有白髮二字）

愍怨曠也

（天寶五載以後，楊貴妃專寵，後宮人無復進幸矣。六宮有美色者，輒置別所，上陽是其一也，貞元中尚存焉。）

上陽人，上陽人。紅顏暗老白髮新。綠衣監使守宮門，一閉上陽多少春。玄宗末歲初選入，入時十六今六十。同時采擇百餘人，零落年深殘此身。憶昔吞悲別親族，扶入車中不教哭。皆云入內便承恩，臉似芙蓉胸似玉。未容君王得見面，已被楊妃遙側目。妒令潛配上陽宮，一生遂向空房宿。宿空房，秋夜長，夜長無寐天不明。耿耿殘燈背壁影，蕭蕭暗雨打窗聲。春日遲，日遲獨坐天難暮。宮鶯百囀愁厭聞，梁燕雙棲老休妒。鶯歸燕去長悄然，春往秋來不記年。唯向深宮望明月，東

― 22 ―

元白詩証史

西四五百迴圓。今日宮中年最老。大家遙賜尚書號。小頭鞵履窄衣裳。青黛點眉眉細長。外人不見見應笑，天寶末年時世（一作樣）妝。上陽人，苦最多，少亦苦，老亦苦！少苦老苦兩如何！君不見昔時呂向美人賦？（天寶末有密采艷色者當時號花鳥使呂向獻美人賦以諷之）又不見今日上陽宮人白髮歌？

胡旋女　戒近習也

（天寶末，康居獻之。）

胡旋女。胡旋女。心應絃，手應鼓。絃鼓一聲雙袖舉。迴雪飄颻（一作風飄颻）轉蓬舞。左旋右轉不知疲。千匝萬周無已時。人間物類無可比，奔車輪緩旋風遲。曲終再拜謝天子。天子為之微啟齒。胡旋女，出康居。徒勞東來萬里餘。中原自有胡旋者，鬥妙爭能爾不如。天寶季年時欲變，臣妾人人學圜轉。中有太真外祿山，二人最道能胡旋。梨花園中冊作妃。金雞障下養為兒。祿山胡旋迷君眼，兵過黃河疑未反。貴妃胡旋惑君心，死棄馬嵬念更深。從茲地軸天維轉，五十年來制不禁。胡旋女，莫空舞。數唱此歌悟明主。

折臂翁

（一作新豐折臂翁。）

戒邊功也

新豐老翁八十八。頭鬢眉鬚皆似雪。玄孫扶向店前行，左（一作右）臂憑肩右臂（一作左）折。問翁臂折來幾年，兼問致折因何緣。翁云貫屬新豐縣。生逢聖代無征戰。慣聽梨園歌管聲，（一作惱聲曆）不識旗槍與弓箭。無何天寶大徵兵。戶有三丁點一丁。點得驅將何處去，五月萬里雲南行。聞道雲南有瀘水，椒花落時瘴煙起。大軍徒涉水如湯，未過（一作戰）十人二三死。村南郵北哭聲哀。兒別爺娘夫別妻。皆云前後征蠻者，千萬人行無一回。是時翁年二十四。兵部牒中有名字。夜深不敢使人知，偸將（一作目把）大石雄折臂。張弓簸旗俱不堪，從茲始免征雲南。骨碎筋傷非不苦，且圖揀退歸鄉土。臂折來來六十年，一肢雖廢一身全。至今風雨陰寒夜，直到明天痛不眠。痛不眠，終不悔，且喜老身今獨在。應作雲南望鄉鬼，萬人家上哭呦呦。（雲南有萬人家即鮮于仲通李密曾覆軍之所今家猶在。）老人言，君聽取。君（一作何）不聞開元宰相宋開府。不賞邊功防黷武。（開元初宋璟數犯顏切諫時天武牙將張嵩笺出使因引特勒問羈囘鶻部落斬叟欷歔獻首于闕下自謂有不世之功思募人割之前後毀二十餘萬衆去無返者又捉人遷枷迁役天下怨哭人不）又聞天寶宰相楊國忠。欲求恩幸立邊功。邊功未立生人怨，請問新豐折臂翁。

聊生故藜山得乘人心而盜天下元和初而折臂翁猶存因傭歌之）

太行路　借夫婦以諷君臣之不終也

太行之路能摧車，若比君心（一作人心下同）是坦途。巫峽之水能覆舟，若比君心是安流。君心好惡苦不常。好生毛羽惡生瘡。與君結髮未五載，豈期牛女爲參商。古稱色衰相棄背，當時美人猶怨悔。何況如今鸞鏡中。妾顏未改君心改。爲君薰衣裳，君聞蘭麝不馨香。爲君盛容飾，君看珠翠無顏色。行路難，難於山，險於水。不獨人家夫與妻，近代君臣亦如此。君不見，左納言，右納史。朝承恩，暮賜死。行路難，不在水，不在山。只在

人情反覆間。

司天臺　引古以儆今也

司天臺，仰觀俯察天人際。羲和死來職事廢。官不求賢空取藝。昔聞西漢元成間。下棱上蔽蒼昊天。

—24—

北辰微暗少光色。四星煌煌如火赤。耀芒動角射三台。上台半滅中台坼。是時非無太史官。眼見心知不敢言。明朝趨入明光殿。唯獻慶雲壽星見。天文苟變兩如斯。九重天子不得知。不得知，安用臺高百尺爲。

捕蝗　　刺長吏也　（地方長吏）

捕蝗捕蝗誰家子。天熱日長饑欲死。興元兵久（一作革）傷陰陽。和氣蠱化爲蝗蟲。始自兩河及三輔。膴食如雲飛似雨。雨飛蠱食千里間。不見青苗空赤土。河南長吏言憂農。課人夜夜捕蝗蟲。一蝗雖死百蝗來。豈將人力竟天災。我聞古之良吏有善政。以政驅蝗蝗出境。又聞貞觀之初道欲昌。文皇仰天吞一蝗。一人有慶蝗不爲害。（貞觀二年太宗吞蝗蟲事見貞觀實錄）

昆明春　　思王澤之廣被也　（貞元中始彊之。）

昆明春。昆明春。春池岸古春流新。影浸南山青滉瀁。波沉西日紅奫淪。往年因旱靈池竭。龜尾曳塗魚噞沫。詔開八水注恩波。千介萬鱗同日活。今來淨綠水照天。游色鱍鱍蓮田田。洲香杜若抽心短。沙暖鴛鴦鋪翅眠。動植飛沉性皆遂。數澤如春無不被。漁者仍豐網罟資。貧人久獲菰蒲利。詔以昆明近帝城。官家不得收其征。菰蒲無租魚無稅。近水之人感君惠。感君惠，獨何人。吾聞率土皆王民。遠民何疏近何親。顧惟此恩及天下。無遠無近同一家（一作皆）忻忻。吳興山中罷榷茗，鄱陽坑冶休税銀。天涯地角無禁利，熙熙同似昆明春。

元白詩証史

美聖謨而諷邊將也（貞元壬申歲，特詔城之。）
城鹽州。

城鹽州，城鹽州。城在五原原上頭。蕃東節度燈闕布。忽見新城當要路。金烏飛傳賛普聞。建牙傳箭集群臣。君臣赪面有憂色。皆言勿謂唐無人。目築鹽州十餘載。左衽氈裘不犯塞。靈牧牛羊俟夜提。唯此一道無煙塵。蕃曼急蕃勞戍人。吾聞高宗中宗世。北廝猖狂最難制。韓公創築受降城。三城鼎峙屯漢兵。東西互絕數千里。耳冷不聞胡馬聲。如今邊將非無策。心笑韓公築城壁。相看養寇為身謀。各據強兵固恩澤。願分今日邊將。吾聞韓公封子孫。韓公家人封子孫。吾聞胡為寒。詎能將此鹽州田。翻作歌詞聞至尊。

道州民　美賢臣遇明主也　　（前半從選錄）

道州民，多侏儒。長者不過三尺餘。市作矮奴年進奉。號為道州任土貢。任土貢，寧若斯。不聞使人生別離。老翁哭孫母哭兒。一自陽城來守郡。不進矮奴頻詔問。城云臣按六典書。任土貢有不貢。道州民，老者幼者何欣欣。父兄子弟始相保。從此得作良人身。道州民，民到于今受其賜。欲說使君先下淚。仍恐兒孫忘使君。生男多以陽為字。

驯犀　感為政之難終也

馴犀馴犀通天犀。馳貌駿人拘嶺維。海蠻聞有明天子。驅犀牽來萬里。一朝得謁大明宮。歡呼拜舞自論功。五年馴養始堪獻。六譯蕃音方得通。上嘉人獸俱來遠。蠻館四方犀入苑。

（貞元丙戌歲，南海進馴犀，詔納苑中，至十三年冬大寒，馴犀死矣。立名諱：李紳傳作貞元內子，且貞元至甲申乙酉而止，無丙戌年，此注當屬傳寫之誤也。）

—26—

271

元白詩證史

故鄉沼遞君門深。海島不知鐘鼓樂，池魚空結江湖心。馴犀生處南方熱。秋深白露冬無雪。一入上林三四年，又逢今歲苦寒月。飲冰臥霄苦蹐跼，角凍傷鱗甲縮。（犀有同紋毛如鱗）馴犀死，蠻兒啼。向闕再拜顏色低。奏玄生蹄本國去，恐身凍死似馴犀。君不見建中初，馴象生還放林邑，（建中元年詔盡出苑中馴象放歸南方也）君不見貞元末，馴犀凍死蠻兒泣。所嗟建中異貞元，象生犀死何足言。

五絃彈

惡鄭之奪雅也

五絃彈，五絃彈，聽者傾耳心寥寥。趙璧知君入骨愛，五絃一一為君調。第一第二絃索索，秋風拂松疏韻落。第三第四絃泠泠，夜鶴憶子籠中鳴。第五絃聲最掩抑，隴水凍咽流不得。五絃並奏君試聽，諸淒切兮復錚鏦。鐵擊珊瑚一兩曲，冰寫玉盤千萬聲。鐵聲殺，冰聲寒。（今本選此六字不聯貫矣）殺聲入耳膚血憯，寒氣中人肌骨酸。曲終嶷嶷然白變生。四座相對愁無言。（座中有一遠方士，唧唧容聲不已。白歎今朝初得聞，始覺孤貧有生耳。唯憂趙璧白變生。老死人間無此聲。遠方士，耳（一作啊）聽五絃信為美。何榮絲疎越飽愁歌，吾聞正始之音真若。融融曳曳召元象，聽之不覺心平和。人情重今多賤古，古琴有絃人不撫。更從趙璧藝成來，二十五絃不如五。

蠻子朝

刺將驕而相備位也

（增李傳云：貞元末，蜀中始通巂州）

蠻子朝，泛皮船兮渡繩橋。來自巂州道路遙。入界先經蜀川（一作道）過。蜀將收功先表賀。臣聞雲南六詔蠻。東連牂牁西接番。六詔星居初瑣碎，合為一詔漸強大。開元皇帝雖聖神。唯蠻倔強不來賓。鮮于仲通統六萬卒。征蠻一陷全軍沒。至今西洱河岸邊，箭孔刀痕滿枯骨。（天寶十三載鮮于仲通統兵六萬討蠻南王閤羅鳳于西洱河全軍覆沒也。）誠由陛下休明德，亦頗微臣誘勳功。德宗省表如此。笑令中使迎蠻子。蠻子導從者誰何。麼娑俗羽限物。清平官持赤藤杖，大將軍繫金呿嗟。（皮帶也）（增一）異年尊男尊閤勁。特敕召赴蓬萊殿。上心貴在懷遠蠻。引臨玉墀近天顏。冕旒不垂親勞徠。賜衣賜食移時對。移時對，不可得。大臣相看有美色。可憐宰相拖紫佩金章，朝日唯聞對一刻。

驃國樂 欲王化之先邇後遠也 （貞元十七年來獻。）

驃國樂，驃國樂。出自大海西南角。雍羌之子舒難陀。來獻南音奉正朔。德宗立仗御紫庭。黈纊不塞為爾聽。玉螺一吹椎髻聳。銅鼓一擊文身踊。珠纓炫轉星宿搖。花鬘斗藪龍蛇動。曲終王子啟聖聰。（元注：何翁省）至尊德廣之所及。須使百蠻詣闕門。開君政化黃聖明。欲感人心致太平。感人在近不在遠。太平由實非由聲。觀身理國國可濟。君如心兮民如體。體生疾苦心慘悽。民得和平君愷悌。貞元之民若未安。驃樂雖聞君不歡。貞元之民苟無病。驃樂不來君亦聖。驃樂驃樂徒喧喧。不如閉此暫還鞞。

縛戎人

縛戎人。涼窮民之情也。

（元云：近制西邊每擒蕃囚，例皆傳置南方，不加剿戮。）

縛戎人。耳穿面破驅入秦。天子矜憐不忍殺。詔徙東南吳與越。黃衣小使錄姓名。領出長安乘遞行。身被金瘡面多瘠。扶病徒行日一驛。朝飡飢渴費杯盤，夜臥腥臊污牀席。忽逢江水憶交

元白詩證史

汪立名本白香山詩集卑

河，垂手齊聲（一作唱）唱胡歌其中一廝諝諝，爾苦非多我苦多。同伴行人因借問。欲說喉中氣憤憤。自云鄉管（一作朔）本涼原。大唐年中沒落番。一落番中四十載。蕃心密定歸鄉計，不使番中妻子知帶。唯許正朝（一作朔）服漢儀，斂衣整巾潛（一作暗）淚垂。（有李如暹者，蓬子將軍之子也。嘗沒蕃中。自云蕃法唯正歲一日許唐人之沒蕃者服唐衣冠。由是悲不自勝，遂密定歸計也。）暗思幸有殘筋骨，（一作力）更恐年衰歸不得。蕃候嚴兵鳥不飛。脫身冒死奔逃歸。晝伏宵行經大漠。雲陰月黑風沙惡。驚藏青冢寒草疏，偷度黃河夜冰薄。忽聞漢軍鼙鼓聲。路傍走出再拜迎。游騎不聽能漢語。將軍遂縛作蕃生。配向江南卑濕地。定無存卹空防備。念此吞聲仰訴天。若爲辛苦度幾年。涼原鄉井不得見，胡地妻兒虛棄捐。沒蕃被囚思漢土。歸漢被劫爲蕃虜。早知如此悔歸來，兩地寧如一處苦。縛戎人，我人之中我苦辛。自古此寃應未有，漢心漢語吐蕃身。

驪宮高　美天子重惜人之財力也

驪宮高高驪山上有宮。朱樓紫殿三四重。遲遲兮春日。玉甃煖兮溫泉溢。嫋嫋兮秋風。山蟬鳴兮宮樹紅。翠華不來兮歲月久，㠆有衣兮瓦有松。吾君在立巳五載，何不一幸於（一作乎）其中。西去都門幾多地。吾君不遊有深意。一人出兮不容易。六宮從兮百司備。八十一車千萬騎，朝有宴飲暮有賜。中人之產數百家，末足充君一日費。吾君修己人不知。不自逸兮不自娛。吾君寡人人人不識，不賜財兮不傷（一作賞）力。纖宮高兮高入雲。君之來兮爲一身。君之不來兮爲（一本有千字）萬人。

元白詩証史

百鍊鏡　辨皇王鑒也

百鍊鏡，鎔範非常規，日辰處靈且奇。江心波上舟中鑄，五月五日日午時。瓊粉金膏磨瑩已。化為一片秋潭水。鏡成將獻蓬萊宮。揚州長吏手自封。（一作鈿函金匣鏁幾重）人間臣妾不合照：

（一作用）背有九五飛天龍。人人呼為天子竟，我有一言聞太宗。太宗常以人為鏡，鑒古鑒今不鑒

容。四海安危居掌内，百王治亂懸心中。乃知天子別有鏡，不是揚州百鍊銅。

寄石　激忠烈也

青石出自藍田山。兼車運載來長安。工人磨琢欲何用，石不能言我代言。不願作人家墓前神道碣，墳土未乾名已滅。不願作官家道傍德政碑，不鐫實錄鐫諛辭。願為顏氏段氏碑。雕鏤太尉與太師。刻此兩片堅貞質。狀彼二人忠烈姿。義心如石屹不轉，死節如石確不移。如觀奮擊朱泚日，似見

嗚希烈時。各於其上題名謚。一置高山一沉水。陵谷雖遷碑獨存。骨化為塵名不死。長使不忠不烈

臣。觀碑改節慕為人。慕為人。勸事君。

兩朱閣　刺佛寺寖多也

兩朱閣，南北相對起。借問何人家？貞元雙帝子。帝子吹簫雙得仙，五雲飄颻飛上天。第宅亭臺不

將去，化為佛寺在人間。妝閣妓樓何寂靜，柳似舞腰池似鏡。花落黃昏悄悄時，不聞歌吹聞鐘磬。

寺門勅榜金字書。尼院佛庭寬有餘。青苔明月多閒地，比屋齊人無處居。憶昨平陽宅初賣）吞許平

人幾家地。仙去雙雙作覺宮，漸染人家盡為寺。

30

元白詩證史

西涼伎，刺封疆之臣也。

西涼伎，假面胡人假獅子。刻木為頭絲作尾。金鍍眼睛銀帖齒。奮迅毛衣擺雙耳。如從流沙來萬里。紫髯深目兩胡兒，鼓舞跳梁前致辭。應似涼州未陷日，安西都護進來時。須臾云得新消息。安西路絕歸不得。泣向獅子涕雙垂。涼州陷沒知不知。獅子回頭向西望，哀吼一聲觀者悲。貞元邊將愛此曲。醉坐笑看看不足。享（一作娛）實為士宴監軍。獅子胡兒邀在目。有一征夫年七十。見弄涼州低面泣。泣罷斂手白將軍。主憂臣辱昔所聞。自從天寶兵戈起。大戎日夜吞西鄙。涼州陷來四十年，河隴侵將七千里。平時安西萬里疆。今日邊防在鳳翔。（平時明遠門外立堠云去安西九千九百里以示戍人不為萬里行其實就盤數也今峯漢便往來悉在鄜州交易也。）緣邊空屯十萬卒。飽食溫衣閒過日。遺民腸斷在涼州。將卒相看無意收。天每思常痛惜，將軍欲說合慚羞。奈何仍看西涼伎。取笑貪歡無所愧。縱無智力未能收。忍取西涼弄為戲。

八駿圖　誡奇物懲佚游也。

穆王八駿天馬駒。後人愛之寫為圖。背如龍兮頸如象。（一作鳥）骨竦筋高脂肉壯。（一作少）日行萬里疾如飛。穆王獨乘何所之。四荒八極蹋欲遍，三十二蹄無歇時。屬車軸折趁不及，黃屋草生。明堂不復朝諸侯。白雲黃竹（王母）歌聲動地哀。瑤池西赴王母宴。七廟經年不親薦。璧螢南與盛姬遊。一人荒樂萬人愁。周從后稷至文武。積德累功世勤苦。瑤池宴穆天子所歌之曲也。（瑧）歌聲動，一人荒樂萬人愁。豈如縊絕五代係，心輕王業如灰土。由來尤物不在大。能蕩君心即為害。女帝卻之不肯乘。徒令父老空稱歎。穆王得之不為戒。八駿圖來周室壞。至今此物世稱珍，不知房星之精下為怪。八駿圖，君莫愛。

有松百尺大十围，生在涧底寒且卑。涧深山险人路绝，老死不逢工度之。天子明堂欠梁木，此求彼有两不知。谁谕苍苍造物意。但与之材不与地。金张世禄黄宪贤，牛衣寒贱犹尘衣。高下虽有殊。高者未必贤，下者未必愚。君不见沈沈海底生珊瑚。历历天上种白榆。〔一按英莲辨证白居易涧底松金张世禄黄宪贤黄宪贤本牛衣儿而集本作原宪贫详上下句黄宪贤是〕

卷二十八 牡丹芳
牡丹芳。美天子忧农也。

牡丹芳，牡丹芳。黄金蕊绽红玉房。千片赤英霞烂烂，百枝绛焰灯煌煌。照地初开锦绣段，当风不结兰麝囊。仙人琪树白无色，王母桃花小不香。宿露轻盈泛紫艳，朝阳照耀生红光。红紫二色间深浅，向背万态随低昂。映叶多情隐羞面，卧丛无力含醉妆。低娇笑容疑掩口，凝思怨人如断肠。浓姿贵彩信奇绝，杂卉乱花无比方。石竹金钱何细碎，芙蓉芍药苦寻常。遂使王公与卿相，游花冠盖日相望。庳车软舆贵公子，香衫细马豪家郎。卫公宅静闭东院，西明寺深开北廊。戏蝶双舞看人久，残莺一声春日长。共愁日照芳难驻，仍张帷幕垂阴凉。花开花落二十日，一城之人皆若狂。三代以还文胜质，人心重华不重实。重华直至牡丹芳，其来有渐非今日。元和天子忧农桑，恤下动天天降祥。去岁嘉禾生九穗，田中寂寞无人至。今年瑞麦分两歧，君心独喜无人知。无人知，可叹息。我闻惠求造化力，减却牡丹妖艳色。少回卿士爱花心，同似吾君忧稼穑。

卷二十九 红线毯
红线毯。忧蚕桑之费也。

红线毯。择茧缲丝清水煮，拣丝练线红蓝染。染为红线红于花，织作披香殿上毯。披香殿广十丈余，红线织成可殿铺。彩丝茸茸香拂拂，线软花虚不胜物。美人蹋上歌舞来，罗袜绣鞋随步没。太原毯涩

《元白诗证史·选诗》旁批（影印）

繅絲八尺波鱗鱗……

暖，少奪人衣作地衣。（貞元中宣州進開樣加絲毯）

杜陵叟，傷農夫之困也

杜陵叟，杜陵居。歲種薄田一頃餘。三月無雨旱風起。麥苗不秀多黃死。九月降霜秋早寒。禾穗未熟皆青乾。長吏明知不申破。急斂暴徵求考課。典桑賣地納官租。明年衣食將何如。剝我身上帛。奪我口中粟。虐人害物即豺狼。何必鉤爪鋸牙食人肉。不知何人奏皇帝。帝心惻隱知人弊。白麻紙上書德音。京畿盡放今年稅。昨日里胥方到門。手持尺牒牓鄉村。十家租稅九家畢，虛受吾君蠲免恩。

繚綾，念女工之勞也

繚綾繚綾何所似。不似羅綃與紈綺。應似天台山上明月（一作月明）前。四十五尺瀑布泉。中有文章又奇絕。地鋪白煙花簇雪。織者何人衣者誰。越溪寒女漢宮姬。去年中使宣口敕。天上取樣人間織。織為雲外秋雁行。染作江南春水色。廣裁衫袖長製裙。金斗熨波刀剪紋。異彩奇文相隱映。轉側看花花不定。昭陽舞人恩正深。春衣一對直千金。汗沾粉汙不再著。曳土踏泥無惜心。繚綾織成費功績（一用合）

莫比尋常繒與帛。絲細繰多女手疼。扎扎千聲不盈尺。昭陽殿裏歌舞人，若見織時應也（一用合）

寶成命。苦宮市也。

元白詩証惜。

— 33 —

賣炭翁

賣炭翁，伐薪燒炭南山中。滿面塵灰煙火色，兩鬢蒼蒼十指黑。賣炭得錢何所營，身上衣裳口中食。可憐身上衣正單，心憂炭賤願天寒。夜來城外一尺雪，曉駕炭車輾冰轍。牛困人飢日已高，市南門外泥中歇。兩騎翩翩來是誰，黃衣使者白衫兒。手把文書口稱敕，迴車叱牛牽向北。一車炭重（一本無重字）千餘斤，宮使驅將惜不得。半匹紅紗一丈綾，繫向牛頭充炭直。

母別子

母別子，子別母，白日無光哭聲苦。關西驃騎大將軍，去年破虜新策勳。敕賜金錢二百萬，洛陽迎得如花人。新人迎來舊人棄，掌上蓮花眼中刺。迎新棄舊未足悲，悲在君家留兩兒。一始扶行一初坐，坐啼行哭牽人衣。以汝夫婦新燕婉，使我母子生別離。不如林中烏與鵲，母不失雛雄伴雌。應似園中桃李樹，花落隨風子仍（一作任）枝。新人新人聽我語，洛陽無限紅樓女。但願將軍重立功，更有新人勝於汝。

陰山道

陰山道 疾貪虜也（按竿原云：元和二年，有詔悉以金銀翻同鶻馬價。）

陰山道，陰山道，紇邏敦肥水泉好。每至戎人送馬時，道傍千里無纖草。草盡泉枯馬病羸，飛龍但印骨與皮。五十匹縑易一匹，縑去馬來無了日。養無所用去非宜，每歲死傷十六七。縑絲不足女工苦，疏織短截充匹數。藕絲蛛網三丈餘，回鶻訴將無用處。咸安公主號可汗（胡買反），遠爲可汗頻奏論。元和二年下新敕，內出金帛酬馬直。仍詔江淮馬價縑，縑漸好，馬漸多。陰山虜，奈爾何。

時世妝

時世妝，時世妝，出自城中傳四方。時世流行無遠近，顋不施朱面無粉。烏膏注脣脣似泥，雙眉畫作

元白詩證史

八字低。研青黑白失本態，妝成盡似含悲啼。圓鬟無鬢椎髻樣，斜紅不暈赭面狀。昔聞被髮伊川中。辛有見之知有戎。元和妝梳君記取，髻鬟面靨非華風。

李夫人　鑒嬖惑也。

漢武帝，初喪李夫人。夫人病時不肯別，死後留得生前恩。君恩不盡念未已，甘泉殿裏要令寫真。丹青畫出竟何益，不言不笑愁殺人。又令方士合靈藥，玉釜煎鍊金爐焚。九華帳深夜悄悄，反魂香降夫人魂。夫人之魂在何許。香煙引到焚香處。既來何苦不須臾，縹緲悠揚還滅去。去何速兮來何遲。是邪非邪兩不知。翠蛾髣髴平生貌，不似昭陽寢疾時。魂之不來君心苦，魂之來兮君亦悲。背燈隔帳不得語。安用暫來還見違。傷心不獨漢武帝，自古及今皆若斯。君不見穆皇三日哭，重璧臺前傷盛姬。又不見泰陵一抔淚，馬嵬坡下念楊妃。縱令妍姿艷質化為土，此恨長在無銷期。生亦惑。死亦惑。尤物惑人忘不得。人非木石皆有情，不如不遇傾城色。

陵園妾　託幽閉喻被讒遭黜也

陵園妾。顏色如花命如葉。命如葉薄將奈何。一奉寢宮年月多。年月多，時光換。春愁秋思如何限。青絲髮落叢鬢疏，紅玉膚銷繫裙綻。憶昔宮中被妒猜。因讒得罪配陵來。老母啼呼趁車別，中官監送鏁門迴。山宮一閉無開日。未死此身不令出。松門到曉月徘徊，柏城盡日風蕭瑟。松門柏城幽閉深。聞蟬聽燕感光陰。眼看菊蕊重陽淚，手把梨花寒食心。把花掩淚無人見，綠蕪牆遶青苔院。四季徒支妝粉錢，三朝不識君王面。遙想六宮奉至尊，宣徽每夜雙浴堂春。雨露之恩不及者，猶聞不啻三千人。我閉君恩何厚薄，願令輪轉直陵園。三歲一來均苦樂。

盐商妇　恶幸人也

盐商妇，多金帛，不事田农与蚕绩。南北东西不失家，风水为乡船作宅。本是扬州小家女，嫁得西江大商客。绿鬟溜去金钗多，皓腕肥来银钏窄。前呼苍头后叱婢，问尔因何得如此。婿作盐商十五年，不属州县属天子。每年盐利入官时，少入官家多入私。官家利薄私家厚，盐铁尚书远不知。何况江头鱼米贱，红脍黄橙香稻饭。饱食浓妆倚柁楼，两朵红颜花欲绽。盐商妇，有幸嫁盐商。终朝美饭食，终岁好衣裳。好衣美食来何处（一作有来）亦须惭愧桑弘羊。桑弘羊，死已久。不独汉时今亦有。

杏为梁　刺居处奢也

杏为梁，桂为柱。何人堂室李开府。碧砌红轩色未乾，去年身没今移主。高其墙，大其门。谁家第宅过渭滨。秦泥朱板光未灭，今日官收别赐人。开府之堂将作宅。逆旅蹔居，蹔居逆旅中，心里犹言非。真是主人身是客，里中传作奉敕图。君不见马家宅，尚犹存。君不见魏家宅，属他人。招贤赐（元和四年诏将以官钱赎魏徵胜业坊中第宅以还其孙用奖忠谠）傥存荩奭今在目。安用高墙大屋。（盖感五代代系也）

井底引银瓶　止淫奔也

井底引银瓶，银瓶欲上丝绳绝。石上磨玉簪，玉簪欲成中央折。瓶沉簪折知奈何，似妾今朝与君别。忆昔在家为女时，人言举动有殊姿。婵娟两鬓秋蝉翼，宛转双蛾远山色。笑随戏伴后园中，此时与君未相识。妾弄青梅凭短墙，君骑白马傍垂杨。墙头马上遥相顾，一见知君即断肠。知君断肠共君语，君指南山松柏树。感君松柏化为心，暗合双鬟逐君去。到君家舍五六年，君家大人频有言。聘则为妻奔是妾，不堪主祀奉苹蘩。

（36）

《元白诗证史·选诗》旁批（影印）

281

元白詩証史

是妾，不堪主祀奉蘋蘩。終知君家不可住。其奈出門無去處。豈無父母在高堂。亦有親戚滿故鄉。來使不通媒妁言。今日悲羞歸不得。爲君一日恩。誤妾百年身。寄言癡小人家女，慎勿將身輕許人！

官牛　諷執政也

官牛官牛駕官車，滻水岸邊般載沙。一石沙，幾斤重，朝載暮載將何用。載向五門官道西，綠槐陰下鋪沙堤。昨來新拜右丞相，恐怕泥塗汚馬蹄。緣沙雖淨濘，繞沙堤，右丞相，但能濟人治國調陰陽，官牛領穿亦無妨。

紫毫筆　諷失職也

紫毫筆，尖（一作銛）如錐兮利如刀。江南石上有老兔，喫竹飲泉生紫毫。宣城工人采爲筆，千萬毛中選（一作揀）一毫。一毫雖輕，功甚重。管勒工名充歲貢。君兮臣兮勿輕用，勿輕用，將何如？願賜東西府御史，願頒左右臺起居。起居郎，侍御史。爾知紫毫不易致，每歲宣城進筆時，紫毫之價如金貴。慎勿空將（一作除）臣有姦邪正衙奏。君有動言直筆書。

隋堤柳　憫亡國也

隋堤柳，歲久年深盡衰朽。風飄飄兮雨蕭蕭，三株兩株汴河口。老枝病葉愁殺人，曾經大業年中春。大業年中煬天子，種柳成行夾流水。西至黃河東至淮，綠影一千三百里。大業末年春暮月。柳色如煙絮如雪。南幸江都恣佚遊。應將此柳繫龍舟。紫髯郎將護錦纜，奇娥御史直迷樓。海內財力此時竭，舟中歌笑何日休。上荒下困勢不久，宗社之危如綴旒。煬天子，自言福祚長（一作崇）無窮，豈知皇

— 37 —

子封鄭公。龍舟未過彭城閣，義旗已入長安宮。蕭蕭禍生人事變，晏駕不得歸秦中。土墳數尺何處葬？吳公臺下多悲風。二百年來汴河路，沙草和煙朝復暮。後王何以鑒前王，請看隋堤亡國樹。（一本綴下多煬天子目言殊無謂嘗知明年正朝歸）

草茫茫

草茫茫，懲厚葬也。

草茫茫，土蒼蒼。蒼蒼茫茫在何處。驪山腳下秦皇墓。墓中下澗二重泉，當時自以為深固。下流水銀象江海，上綴珠光作烏兔。別為天地於其間，擬將富貴隨身去。一朝盜掘墳陵破。龍槨神堂三月火。可憐寶玉歸人間，暫借泉中買身禍。奢者狼藉儉者安。一凶一吉在眼前。憑君問向驪山道，漢武墳邊溺陵原。

中藏。

古冢狐

古冢狐，戒豔色也。

古冢狐，妖且老。化為婦人顏色好。頭變雲鬟面變妝（一作顏）。大尾曳作長紅裳。徐徐行傍荒邨路。日欲暮時人靜處。或歌或舞或悲啼。翠眉不舉花顏（一作顏）低。忽然一笑千萬態。見者十人八九迷。假色迷人猶若是。真色迷人應過此。人心惡假貴重真。狐假女妖害猶淺。一朝一夕迷人眼。女為狐媚害即深。日長月長溺人心。何況褒妲之色善蠱惑。能喪人家傾人國。君看為害淺深間，豈將假色同真色？

黑龍潭〔一作邨〕深。

黑龍潭，疾貪吏也。

黑潭水深色如墨。傳有神龍人不識。潭上架屋官立祠，龍不能神人神之。炎凶水旱與疾疫，鄉里皆言龍所為。家家養豚澆清酒。朝祈暮賽依巫口。神之來兮風颯颯。紙錢動兮錦繖搖。神

—— 38 ——

之去兮飃亦飄。香火滅兮盂盤冷。肉堆潭岸石，酒潑廟前草。不知龍神享幾多，林鼠山狐長醉飽。狐

何辜？豚何辜。年年殺豚將飯狐。狐假龍神食豚豝，九重泉底龍知無？

天可度　　懸詐人也　誹李臺兩也

天可度，地可量。唯有人心不易防。但見丹誠赤如血，誰知僞言巧似簧。勸君掩鼻君莫掩，使君夫婦

爲參啇。勸見掘蜂君莫掘，使君父子成豺狼。海底焦兮天上鳥，高可射兮深可釣。唯有人心相對時，咫

尺之間不能料。君不見李夢府之輩欣欣。笑中有刀潛殺人。陰陽神變皆可測，不測人間笑是嗔。

秦吉了　　哀寃民也　新樂府……

秦吉了，出南中。彩毛青黑花頸紅。耳聰心慧舌端巧，鳥語人言無不通。昨日長爪鳶，今朝大觜烏。

鳶捎乳燕一窠覆，烏咮母雞變眼枯。雞號墮地燕驚去，然後拾卵攫其雛。豈無鷹與隼，今朝中肉飽不肯搏。

亦有鸞鶴群。閑立颺高如不聞。秦吉了。人云爾是能言鳥。豈不見

燕之寃苦。吾聞鳳凰百鳥主。爾

竟不爲鳳凰之前致一言，安用噪噪（一作喋喋）閒言語。

鴉九劍　思決雍也

歐冶子死千年後，精靈暗授張鴉九。

鴉九鑄劍吳山中，天與日時神借功。

金鐵騰精火翻紅，踴躍求爲

鏌鋣劍。劍成未試人先酬，有客持金買一瓶。

誰知閑匣長思用。不如將我決浮雲，無令漫漫蔽白日。

爲君使無私之光及萬物。蒼蠅點蘇玷草出。

采诗官　监前王乱亡之由也

采诗官，采诗听歌导人言。言者无罪闻者诫，下流上通上下泰。周灭秦兴至隋氏，十代采诗官不置。郊庙登歌赞君美，乐府艳词悦君意。若求兴谕规刺言，万句千章无一字。不是章句无规刺，渐及朝廷绝讽议。诗臣杜口为冗员，谏鼓高悬作虚器。一人负扆常端默，百辟入门两自媚。夕郎所贺皆德音，春官每奏唯祥瑞。君之堂兮千里远，君之门兮九重閟。君耳唯闻堂上言，君眼不见门前事。贪吏害民无所忌，奸臣蔽君无所畏。君不见厉王胡亥（一作炀帝）之末年，群臣有利君无利？君兮君兮愿听此。欲开壅蔽（一本作君兮君兮若娶除贪害开壅蔽）达人情，先向歌诗求讽刺。

—— 40

附

录

附录一　《辩证唯物主义》

（1956 年 2 月至 6 月）

整理说明：梁方仲先生对名家授课、讲演，均认真听课并做笔记。对一些公开课（包括夜大学的课），皆采取同样态度。三个附录辑录的是 1956 年至 1957 年他参加中山大学三门公开课的听课笔记。从中我们可以窥见其一生好学、与时俱进的精神。

1956 年 2 月 23 日　星期四下

第一部分　绪论

第一题　ML[①]主义哲学的对象

Ⅰ．哲学是什么？

1. 哲学的定义。

哲学是世界观，存在规律、认识规律的统一理解，世界观的体系，是一种意识形态。

在生产过程中的地位中各人有其一定的哲学思想。

工人阶级也不能自发地达到 ML 世界观，必须在斗争中、党的领导下，才可有自觉地达到。

L.[②] "我们接受什么遗产？"

人们的世界观与阶级利益不可分割。

2. 哲学的两个基本派别：唯心与唯物。

第一方面：存在（物质）对思维（意识）的关系问题（先后，第一性与第二性，谁决定谁）。

---

① 马克思列宁主义英文缩写。

② 列宁英文缩写。下文亦写作 Lenin。

第二方面：唯物论认为世界是可认识。唯心论，不可认识（反映）。

两种派别的斗争是政治、经济斗争在思想上斗争的延续，进步阶级客观地反映现象，反动阶级掩盖事实、颠倒是非为旧制度辩护。

唯物主义与科学密切结合起来，唯心是反科学的，且反对科学。

对宗教的态度：唯物者采无神态度（Marx[①]：宗教是人民的"鸦片"。在原始社会无阶级时亦无宗教），上帝安排论乃瓦解人民斗争的手段。"僧侣主义的精巧形式。"

3. 辩证方法和形而上学是两种对立的方法。

方法是我们考察事物的形式和途径，它是与理论统一的，不可分的。

方法本身在客观世界上不存在，随人而异。

哲学是社会各阶级对整个世界的观点体系。

Ⅱ. Dial. mat.[②] 是共产党的世界观

1. ML 主义的哲学是关于自然界、社会和思维的发展的最一般的规律的科学（三大领域）。

毛主席"科学态度是实事求是"的精神。

研究一般的规律与内在规律（具体的、某一方面的）。

一般规律——在三大领域内经常起作用的。

Dial. mat 从发展中掌握规律，规律即发展，没有不发展的规律。

事物本身（第一性）、规律（客观反映、第二性）二者有一定关连，但不可混同。

"辩证唯物主义"与"唯物主义辩证法"的定义是相同的（后者＝主观辩证法）。

主观辩证法是客观辩证法的科学反映。

2. ML 主义哲学中辩证法和唯物主义理论的统一。

---

① 马克思。

② 辩证唯物主义英文缩写。下文亦写作 Dia. mat.、D. m.。

两者的对象是一样的，为什么一定统一？

①彻底的辩证法必然是唯物主义的。

②彻底的唯物主义必然是辩证的（不是孤立的，是发展的）。

如对统一有任何分裂，均为破坏 ML 主义哲学，机会主义者企图割裂 ML 主义哲学，滚入唯心主义泥坑中。

ML 主义没有零售，不能挑选。

3. 辩证唯物主义和其他科学的相互关系。

两者不能互相代替，科学不能代替哲学，辩证唯物主义不是"科学之科学"，乃一门科学。

两者亦不能割裂开来，两者之间存在密切的连系。辩证唯物主义乃各种科学的哲学概括（及其方法论），各种科学在辩证唯物主义的指导之下不断地发展，回过头来丰富后者的内容。后者指导前者，如下三方面：

（1）指出发展方向，在实践基础上产生，离开生活没有科学，从思想上帮助它。

指出必须为政治服务，为社会主义服务，政治向科学提出无数任务，推动其发展。

（2）帮助科学家进行思想改造及提高。

（3）以正确观点与方法武装科学家。

搜集材料→解释（运用一定观点与方法）

以上三者皆与共产党的领导分不开，后者为决定的因素。

党对科学领导的实质，乃用辩证唯物主义的武器来指出科学研究方向。

唯心主义的科学研究，必然引导至危机。

4. 辩证唯物主义和共产党的政策之间，理论和实践之间的不可分割的内部联系。——此为最基本的命题。

党的方针、政策和决议乃行动中的辩证唯物主义，活生生的。由此可知这些方针、政策和决议是党用辩证唯物主义方法制定的，而且必然正确，战无不胜。

从全面客观发展来看问题。

毛主席今年1月25日谈话，着重报告"农业合作化的步骤必须与社会主义工业化的步骤相适应"。考察出农村中的阶级关系，农村客观发展形势，突破了右倾保守思想的束缚，这乃是思想基础的胜利。

今年1月又提出了新的客观形势，是工业（以至文化）应赶上农业发展的速度与规模。（《农业纲要》四十条）

不能以旧眼光来看新问题。

周总理报告："十二年达到世界水平。"一是从客观根据出发的；苏援、新民主主义国家合作、解放后我国科学家之进步等条件。

3月2日　星期五

第二题　ML主义与前哲学中的唯物主义和唯心主义的斗争

Ⅰ．引言

1. 哲学史是唯物主义和唯心主义斗争中发展的历史，M'ism① 以前的唯心主义的基本形式。

哲学史是自然、社会发展规律在人们意识中的科学反映，全部哲学史就是辩证唯物论的胚胎及发展的历史。所以它的分期可分为两大时期，根据两大原则来分期：①哲学党性的原则——阶级斗争在思想领域上集中的表现。②根据（自然）科学的发展来分哲学的阶段（从自然观来表达世界观）。

唯物主义三个阶段（或形态）：①古代奴隶制度中的唯物主义。②资产阶级革命时期的唯物主义。③俄国革命民主派的唯物主义。

2. 各种唯心主义及其阶级根源和认识论根源。

（1）主观唯心主义（亦名唯我主义）。——但"绝对观念"、"宇宙精神"等则属于。

（2）客观唯心主义——指超乎任何主体的意识而言，其结果乃复

---

① 马克思主义英文缩写。

归于哲学家本人的解释。

以上两种，不能绝对分开。贝克莱（Berkeley，英）既为主观唯心者，但亦为客观唯心者，"存在就是被感知"。对于有思想的人不适用，"有限精神"对"无限精神"。

胡风"主观战斗精神"。

两种类型的唯心主义并不起于 Berkeley 或 Hegel① 而与唯物主义一样的古者。

希腊"人是一切的尺度"（soplist）。

唯心论的危害性：①为反革命作理论根据。②与反动宗教势力相结合（vatica）。

吴稚晖：世界漆黑一团——意志——万事万物。

唯心主义的物质根源：二位一体的根源：①社会阶级的根源。②认识论的根源。前者尤为 Marx. Engels② 所注重，盖由社会斗争任务所决定，资产阶级的虚伪性尚未被完全揭破，与阶级的分家，人们的劳动亦同时分为体力与劳动的差异。剥削阶级与统治阶级（经济与政治），要摧毁唯心论，必须先摧毁剥削制度，要暴力推翻资本主义。

与唯心论作斗争，M. E.③ 尚未完成的任务，由 Lenin④ 担任。

矛盾来自两方面：①客体本身有矛盾性与复杂性、表面性，因此⑤

认识的困难：②片面性（唯心者夸大主观能动性），不从发展看问题，僵死地看问题。③概念与具体事物，感性认识与理性认识的相互连系，在没有科学辩证法以前，易使人产生唯心主义，人们往往将概念绝对化起来。

Lenin"伊凡是人"，不应解释为伊凡之所以为人是合于人的

---

① 黑格尔。

② 恩格斯。

③ 马克思、恩格斯。

④ 列宁。

⑤ 原稿后缺。

概念。

要打倒唯心主义，必须先打倒其阶级根源，同时亦必须打倒其认识根源，从社会革命到掌握辩证唯物论。

Ⅱ．奴隶社会中的唯物主义世界观

1．奴隶社会中的唯物主义世界观的产生的历史条件。

2．古代希腊唯物主义的特点。

3．德谟克里特①路线与柏拉图路线。

古代希腊不是哲学的摇篮而为古代东方（中、印）奴隶主民主派拥护手工业、商业，奴隶主贵族反对之。奴隶主民主派采取唯物观，奴隶主贵族以神话为基础采取唯心观。

奴隶被剥夺了文化的可能性，不可能发生科学思想，另方面贵族掌握了科学、文化。奴隶主民主派代表了先进的生产势力，符合于广大劳动群众的利益，他们代表了社会进步阶级。

2．古代希腊唯物主义的特点。

（1）朴素的（与严格的科学相对言）的唯物主义——"水为万物之母"、"世界是一团火"，摆脱了神话。

同时也是朴素的辩证主义——运动，整体观点。

（2）直观性（与实践相对言）的唯物主义——因贵族脱离生产，其优点为活生生的。

3．唯物路线与唯心路线的斗争。

（1）首先是服从于政治路线的斗争，Democritus 拥护工商业及海外贸易，及政治民主。Plato② 反之，前人的著作为 Plato 学派所烧毁，仅留残篇。

（2）对世界本体的理解。D. 认为世界为原子所构成，原子不断运动。Plato 乃"理念"论者。

（3）对宗教思想的态度。D. 认为万事物皆由原子构成，故为无

---

① Democritus，下文亦缩写为 D。

② 柏拉图。

神论者。Plato 以为一切理念当中，最高的为神，神至高至善。

但 D. 亦有不合于辩证唯物论观点之处，且政治上亦为奴隶主服务。Plato 思想中亦有辩证的因素。

封建主义世界观与唯心主义结合起来，但唯物主义并没有消灭。

中古时期"唯名论"（当时条件下的唯物论）与唯实论（唯心论），故前者被视为异端。

Ⅲ. 资产阶级革命时期的唯物主义与唯心主义的斗争

1. 欧洲早期资产阶级革命时期唯物主义及其反唯心主义的斗争。

英 Bacon[①]，英十六世纪完成其原始积累，"资本化的"贵族阶级在十七世纪成为统治阶级，反对皇权，除经济、社会变动外，自然科学亦有重大发展。

至 Hobbes 将其体系化、Locke 转折点。

Bacon 从经验论出发，以为自然界不依赖吾人而存在。归纳、分析，比较方法之应用。参考 Marx 评价。

Bacon 反对偶像崇拜、反对中世纪宗教教条（经院哲学）。

Bacon 既重视经验，亦重视理论。

但至 Hobbes 进一步系统化，把理论忽略了。

Bacon 缺点：①反对宗教思想不彻底，认为宗教管信仰。②形而上学的唯物主义，Greeks 笼统看问题，看不到部分。及资本主义萌芽后，自然科学提倡部门研究为生产服务，便成了孤立地看问题，静止地看问题。

3 月 9 日　星期五

2. 十八世纪法国唯物主义及其反对唯心主义和宗教的斗争。

第三等级展开对社会支柱（教会）的斗争，资产阶级要求建立理性王国的必然性及合理性。

---

① 培根。

十八世纪科学的发现对唯物主义的贡献：Newtan①、林耐分类学。

机械唯物主义为此期特点，与希腊朴素唯物主义不同。

以法国百科全书派为代表：狄德罗、费尔巴哈（Feuerbach）、拉美特利、蔼尔维修斯。

特点：

（1）"存在就是物质"为其基本命题——物质为具体的物理客体，由分子、原子构成，它们有亲和力，故不须神的存在。

十八世纪有"自然神"论，至此更进一步。

其优点与缺点，皆在乎其机械观点。

（2）"运动是物质存在的形式"。

由一坐标移向另一坐标，但仅为数量上的变，不晓得质变，且尚不懂得发展地看问题。

（3）在自然观方面，已达到唯物主义，但在处理社会问题及历史观，则仍属唯心派（启蒙学派以为理性被蒙蔽），甚至有将革命希望寄托在君主的。

3. 十八世纪末叶到十九世纪前半期德国唯物主义和唯心主义的斗争。

德资产阶级分散在各小公国内，政治、经济上均弱。另方面，农民反封建特别强烈，使资产阶级心怀恐惧，故与封建阶级勾结。

"对于法国唯物主义……的贵族反动"，以 Kam 为代表，他将"物自体"认为彼岸世界。

Hegel 两点贡献（根据 Lenin）：（1）辩证唯心主义——发展思想，暴露过去形而上学的错误。

（1）Hegel 反映资产阶级利益。Marx 反映无产阶级利益。

（2）Hegel 反映客观唯心主义。Marx 反映科学唯物主义，克服有神论的武器。

（3）Hegel 反映原则与理论、结论，方法与体系均互相矛盾。

———————

① 牛顿。

295

"存在是相对的，发展是绝对的"，但认为 Prussia① 的政治制度为至善至美的，不认为自己的理论为绝对知识体系。

Marx 理论是创造性的，不断发展的。故原则与理论，方法与体系均统一了。

（4）Hegel 的辩证法，仅仅面对过去，由过去以论现在的合理性，怕阶级斗争。

Marx，既概括，又批评了过去，且指示将来。

德资产阶级初与封建阶级勾结，后亦内部分化，但即使为民主主义者（如 Feuerbach），亦与人民脱离，实际脱离。

Feuerbach 唯物主义的贡献：

（1）将 Hegel 唯心主义打退，用人［类］本学原则来解决哲学根本问题，"基本的内核"（参考联共党史）。

（2）不彻底的战斗无神论者。

Feuerbach 三个主要缺点：

①直观性唯物主义、旁观者、脱离实践，不是特定历史条件下的人，一生坐书斋，不参加 1848 年革命。

②对于社会历史方面，特为宗教方面，仍不免为伦理唯心史观者，企图以新宗教代替旧宗教，"半截"唯物论者。

③形而上学的，不晓得发展地看问题，相信量变，而不相信质变。

4. 十九世纪俄国革命民主派的唯物主义是 M. 主义以前的唯物主义的最高形式。

当时俄的历史背景，农奴制须推翻。

工人阶级尚未成为一独立领导力量。

资产阶级与沙皇勾结，反动。

平民知识分子代表了农民的利益，如赫尔岑、别林斯基、车尔尼雪夫斯基、杜勃罗留夫、沙皮洛夫，皆为革命民主派，他们同时也反

---

① 普鲁士。

对资本主义，因为他们属于空想社会主义者。

当时俄科学发达，如门德雷也夫①（周期律）。

特点：

（1）深刻了研究 Hegel aml Feuerbach，但未将赫尔岑"辩证法是革命的代数学"。但尚未能将辩证法与唯物论统一起来，因为他们为农民利益的代表者，未免狭窄。

（2）对实践—原则非常重视，说科学（经济学）是从实践来的，接近"实践是真理的标准"。

无法揭露矛盾内部实质。

他们在社会问题上仍是唯心主义者。

他们代表非剥削阶级的世界观。

更重要的要划清工人阶级与非工人阶级的世界观。

他们虽不能将唯物主义贯彻到底，但仍无害其为唯物主义者。

5. 中国哲学史是唯物主义在与唯心主义斗争中发展的历史。

（1）研究中国哲学史在方法论上基本原则问题。

胡适：《中国哲学史大纲》——唯心主义、实用主义。

（2）中国哲学史现存的困难。

分期困难，不分期，没法评价。

历史本身尚未分期。

我国科学史亦尚没有分期，不能断定其为那一时期的科学水平。

第三题　Dia. mat. 与 Hist. mat. ② 的产生是哲学中的革命

Ⅰ. Dia. mat. 与 Hist. mat. 在 M'ism③ 科学中的地位：

M'ism 三个组成部分：

1. 哲学部分

---

① 门捷列夫，化学元素周期律发现者。

② 历史唯物主义英文缩写。

③ 马克思主义。

2.①

3. 科学共产主义部分。

三者绝对不可分割，无先后、轻重之分，不应按照书出版之先后来区分。

Ⅱ．Dia. mat. 与 Hist. mat. 产生的历史条件、理论来源与自然科学前提

1. 产生的经济和社会政治前提。

十八世纪四十年代在德国产生，Why？

资本主义生产方式的内部矛盾已暴露出来。

矛盾（生产力与生产关系）→生产危机→阶级斗争简单化及尖锐化。

四个运动（代表性的）：

（1）1831—1834 年法国里昂工人运动。

（2）1848 年法国工人六月起义。

（3）英三十至四十年代工人大宪章运动。

（4）德 Silecia。

四个运动证明了（特点如下）：

（1）工人阶级觉悟根本起了变化（Engels：《英国工人阶级状况》指出这点），整个工人阶级起来反对资产阶级。英十九世纪初"路德运动"——自发的破坏机器。

（2）反对国家机器——进行政治斗争——提出政治口号，法里昂工人（1831—1834）要求普选等。

（3）运动失败原因，由于尚无巩固统一的政党（作战司令部），亦无科学革命世界观作思想基础。英宪章运动就是如此：①暴力派。②道德派。③第三派（摇摆于前二者之间），他喊出"工人回到农村去"的口号。

因之对于自己的历史任务尚缺乏明确认识。

———————

① 未记，应为政治经济学部分。

由于革命失败，要求有一正确的革命世界观，要求哲学上给以回答。

Marx："哲学在无产阶级之中找到了它的物质武器，无产阶级在哲学中找到了精神武器。"

为什么在德国产生？德经济迅速发展从 1840 开始，因为德国：

（1）德经济发展尚未彻底摧毁封建主义，因之既受资本主义的压迫，也受封建压迫。

（2）德工人阶级有了英法（老大哥）的斗争经验，更成熟。

（3）资产阶级害怕革命，但当时为德资产阶级革命"前夜"，故领导权不得不落到无产阶级身上，故变为无产阶级革命的"序幕"。

（4）德国古典哲学比英法有更高水平，表现为 Hegel 与 Feuerbach 在德产生，但并不是德民族的产物。

2．Dia. Mat. 是以前时期，包括哲学在内的各种科学发展的结果。

由工人自发运动产生出来的，可能为"工联主义"，而不一定为 M'ism。

（1）M'ism 哲学的理论来源。

对德古典哲学加以改造而来，但不仅继承了它，并且批判了以前的反动部分，接受了以前的优秀成果部分（从全部哲学史上来研究）。

（2）Dia. Mat. 产生的自然科学前提。

十八世纪末，自然科学有了大的发展，当时属于"蒐集材料"的阶段，但受了宗教唯心主义影响，不能从内部联系去解释。Newtan："第一次冲击。"

十九世纪初情形有所改变，因材料已搜集得差不多，否定了形而上学。当时三大发现：

（1）能量守恒及其转换定律——研究物质方面（以前有"热素""燃素""电磁流"等理论），Lomonosoff① 能量守恒（物质不灭），一种能可以转换为另一种能，其总量是守恒的。这有力打击了形而上

---

① 罗蒙诺索夫。

学，为 Dial. mat. 张目。

（2）动植物有机体细胞的发现——说明了动植物有共通的生理基础（分子，即 cell），驳斥了形而上学的割裂开动植物，论证了它们的多样统一性。

3．Darwin[①] 进化论的发现——物种（动植物）皆由同一祖先派演出来，有历史上的连系，不是上帝一次造成的。

Ⅱ．M'ism 所完成的哲学变革的实质

M'ism 哲学的实践性，理论与实践的统一是 M'ism 哲学的最重要的原则，ML'ism[②] 哲学的创造性，毛主席《论反对主观主义》、党八股。

1．哲学的阶级性——只有工人阶级始终与唯物主义相结合。M'ism 是工人阶级政党的世界观。

（1）共产党世界观只能为辩证唯物主义，不能为他的。它必须解答以下两问题：①能不能实现共产主义？②如何实现？通过不调和的斗争，才能实现。

（2）Dia. mat. 只能为共产党的世界观，不能为其他政党的世界观，后者害怕、仇视这种世界观，甚至披上 M'ism 外衣来反对。

2．哲学的党性：我们的与资产阶级的区别：

（1）公开的宣布维护工人阶级的利益，并与违反这理论的进行进攻性的斗争。唯心的不敢公开宣布其党性，将其隐藏起来，遮盖起来。客观主义是资产阶级消极的表现，不外以下四种花样：

①正面宣传全民性、人类性，而反面否认阶级性、党性。

②正面宣传哲学的纯粹性、独立性，否认与政治、社会的连系。

③正面宣传永恒性，反面否认其历史性。

④正面夸大哲学党派的哲学形式，反面抹杀哲学的内容。

我们的特点：

①阶级性。

---

① 达尔文。

② 马列主义英文缩写。

②党性与科学性相统一。这是由于工人阶级的地位和任务。

（2）M'ism 哲学的实践性，理论与实践的统一。

有无限丰富的生命和创造性。

不仅要求研究原理，而且要求创造性地研究，运用原理来解决当前问题。参考苏共党第二十次代表大会（从实际条件出发，基本原则不动摇）革命必须由工人阶级领导，其目的在实行社会主义，这两点是不能动摇的。

主观主义表现为：①教条主义。②经验主义。前者为理论脱离实际，后者为实际脱离理论。此为党性不纯的表现。

党八股不仅为文字加工的问题，而为文风方面具体的表现，不问对象与实践任务而写的。

3. 从略（另印参考资料）。

4. Dial. mat. 与 Hist. mat. 是 Com.[①] 的理论、政策、战略和策略的科学基础。

①[②]

②加强斗争来消灭阶级、政党。

③与"自流"思想、"自发"思想相反，党的领导成为必要。按照规律，预见将来的发展。

3 月 23 日　星期五

第二部分　Dial. mat.

第一题　世界的物质性，物质及存在的形式

Ⅰ. Marxist Ph.[③] Dia. mat. 世界的物质性

1. Dial. mat. 世界物质性。

物质与意识不可分开，世界本质是统一的，意识是物质的高度发展。

---

① 共产党。

② 原稿缺。

③ 马克思主义哲学。

二元论有主张"世界统一于存在"的，这就等于说世界统一于世界，世界的统一性在于它的物质性。

门德雷也夫证明世界由一百左右的元素所构成。用光谱分析方法可看出天体的各种元素：

59% Heliun 氦，30% 氢（H）。

用化学、物理方法亦可证明能量守恒。

季米里西捷夫"光合作用"将上原理推广于植物的研究。

$6CO_2 + 6$ 氢氧二炭$_6$ 氢$_12$ 氧 $+ 6$ 氧$_2 - 674$ 大卡，不只有机体，无机体亦然。

人类亦然。

社会生活的统一性统一于社会生产关系的物质统一性，此为全部社会现象的核心，皆与此相连系，不以人的意志为转移。

2. Dial. mat. 的物质范畴，现代的物质构造观念。

Lenin 物质范畴的定义："物质是标志客观实在的哲学范畴，这种客观实在是人们在感觉中所反映着的，但不依赖于我们的感觉而存在着，它被我们的感觉所复写、摄影和反映。"

（1）将一切物质存在的形式，最根本的属性（共同性）抽象出来。哲学的物质范畴最全面且深刻。

（2）L. 定义针对着唯心主义，Russel 谓原子、电子乃"逻辑结构"，而不是物质。

（3）L. 的定义进一步发展了 Marx's Dial. mat. 的原理：①物质第一性原理。②用反映论为基础，来发展 Marx 的认识论。

哲学上物质的范畴，与自然科学上的物质结构（内部结构和运动规律）二者不可混为为一，前者为全体的，后者为部分的。

其次，物理学上的物质结构（构造），仅代表这一科学现有的发展阶段（和水平），并非最后的单位，因有不断的发展，这仅为相对真理，哲学上的则为绝对真理（真理的绝对性）。

3. L. 论"物理学"的危机，以及摆脱这一危机的途径。

分五点来谈：

（1）问题怎么样发生的？十九世纪三大发现，根本推翻了形而上学，但后者在物理、化学的阵地仍盘据着。

当时古典物理学认原子为不可再分、不可变的单位。

十九世纪末有二大发现：①电子。②放射性的发现。前者证明原子不是最小单位，后者证明原子可以蜕变（如铀→钍）。

对此分两派：①认为 Dial. mat. 在难产中。②认为物质消灭了，他们误将物质观念的被推翻就等于物质之被推翻。

电子没有静止质量，因运动增加而增加，一秒钟步二十七万公里，因而他们认电子并不是物质，而仅为一种符号。

（2）物理学危机的实质。

把不可知论代替了可知论，唯心论代替了唯物论，L. "把小孩与脏水一齐倒去"的比喻。

物理学唯心主义的根源：①十九世纪物理学的危机是在资产阶级占统治地位（资本主义过渡到帝国主义时期）之下出现的。②唯心主义认识论的思想根源：a. 不懂得相对真理与绝对真理的辩证关系，且以为一切都是相对的，没有绝对真理。此即"相对主义"。b. 他们曾利用数学的方程式来解决物理问题，因而夸大了数学方程式的重要性，以为物理学的各种原理（和发现）均由数学方程式所决定，认后者为第一性。

（3）摆脱危机的出路何在呢？

必须将自然科学放在辩证唯物主义的基础上，且使物理学家成为自觉的（不是自发的）辩证唯物主义者。

应知危机是由社会基础（历史社会条件）出来，故必须社会革命，同时改造思想，任何科学研究，皆须与社会运动结合。

这一斗争不只在 L. 时代，且不限于物理。

4. 对唯心主义和宗教世界的批判。

二者本质上是一致的，但前者更狡猾，隐蔽一些。

宗教与科学根本不相容，1952 年庇护十二世在国际天文学会中给了一封信，说二者可以调和，意欲奴役科学。

Ⅱ. 物质存在的形式

1. 运动是物质存在的形式。

甲、物质运动的基本形式。

马克思："运动是物质内部固有的属性，是一般的变化。"

没有不运动的物质，也没有脱离物质的运动。

一般的基本形式包括六种：

①微粒子运动（原子内部的运动过程，"超子"，近发现）。

②机械运动。

③物理运动（热为分子运动，光为光子运动，电为电子运动）。

④化学运动（原子的化合和分解）。

⑤生命运动。

⑥社会生活（生产为主）。

从历史看来，一步步地发展，从低级到高级。

但每一种运动，有它自己的特点，例如社会生活不能归结为以上五种任何一种的形式。

"社会达尔文主义"企图将社会拟作生物界，强调 Darwin "绝对人口过剩论"的错误观点。

乙、物质和运动的不可分性。

物理论上有"能量与质量相互连系"的定律。

质量＝物理客体的根本属性（如克）。

能量＝物理量。

俄物理学家"光压"。

动量——它的负荷者。

质量与能量不能分开。

资产阶级的"唯能论"认为质量能转化为能量，这就意味着物质能消灭，有所谓"纯粹运动"。

应知物质与运动不可分离。

2. 空间与时间是物质存在的客观形式。

没有空间与时间物质不可能运动。

甲、空间

空间是物质在其运动当中的相互距离、相互的关系，现实的空间包括三度：高、广、深。

时间是物质现象的次序关系，特征在"一去不可复返"。

4月4日　星期三下

第二题　物质与意识

二、[①] M'm 的哲学 mat. 论生命和意识的产生。

1. 由无机物向有机物的过渡。

生命的本质：生物与非生物区分、生命由蛋白质构成。

新陈代谢——同化、异化，生物新陈代谢作用停止后便生命停止，无生物正相反，一与外界接触，便破坏起来。

生机主义者（隐得来希）"意欲"，唯心论。

生命起源为唯心与唯物论之主要争辩。古代人从大便看见了虫，于是发生了"自然发生说"。但并不是任何物质皆可产生生命。

数十万年前，第一批物质由无机器产生出来。

Pasteur[②] 从微生物研究生命起源（用两杯水），但他反对"自然发生说"，然他亦犯了错误，认为生命只能从生命产生，此即认为生命是永恒的，不是发展出来。

现代宗教仍利用科学的困难，说生命问题不是科学所能研究，如"胚种论"，说生命由地球外天体（陨石）飞过来，上帝的使臣送来。

Dial. mat. 认为生命之产生有二阶段：

（1）从无机界产生生至活质（蛋白质）。

（2）从活质至细胞。

苏生物研究三方向：

（1）分析蛋白体的化学成分。

（2）合成。

---

① 原稿缺"一"。

② 巴士得。

（3）①

Nebussis kaiya② 驳斥了微耳和。

生命是物质长期发展的结果。

2. 意识起源论。

唯心者认意识为永恒存在，非物质的，如灵魂等。

机械唯物论者尚未能用辩证的观点来说明并非任何物质皆能思想。

D. m. 反对以上两种倾向。基本观点：①自然界发展的产物。②社会发展的产物。

任何物质（无机体在内）均有反映的特性，低级生物亦有刺激感应性，感官与外界之适应。

人的意识是大脑两半球的作用。

Pablov③ 指出：

（1）思维和其他心理过程是高等动物或人对外界环境相适应的反映。

（2）人的中枢神经（大脑两半球的面层）与外界联系有两种形式：①无条件反射。②条件反射（这是生理过程，同时亦是心理过程）。

（3）人和动物的反映过程虽有共同的规律，亦有差别的规律。机制、第一信号系统（动物仅为自发过程，人的则有社会意义）、第二信号系统，只为人所独有，动物无之。此为人构成文明的原因，社会的产物即为劳动的产物。

劳动解放了肺部，创造了音节语。

人的意识在劳动当中，与语言一齐产生出来，是社会的劳动不是个人劳动。

意识是物质的反映，但非物质。

---

① 原稿缺。

② 勒伯辛斯卡娅。

③ 巴甫洛夫。

非物质的意识如何表现？

语言与思维同时产生，同时存在，任何时皆不能分离，语言是思维的外壳（直接的现实），有了语言便可将思维巩固下来。凡将语、思分割开，或认思先于语者皆误，认二者完全相等者亦误。此一思想为机械唯物者的思想。

思维是客观世界的主观反映，语言是思维的表达方式，是交流思想的工具。

认二者全同，便是将思维也是语言的器官（喉带）。

语言与思维是统一性的，但并无第一性与第二性的关系，两者的关系，是在哲学范围以外的。

结论：生命产生以前，无思维、意识，物质第一性、思维第二性。

3. 从意识的内容论证物质第一性。

感觉是客观世界的主观映象。

感觉依赖于物质，不能离开后者，故二者是统一的，这与唯心论的统一性论点完全不同。

马赫主义亦以为二者相互联系，是一致的，但非唯物观点。

（1）我们以为物质为感觉的唯一来源。

（2）第二性的感觉仅为第一性的反映，为其副本，并非第一性物质的本身，所以二者不能等一。

（3）反映的过程，不像镜子，不是消极的，乃能动的反映，乃有目的的社会实践行为。消极的只能反映出一些现象，不能得到规律。

感觉的内容与客观世界的一致性，由于感觉器官不断地进化，由专门化以达接近完善的地步。

生理学的唯心主义者认为感觉器官的专门性（特性），否认客观世界（感觉内容）。

三、物质第一性、意识第二性的原理对党实践活动的意义。

1. 既然社会存在决定社会意识。为了政治上不犯错误，必须承认物质生活为第一性，政治为第二性，否则便走到"左"或"右"倾机会主义。

2. 社会意识能反作用于存在。政策如正确的反映群众要求，便成为伟大的物质力量。个人崇拜之危险，忽视理论者为爬行经验主义者。

我国过渡时期党的思想领导及社会主义思想教育的重大意义：从生产方式到生活方式，皆为尖锐斗争的过程，此为客观存在，不能不反映到思想领域上面。我国特点：通过和平改造（斗争）方法过渡到社会主义，公私合营：（其变化）。

（1）定息——1—6 厘（无论赢亏）。

（2）资本家可以参加工作。

（3）基本上与国营事业一样。

今天对资本家进行思想改造（社会主义教育）提到更重要的地位，其可能由于资本家的存在已改变了，故对立性的矛盾可以用和平方法解决，今天资本家对社会主义的积极性或落伍性具有重大意义。

另一方面：文艺工作亦配合发动起来。最近作家协会决议通过艺术的概括将先进人物的改变进行社会主义的教育。生活是创作的源泉，深入社会主义的生活，便须掌握理论。

知识分子的改造问题：思想落后于存在，为改造的理论根据。首先肯定知识分子已起了根本的变化——大前题。改造途径，在我们，以理论学习为重要，结合生活实践与业务实践来学理论，从科学研究来接近党的世界观。

4 月 13 日　星期五下

第三题　Ma. Dia.① 的基本规律和范畴

导言：Ma. Dia. 是关于普遍联系和发展的学说。

1. Mx. Dia. 是辩证法的最高形态。

---

① 马克思主义辩证唯物主义英文缩写。下文亦写作 Mx. Di.。

客观辩证法与主观辩证法，Marx 以前有三种形态：

（1）古代希腊朴素辩证法。

（2）十八世纪末至十九世纪西欧 &。

（3）十九世纪俄革命民主派。

& 希腊原文为辩论艺术，Epicurus 揭露对方矛盾，揭发神是全能的同时是善良的自相矛盾，韩非子"以子之矛攻子之盾"。

朴素辩证法认世界为统一的整体，是发展的而非静止的，乃根据直接观察所得，并非建于巩固之科学知识（具体知识）。

及 3B. C. Alexanda Period① 始向具体知识研究过渡，直至十八世纪。

由此发生割切、孤立现象的流弊。

Bacon 将其系统化，而成为形而上学观点。

十八世纪 Kant 星云说——太阳由星云产生。

Lomonossov、Hegel's d. 第一次全面的、完整的提供出来，但是神秘的。

十九世纪俄革命民主派，一方面为唯物主义者，另方面为辩证的，且与革命相结合起来，"Di. 是革命的武器"。但他们并没有将对立的斗争和统一乃发展的源泉，Di. 的核心，故不能将 mat. 与 Dia. 统一起来，所以在社会生活方面仍属唯心的。

及无产阶级登上政治舞台后，须用革命理论的指导，乃产生 Marx. Ma. & 始达到 d. 的最高形态。

Marx. Ma. & 的对象：关于自然界、社会与思维的发展（过程）的最一般规律。

（1）辩证法与辩证方法的区别——后者以前者为根据，用来解决问题的方式和途径，后者利用着前者。

（2）规律与规律性——Stalin② 所论第④乃规律，①②为规律性，

---

① 亚历山大时期。

② 斯大林英文缩写。Stalin 论 & 四个特征（乃指辩证方法）：①互相联系，制约。②③④对立面的斗争与统一。

③为方法（？）。

　　规律：

　　①从量变到质变（发展的性质与途径）。

　　②否定之否定（发展的方向与方式）。

　　③内部矛盾与斗争（发展的源泉与动力）。

　　范畴：事物间的相互关系，如形式与内容，etc.

　　阶梯：认识的程度、层次。

　　Stalin 对其任务来说是对的，但不应从方法来说明原理，否则内容贫乏。

　　它与其他科学的关系——从略，已见前。

　　2. Mx. Di. 是关于发展最彻底的学说。

　　（1）形而上学的发展观——这一名词首先由 Aristotle[①] 提出来，他的学说分为两部分：①Physics. ②Metophysics. 凡经验范围以外者属之。

　　自培根、Locke 后，指孤立地、静止地看问题。形而上学的发展观与 Di. 发展观的区别：

　　①性质、途径——Metaphysics 只承认量变，不承认质变，庸俗进化论。

　　Linnac[②] "不作任何飞跃" 此一语为 Darwin 所常引用，但 Darwin 基本上是主张飞跃的，庸俗进化论强调了 Darwin 的引语，歪曲了他，成为改良主义的根据。

　　②方法、方式——Di. 认为发展是上升的，Metophysics 认为是停止不前的，移动一番仍回原状。Di.：螺旋式上升，表面上有复归的现象，但乃向更高阶段的复归。Met.：绝对的复归。

　　③源泉、动力——Dia. 在事物内部的对立面，斗争及其统一，Met.：事物的外部（故与机械唯物论相联系）。

　　（2）Mx. 对发展的看法。

———————————

①　亚里士多德。

②　林耐。

①物质运动的普遍性（？）。

②物质运动形式的多样性（六种），以前讲过。

①发展的实质——不是重复，乃新的产生、旧的死亡的过程。

②运动发展是绝对的，静止、平衡是相对的。运动是绝对的不等于"运动的不断之流"，后者乃诡辩。在运动过程中有相对的静止与平衡，可从两点去理解：

a. 在空间上，事物间之相对距离不变（机械运动）。

b. 从发展阶段看，事物的发展有阶段性，有质的规定性，"从之……向之"，相对静止乃运动之一种特殊表现。

Mx. D. 是关于发展最彻底的学说，因为他从性质、方向、源泉各方面来了解问题。

3. Mx. D. 是"关于普遍联系的科学。"

"关系"——一事物与他事物的相互依存。

"联系"——一事物内部之间彼此的相互依存。

整个世界是客观的统一整体，各部分彼此之间皆有联系，普遍联系和相互制约与条件的依存关系——是比较新提出来的问题，分以下三点详述之：

①任何事件皆有联系，但必依存于客观实在条件。

②事物互为条件，一事物之存在以他一事物之存在为前提（这与相互循环不同，因有一为决定性的）。

③在错综复杂的联系中，条件的重要性各有不同——如"生存条件"等（Lesinko① 小麦发育时期——温度）。

4. 自然界和社会中联系形式的多样性。

（1）本质的与非本质的联系。

社会发展与地理环境、人口……均有联系，但不是本质的，生产方式才是本质的联系，所以是决定性的。

---

① 李森科。

4月20日 星期五下

直接联系与间接联系。

后者必须通过"中介"，始发生联系。

生产力 ⟷ 生产关系（基础）⟷ 上层建筑　中介

（2）因果联系及其相互作用的辩证法。

①原因与结果亦为普遍联系的形式之一。

引起、决定、制约着另一现象的现象为原因，被引起、被决定、被制约着的现象为结果。因果联系的客观性与确实性（"善有善报，恶有恶报"，有因必有果），凡正确反映原因的理由，才为真正的理由。

首先要批判目的论（否认现象之间因果的联系，并断言自然界社会之所以按照一定方式而存在和发展，乃服从于一种最高的目的，并实现这种目的）。

再批判非决定论——它既反对因果之间的客观性，也反对其确实性。他们利用现有科学的困难，进行唯心主义的宣传，如物理学中之"测不准论"谓速度、坐标两者只能测准其一，不能两者皆准，企图歪曲科学成果。

②因果联系的辩证法。

a. 事物之因果，往往互相错综繁复，两个原因及两个结果以上，但亦不能将所有原因同等看待。

如个人崇拜，有认识论上的根源，有历史上的根源（家长制、小生产者、腐朽的资产阶级遗产）。

b. 原因与结果互相渗透互相转化。

因 ⟶ 果

生产发展　　科学发展　　生产增长

因 ⟶ 果

不能将原因与结果绝对化起来，不必拼命追求最后原因，否则容易陷入唯心主义。

③规律性和规律。

亦为普遍联系形式之一，且为最深刻的联系。

规律性是客观世界所固有的相互联系，它是最普遍的、最广泛的、无所不能的。

发展与相互联系是全部辩证唯物主义的规律性，其他三原理均由此产生。

规律是现象之间或其内部的本质的、必然的、稳定的联系。

规律可认为在一定方面（或具备一定条件）规律性的表现。

规律性与规律之间有差别，即事物最深刻的联系当中的一般与特殊的表现，然亦无不可逾越之鸿沟。

5. mat. D. 关于普遍联系与发展的原理对共产党实践活动的意义。

（1）观察问题的全面性，反对片面性。

全面看问题就是客观看问题，说明观点与方法分不开，这是党根本原理之一，如我国五年计划之制定。

抓住中心环节、本质联系，如社会主义工业化，首先发展重工业，苏助我 211 项（米高扬来华后），廖鲁扬（农业部长）有"中心环节"一语，抓住中心环节，对于领导工作尤有巨大意义。

批判诡辩论和折衷主义。诡辩派用片面来代替全面，将非本质的一面夸张为本质的联系，帝国主义援助就是诡辩法之一。又如说社会主义是新殖民主义的也是诡辩主义之一。

折衷主义混淆了本质的与非本质的联系，它经常以"因素论"表现出来，Deuway① 以为社会发展有两个根本因素：①为人性。②为文化。文化之下，因素甚多。人性包括有两大因素：a. 利己。b. 利人。

---

① 杜威。

（2）历史地对待问题的观点，"一切依条件、地方和时间为转移"，因彼此互相关系，故离开具体条件便不可理解。

主要是反对教条主义。参考党扩大会议吸收历史的教训——记录。

4 月 27 日　星期五

唯物辩证法的基本规律。

甲、对立面的统一和斗争

Ⅰ. 对立面的统一和斗争的规律的普遍性质

1. Marx's 辩证法论自然界和社会诸现象所固有的矛盾。

普遍性

横的方面，矛盾存在各方面中。

纵的方面，矛盾存在于自始至终。

从不断矛盾斗争当中得到发展。

矛盾客观性的存在，掩盖不了，只能发现矛盾，利用矛盾和解决矛盾，不能制造矛盾。

2. Lenin. 论对立面的统一和斗争的规律是唯物辩证法的核心。

（1）①

①对立面的斗争是发展的内在源泉。

所有普遍联系当中最深刻的联系是对立面的联系，生物如没有同化与异化，便不能与环境发生相适应。

②从量变到质变一规律——没有对立面的矛盾和斗争便不可能有质变。对否定之否定来说（这是决定发展的方向和方式的问题），情形亦如此。解决矛盾便是前进的标识。

③从辩证范畴（本质与现象、必然性与偶然、形式与内容、自由与强制）亦如此。

（2）内在源泉和实在内容。

---

① 原稿缺。

源泉在内部，不在外部，发展由于事物本身运动，本身矛盾，如生物之种内、种间均有斗争，但种内斗争不是发展的源泉。

如何区别内在矛盾与外在矛盾？凡事物发展本身规律所包括之矛盾为内因（如社会之生产方式，而非人口，或地理）。

两者的关系——条件作用（毛主席《矛盾论》"第二位原因"），温度不能使"未受精的胚胎"（鸡蛋）变为小鸡。

矛盾与斗争具有实在内容，否则发展便不能有实在内容。

（3）无产阶级政党的理论武器就是发现、利用、加强矛盾，进行社会主义的改造。共产党方法论的基础，就是阶级分析方法。

批判形而上学的对立面的协调论，其谬论不外两种：

①抹杀阶级矛盾。

②捏造矛盾的假原因。

Ⅱ. 矛盾的特殊性

1. 矛盾的特殊性。

①毛主席矛盾论特重于矛盾特殊性之分析。1937 年抗日战发生后，阶段变化，要求根除"左倾"机会主义（主观主义、教条主义），毛从五点分析：a. 各个物质运动形式的特殊性（有六种，机械、物理、化学、生物等）。b. 同一物质运动形式在各发展过程中的特殊性。c. 在各个发展过程中各个方面矛盾的特殊性。d. 各个发展过程在各个发展阶段上的矛盾特殊性。e. 同一发展阶段矛盾的各方面。

②矛盾的实质——Marx 的处境是具体客观的分析。

③共性与特性的关系——这是 Marx 的精髓，这就是普遍性与特殊性的问题，两者不是绝对的，互相转化。

2. 主要矛盾与矛盾的主要方面。

主要矛盾与非主要矛盾可以互相转化。

矛盾的主要方面和非主要方面（两个对立面），平衡是暂时的。

①矛盾的主要方面决定了事物的本质

②矛盾的主要方面和次要方面可以互相转化。

Ⅲ．对抗性的矛盾与非对抗性的矛盾（p. 219）

Alexardrov 一书对此有概括性的叙述，颇佳，但亦有待丰富处。

1. 敌对的阶级利益不可调和——这是正确的。但他继续说对抗性的矛盾必须用暴力解决，则为现实生活所批判。如中国今天的革命。

2. 新东西战胜旧东西时，必须经过爆发，通过社会政治革命来实现，这一论点不能认为正确。

3. 要根本消灭对抗性的矛盾，非消灭旧的社会制度的基础不可能。这一论点在资本主义社会中是正确的，但在无产阶级专政社会中便不然了。他说得未免笼统一些。

我国过渡时期对抗性的矛盾问题：

主要矛盾——工人阶级与资产阶级（国内），新民主主义与帝国主义（国外）。其特点为工人阶级与资产阶级存在着联盟，人民民主统一战线，为劳动人民与非劳动人民的一种特殊联盟，因其有共同反抗帝国主义的利益，以资产阶级接受社会主义改造为前提。

非对抗性的矛盾，*Alexardrov* 所说的是基本正确的，但仍不须如此提法。这一矛盾在最完整的意义上说乃在社会主义社会内部的条件下。在个别情形下，如帝国主义派来特务分子，反革命分子对于人民甚至在社会主义社会仍为对立的矛盾。

5 月 4 日　星期五

第三题　（1）唯物辩证法的基本规律

Ⅳ．对立面统一的相对性和斗争的绝对性

对立面的统一由于在同一客体中，对立的两方面互为条件（互相依赖），且互相转化。这是在一定的条件底下而言的。

绝对性则指在任何条件下，矛盾皆存在。

对"均衡论"的批评：

否认斗争的绝对性，片面夸大对立面的统一与均衡，将发展源泉归结为外部斗争，杜林，Dubrovskey 等，此为资本主义可以和平进入社会主义的理论根据。Buthanin[1] 杜谬论不可与"通过和平方法"进入社会主义的看法混为一谈。杜谬论主张保留私有财产制度和资本主义。

Ⅴ．Mx's Dia. 关于对立面的统一和斗争的原理对共产党实践活动的意义

1．这是党的不可调和的阶级政策：①将阶级斗争进行到底开展得愈深刻，胜利愈大。②具体分析矛盾的特殊性，具体领导。

五个基本形势：①组织国防，解放台湾。②巩固人民民主专政，镇压反革命活动。③过渡时期农村中阶级斗争——政策由限制富农到消灭富农，富农今天已基本被消灭了。④资本主义工商业改造问题，包括人的改造。⑤思想改造和斗争。

2．批评与自我批评：党内克服矛盾的主要方法。

①意义——推动工作的泉源。拒绝、镇压批评皆违反辩证唯物主义；自由放任的批评亦是反 Dia. mat.

②作风——以能否解决矛盾为转移。要求不断提高，不要隐藏矛盾，思想改造与团结有密切关系。

3．当前存在的问题——过分强调非专门家不能提出批评（如傅音[2]）。

①言行不一致。②个人主义作祟。

乙、发展从量变到质变的转化

1．质量的统一。

质是事物内部所固有的规定性，它使得甲与乙区别开来，亦即此事物之特殊性。质与量属性不同，后者为质之一部分（如生活力、适应力皆为生命之属性）。

---

① 布哈林。

② 音为鹰之误。

量是事物可以用数目、大小、速度、程度等来表示的规定性。

量与质是统一的，哲学上名称为"度"，如"临界温度"等。

毛主席对农业合作化的批评：或片面强调质，或只追求数量，皆不对。反对两种偏向。

2. 从量变到质变的规律。

量变是发展进化的形式，新的未确立，旧的未被克服，量变过程包括质在内。

质变是事物内部矛盾的斗争，经过量变阶段，新的确立，旧的被克服，这一过程是与革命、飞跃同义的。

两个变，不能分开来研究。

飞跃的性质（特征）：①飞跃时，量变中断了，发生根本的质变。②飞跃表现为迅速的、显露的革命性质（相对于量变而言）。

量变到质变的规律：①变由内部矛盾发生。②量变与质变不可分离，两者为同一发展过程的两个必要形式，故与形而上学的看法不同。

1956 年 5 月 11 日

3. 飞跃形式的多样性。

（1）发展形式与飞跃形式。

飞跃形式通过什么方式方法进行的？其根本的矛盾具体解决，有两种基本形式：①爆发。②渐进性的飞跃。

$$量变 \rightarrow 质变（飞跃）\begin{cases} 爆发 \\ 渐进性的飞跃 \end{cases}$$

小飞跃组成一个大飞跃。

量变与质变有区别亦有联系。

（2）自然界和社会发展中的飞跃形式

①自然界发展中的飞跃形式。

$$水—汽 \begin{cases} a. 火烧开（突破大汽压力）与饱和蒸气压力相等 \\ b. 太阳底下晒（解放分子结合力） \end{cases}$$

②社会发展中的飞跃形式。

社会革命	政治革命	国内革命战争
社会经济形态（既包括经济基础亦包括政权）	政权由一阶级转移到另一阶级	武装斗争

如法国大革命便包括以上三种形式。

	社会革命	政治革命	国内革命战争
农民起义	×	×	✓
①资产阶级革命（18 世纪法兰西）	✓	✓	✓
②十月社会主义革命	✓	✓	✓
③东欧、东南欧人民民主国家的社会主义革命	×	×	✓
④中国社会主义革命	✓	×	×
⑤苏联农业集体化	✓	×	×
⑥某些资本主义国家（如意大利）*	✓	✓	×
⑦新的可能性由社会主义阶段向共产主义阶段的过渡	✓	×	×

* Italy 1948 年在宪法中规定了：劳动为每个人的义务，宗教与政治脱离，垄断企业的取缔，言论、集会自由等。1953 年反动政党企图修改 1948 宪法，但被击败了。

爆发式的飞跃必须通过国内革命战争。

渐进性的飞跃可以不通过国内革命战争。

经过哪一种方式，以性质（内部矛盾）和条件（外部矛盾）为转移，不以人或政党的意志为转移。

非对抗性的矛盾必取渐进性的飞跃。

对抗性的矛盾可以采取两种方式：①暴力。②议会和平方式。

如主要方面属于革命力量，则可以采取渐进性的方式，但应同时注意外部条件。

4. 发展的方向。

（1）发展是由简单到复杂，由低级到高级的前进的、上升的运动。

自然界——单细胞、多细胞。

社会生活——生产工具的发展——由石器到原子能。

但在上升过程中，有暂时的曲折与后退，应将后退看作前进的准备，树立信心。参考毛主席著作。

（2）反对现代资产阶级的社会停滞和倒退论的斗争。

以梁漱溟停滞论为代表，欲望有三条路线：①向前（欧工）。②不前进也不后退（中）。③向后（印），出世可以解放。

5. 量变到质变原理对于党的实践活动的应用。

党是坚持对改良主义和无政府主义的斗争而成长起来的。

胡适的唯心主义与形而上学的庸俗进化论（改良主义）否认矛盾的斗争是发展的动力，否认质变。

Marx's 对于改良的看法与资产阶级的改良主义不同，我们的改良为了革命，是瓦解反革命的工具，发展革命的工具。

无政府主义从另一方面来反对共产主义，他们反对任何量变，无政治路线，对于任何改善工人生活和争取团结、教育、组织人民群众都是漠不关心的。

飞跃的多样性原理对党实践活动的应用。我国资本主义的社会主义改造从一点点的质变累积起来，而非仅为量变。我党一向坚持与

"左""右"倾的机会主义作斗争。

5月18日　星期五

丙、否定之否定

1. 每一现象在内在矛盾的基础上包含着自身的否定、否定之否定这一规律的普遍性。

原来事物（肯定阶段）Hegel：正题

新东西（否定阶段）　　　　反题

另新东西（否定之否定阶段）合题

a（肯定）—ax—a（否定，反）a^2（正）

昆虫（卵，肯定）—昆虫—卵（量）

肯定阶段——特点

否定阶段——发展成果

否定之否定——克服、保留

Hegel（客观唯心论）——Feuerbach（形而上学唯物论）——马克思主义哲学。

连续进行的两次肯定是否必然达到否定之否定呢？不然！

封建社会——资本——社会主义（便成笑话）。

参考《反杜林论》须作具体分析。

三个特点：

（1）新旧东西之间表现了间断性和非间断性的统一。

（2）新旧东西之间的继承性。

（3）发展不是简单的循环，乃螺旋式的上升运动，承认否定之否定——客观规律，有其阶级基础。

2. 发展是客观世界辩证的否定过程。

新东西否定旧东西的必要性：扫除阻碍，才能进一步。

新东西否定旧东西的可能性：克服旧的劣点，保留旧的优点。

渐进性的中断，出现了飞跃。

旧种——获得性遗传——新种。

间断性与非间断性的统一。

从阶级利益和社会作用看，马克思主义与以前的哲学体系有本质的不同。

新生事物是不可战胜的，因为符合于客观规律，出现是必然的，但有一发展过程，不可将这一原理理解为一帆风顺，直线上升、盲目乐观是小资阶级思想的反映，消极等待就会瓦解革命且否认党的领导，这是宿命论的一种。

3. 自然界、社会现象的发展过程中存在着新、旧东西之间的继承性。

发展是规律性的过程，故新旧间有内在的联系，不是彻底消灭，而是转化。

麦粒—麦秆—麦穗（更多的麦粒）—重复性非重复性。以土地制度为例，参考《反杜林论》。

Marx：历史在重复着，但在新的形式、阶段上重复着。批判形而上学：

（1）完全抛弃旧的。

（2）孤立新与旧的东西。

（3）新的是旧的中断。

形而上学观点采取片面观点（克服方面，忘记保留）

4. 发展不是循环式的，而是由简单到复杂，由低级到高级，螺旋式的上升运动。

形而上学观点，认否定之否定为简单之恢复。

否定之否定是客观发展的普遍规律（共性），但共性不是独立存在的，而存在于具体事物中，这些事物具有特殊的发展过程。

对 Hegel "三段式" 的批判（亦名 "三合体"）：任何东西都必须经过三个阶段：

正题（绝对观念，处于纯粹存在的阶段）——反题（自然界，绝对观念或理性的异在或他在）——合题（精神哲学、普鲁士王国是完善的阶段，再没有矛盾）。

他的 Logic 亦是按三段法。

他歪曲了否定的否定，认为这时矛盾已调和了。

M's 与 Hegel 的区别：

理论——唯物对唯心。

方法——彻底的辩证法对闭锁（形而上学）。

须从阶级根源来说明 H. 的错误。

5. Neg. of Neg.① 的规律与对立面的统一和斗争以及量变到质变转化规律的关系。

（1）对立面的统一与斗争——说明发展的源泉问题。

（2）量变到质变转化——说明发展是如何实现的。

（3）Neg. of Neg.——说明发展的全过程，方向性。

三规律是互相联系的，不能孤立运用，必须对具体事物的具体矛盾作具体分析。

否定之否定彻底地解决了原来的肯定与否定的矛盾，但 N. of N. 本身亦有矛盾，故为一无限进行的过程。

6. 马克思主义辩证法关于 N. of N. 的原理对于党实践活动的意义。

（1）反对对民族文化的虚无主义。

十月革命后，有此，Lenin 批判之。

批胡适认水浒够不上人的文学（公开敌人）。

胡风（隐蔽的敌人，对 M. L. 名言断章取义，用 Lenin："每一个现代国家里都有两种民族文化"，认五四运动为市民突起的时代，以前不可能有两种民族文化，亦没有文化遗产可言）。

吸取民主性的精华，抛弃封建性的糟粕！

（2）M. 主义经典作家论对新鲜事物的敏锐感觉，新的否定旧的在自然界内是自发的。

在社会内是自觉的，由此可见党的领导作用，发现新生力量，必

---

① 否定之否定。下文亦缩写为 N. of N. 。

须①用 M. 主义武装干部。②深入事变的内在过程，"新的力量"指示新的正确方面，通过教育、批评、督促、锻炼，帮助新力量发展，Stathanovf 运动、中共"劳动模范"，对保守思想展开斗争、全国先进工作者会议。

5 月 25 日　星期五夜

唯物辩证法的一些范畴

Ⅰ. 引言

1. 什么是范畴？

三个方面：①客观世界的多样性，彼此密切联系（纲、结节点）：因果关系、必然性与偶然性、本质与现象。②从人们认识过程来认识范畴，通过理性认识，反映至吾人思想。③从思维发展过程，思维形式有三：概念、判断、推理，形式 Logic 与辩证 Logic。

范畴是无限发展着的物质世界的各方面的反映，是日益深化的认识阶段（定义）。

范畴在 Logic 学上是属于一种根本的概念。

辩证的范畴：必然与偶然、形式与内容、强制性与自由。

2. ML'ism 经典作家论辩证唯物主义的范畴。

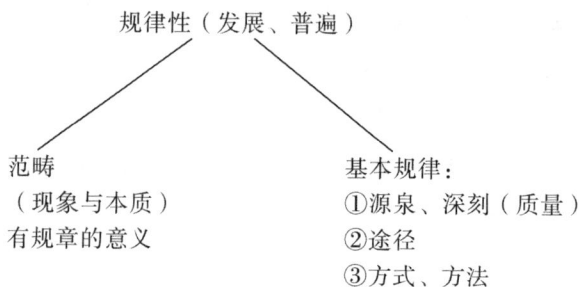

规律性（发展、普遍）

范畴
（现象与本质）
有规章的意义

基本规律：
①源泉、深刻（质量）
②途径
③方式、方法

①同一深刻程度。

②范畴是基本规律的补充和具体化。

3. 对唯心主义和形而上学的范畴观的批判。与生俱来的范畴根本不存在。

Hegel：第一次有系统地叙述了各种范畴。

范畴不是一成不变的，随科学的进步而丰富起来。

Ⅱ．本质和现象

1．本质和现象。

分子排列和结合，本质上是连续性和非连续性的统一。

Lenin'ism[①]：帝国主义虽有多种特征，但其本质为垄断资本。

本质是事物内在的有机联系，这种联系是稳定的，是事物发展的最重要基础。

现象是本质的外部表现。

2．本质和现象的辩证统一。

①是有机统一的，不可分割的，Lenin："本质表现着，现象是本质的。"

本质与现象的统一基础，在客观世界的不断运动与发展。

②本质与现象，不是等同的，是有差别的，在以下两方面：

a．本质比较深刻，现象比较丰富，在不同条件下现象的表现不同，各种现象间有共同方面，但亦有其特殊方面（无产阶级专政为例）。

b．本质比较稳定，现象比较易变。

③本质与现象不只有差别，甚至有矛盾，有时歪曲地来表现本质（即成为"假象"），如资产阶级的民主共和国，《列子》日远日近之争论。

④对唯心主义和形而上学的本质观和现象观的批判。

Hunie 吾们感觉产生现象，Kant 认为理性的表现，为我之物（现象界），自在之物（本质界），两者割裂开来，后者为纯粹理性的。

3．辩证的本质观和现象观对于科学和实践的意义。

须从现象到本质，由第一本质至第二本质，以至无穷，同时也不能忽略现象的研究。

---

① 列宁主义。

对党活动的意义：农村合作化为例。

Ⅲ. 形式和内容

1. 内容是构成事物的材料，是事物内部过程的总和。

形式是事物内部的结构和组织原则。

形式与"外观"不同！

社会生产关系就是社会生产的形式。

2. 形式和内容的辩证法。

①形式与内容存在于统一的整体（是指同一的事物作同一对象来研究）。

②两者是有差异与矛盾的。

a. 内容对形式来说，他是决定形式的，——例如生产力决定生产关系。

b. 形式一旦产生以后，有其相对的独立性，通过反作用可以给内容重大的影响；当形式与内容相适合时，能促进内容之发展，但往后便束缚了。

c. 形式与内容之间的矛盾自始至终都存在的。亚力山大洛夫 p. 235，不如此看，他否认了矛盾的普遍性。任何高度的艺术作品，均不能毫无遗漏地包括客观内容。

d. 形式越来越落后于内容时，便发生冲突，其结果新内容抛弃了旧形式，要求新的形式，但通过什么方法——彻底改变抑改造？以条件为定。

6 月 1 日　星期五

③对唯心主义和形而上学在形式和内容这问题上的批判——形式主义冀图将形式夸张，却无内容，也不是真无内容，乃将其腐朽的内容掩盖起来。资产阶级政治为例。

3. 形式和内容的辩证范畴对于科学和实践的意义。

党的文艺政策：推陈出新，百花齐放。

党的政权建设方面：以工人阶级为领导，农工联盟为基础的人民民主专政——人民代表大会制度。

Ⅳ．必然性和偶然性

1．必然性和偶然性

必然性是自然界和社会发展中由一定的根本原因所决定的合乎规律的、确定不移的秩序，这种秩序支配着整个发展过程向其一确定结果进行，而不向任何其他结果进行。

偶然性是在必然性的基础上，由次要的、附带的原因引起的现象间的暂时的、不稳固的联系。

2．必然性和偶然性的辩证法，三方面。

（1）必然性是支配自然界和社会发展，也支配偶然性，但偶然性也对必然性的客观过程起影响。

（2）必然性通过偶然性为自己开阔道路，偶然性是必然性的表现和补充，客观世界并不存在着纯粹的必然性。同样，不表现为一定程度必然性的偶然现象也是没有的。

"补充"是何意义？客观现象是复杂的，所以只掌握必然性而不兼及其偶然性，还不能得到事实的全面。

（3）必然性和偶然性在一定条件下可以互相转化，——采拾经济时期物物交换是偶然的，其后便成为必然的了，再其后，货币交换才为必然的了。

3．对非决定论的批判——它否认有必然性，只承认偶然性。胡适夸大偶然性的作用。

4．对宿命论的批判。

宿命论除机械论外，亦有属于唯心主义的。参考《自然辩证法》"表面上好像把偶然性提高为必然性，实际上是把必然性降低为偶然性。"

5．必然性和偶然性的辩证范畴对于科学和实践的意义。

"科学是偶然性的敌人"，Engels："科学如只为偶然性的记录，那就完蛋了。"

Weisman Morgan① "基因"的偶然排列为遗传变异的原因。

对党实践的重要意义：人民群众与社会发展的必然性。Marx："杰出的人物总是在历史的转变关头出现。"个人并不决定历史，反对个人崇拜。

V．必然性和自由

1．必然性和自由。

必然性是指不依赖于人们的意识而存在的客观基础。自由指主观作用。

Lenin "当我们尚不知道自然规律时，我们还为它的奴隶；及知道它的时候，我们更成为自然界的主人翁了。"

2．必然性和自由的辩证关系。

两者是有差异的，前者为第一性，且客观作用是第二性的。

（1）人既不能创造，也不能消灭必然性，我们只能认识它，接近它，越接近它越自由。

（2）人并不是始终为必然性的奴隶，在实践过程中，我们可以依靠他，利用它为自己服务。

批判主观唯心主义的 "唯意志论"——①资本家 "为所欲为"的理论。②党内主张用党的力量取消经济规律。

批判夸大必然性，将其假象化，结果否定主观能动性、党的领导作用。

3．辩证法对必然性和自由的理解在为社会主义而斗争中的意义，由自发自在到自觉自为。

VI．可能性和现实

1．可能性和现实。

可能性是事物在客观现实矛盾的基础上出现的合规律的发展趋势。

现实是已经实现了的可能性。

---

① 魏斯曼、摩尔根。

2．两者的辩证关系。

（1）在估计可能性时，应注意矛盾的两方面（新的对抗旧的），两种可能性中必有一种能够战胜其他一种。

（2）可能性还不是现实，欲将它变为现实，必须一定的条件，可能性才向现实转化。生物界中这一过程是自发的，自发过程亦须要有一定条件。社会实践与自然界转变不同，必须自觉的活动，革命实践起了决定作用。

对唯心主义的批判：脱离了客观现实来空谈可能性，如幻想消灭共产主义，机会主义者"和平进入社会主义"论亦属之。

对"自流论""自发论"的批判——仅仅估计了客观条件，但没有发挥主观能动性的积极作用，降低党的领导。

3．两个范畴对于科学和实践的意义。

"永动机"违反了能量守恒的定律。

6月8日　星期五

对唯心主义在这一问题上的批判，把可能性与现实混为一谈，必陷于宿命论，在政治上便陷于"自发"、"自流"论。

1．两个范畴对党实践的意义。

六亿人民、党领导、优越社会制度、苏助（苏联援助）、地大物博提供了可能性的条件。

但必须经过主观努力革命实践：为建立社会主义而斗争，一方面提高劳动生产力，一方面提高思想觉悟。

对帝国主义和反革命势力复辟可能性的估计，在过渡时期是否同时存在？周总理1月报告中说社会主义与资本主义的胜负已决定了，在国内两种势力已消灭了，但不等于说可以放松政治警惕性，但不能因为警惕性，而将现实客观情况加以歪曲。

第四题　辩证唯物主义的认识论（原题：世界及其规律的可认识性）

三个主要内容：

（1）认识的可能性（能否）

（2）认识世界的道路、途径（如何）

（3）认识的真理性质

第一节　M. L. 主义哲学的认识论是反映论

1. ML 主义哲学唯物主义论世界及其规律的可认识性。

（1）在解决哲学根本问题第二方面的两条对立路线。

物质　　　　意识

一　　　　　二　　唯物

反映（能认识）

二　　　　　一　　唯心

不可知论

（2）辩证唯物主义的反映论的基本观点。

①客观世界独立存在，不依赖于每人之意识，但亦包括人们的意识能反映世界。

②人们在反映客观世界当中，经实践检验会成为确实可靠的知识。

③世界上没有不可知的东西，仅有目前尚未知的东西。

（3）批判不可知论。

这是反动剥削阶级思想体系之唯心主义，宗教思想。

Humce 只能认识我们的知觉，知觉以外有客观世界，无法解决（主观唯心主义）。

Kint 认为有客观存在的"自在之物"，但人只能认识"为我之物"，两者之间存着一鸿沟，不可跨越，故为二元论。结果是限制知识的范围，贬低科学、知识、理性，企图调和理性与信仰、科学与宗教、唯物与唯心的矛盾。

故同时受两者之攻击。

Enges："工业与实验可以击败不可知论？"现代资产阶级不可知论的特点：

①锋芒针对着 M. 主义世界观，如实证论之反对科学，反对社会

规律之研究。

②不只在理论上，且反映在政策上。以垄断资本利益为转移，如垄断原子能来制造武器。

③不只在哲学方面，而且渗透到科学各部门。

如物理学中之非决定论。

2．在解决认识论问题上辩证唯物主义路线与非辩证唯物主义路线的根本区别。

（1）辩证唯物主义的反映论第一次把唯物主义和辩证法统一地贯彻起来。

"感觉与思维"是客观世界的主观映象（符号论），Lerinism 斥之，映象是第二性的。

认识过程的矛盾有多方面：

无限——局限。

旧的形而上学的唯物主义的认识论不晓得认识是矛盾的发展过程，认为是尽善尽美的，机械观点。

镜中影子（物理现象）应与生理、心理现相分别。

（2）辩证唯物主义第一次把实践包括到认识论之中，把实践认作首要①和的地位。

实践是人们革命改变现实、改造世界的一种积极活动，人们在这种运动中，改造自然，改变社会关系。

第一次论证了实践在认识过程中的地位和作用：

①实践是认识的出发点。

②实践是认识的基础。

③实践是真理性的标准。

④实践是认识世界进一步发展的推动力。

a．游牧的原始人提出了认识方向的要求（出发点）。

b．一切认识基础，提供原料，加工成为科学。

---

① 原稿缺。

c. 不能用理论判断理论之正确与否——不能用"狗咬尾巴"方法（Engels）。

过程是多样式的，或为大规模的实验，但最主要的为广大人民的劳动生产。

d. 实践是认识真理的唯一标准，但不是绝对标准。

与唯心主义划清界限：唯心主义把实践排斥于认识之外，实验主义将实践抽去其社会内容，只重个人实践，为主观唯心主义辩护，我们认为最根本的实践乃物质财富的生产。

与机械唯物主义划清界限，Feuerbach 是形而上学的，他对于反映过程，认为人是消极的旁观者——直观论，不晓得人可以改变自然界。

十九世纪俄革命民主论者，虽较进一步，但尚未能推到社会方面去。

（3）辩证法、认识论与逻辑的统一。

Lenin 批判了"三分法"［本体论（存在的学说）、认识论、Logic（思维方式）］，主张三者应统一起来，要点有之：

甲、三者统一于反映论与辩证法。

辩证法作为认识论的逻辑（Lenin）

辩证法作为①

　　　　　①客观辩证法。

现象与本质②主观辩证法。

　　　　　③认识的逻辑。

根据"形式"与"规范"进行思维。

乙、统一于历史的东西与逻辑的东西的相对符合。

历史指"客观实在的历史"和"认识的历史"，如后者的历史其内容与前者相对符合。

"生物学历史"与"生物界历史"。

_____

① 原稿缺。

所谓 Logic，指首尾一贯性、顺序性，我们认识的开始就是 Logic 的开始。

Lenin "语言史"（逻辑结构）与 "认识史" 是符合的。

"历史的东西" ＝实践，"Logic 的东西" ＝理论。

6 月 15 日　星期五夜

第二节　认识过程的基本阶段

1. 由浅入深的过程（深化）由量到质变，显出阶段性，三个：

（1）感性认识阶段，飞跃到

（2）理性认识阶段，又飞跃到

（3）将理性认识结果，回到实践中去，通过实践检验。

三阶段不能省，不能跳，不能套到科学史上去，如说 Newton 定律属于感性阶段。

2. 感性认识的作用和局限性，这一阶段的特点：仅仅反映了外部的联系。

感性认识程序：感觉（Paolor，"分析器"）→知觉（这为 "综合" 阶段）→表象或观念作用（可以在知觉基础上，离开客观事物，保留一鲜明的印象，即进行了最初步的概括）。

感性取得素材，是必要的，其局限性由于感觉器官之局限性，如听仅能为每个 20 ~ 20,000 秒的波动，视觉 400 ~ 700 微毫米，"充耳不闻"，"视而不见"。

但感觉器官的某些缺陷，不能成为我们认识事物本质的障碍，可以借助仪器，我们不能停留在感性阶段。

3. 理性认识阶段。

科学抽象对于认识世界的意义：事物的外部往往与实质有距离，如 "假象"。

抽象的作用：

（1）从千差万别现象中，找出本性本质（统一性）。

（2）从变动不居的东西，找出稳定的东西。

（3）通过偶然性抓着必然性。

（4）揭示事物的因果性。

二十［次党］代表［大会］："和平地区"（12亿人口）包括社会主义体系和民族主义者所领导的国家（如印度、印尼）——"求同存异"，但光是政治独立还不能达到经济独立，二印今天已不是帝国主义的后备力量，故坚决反对战争。

抽象本身亦是一矛盾，——不放弃，不能收获。以上两阶段的相互关系：①相互依存。②相互渗透。"理性依赖于感性，感性有待于提高到理性"——毛主席语。

相互依存唯理论——Descrtes—Spinoza—Leibints。

经验论——Bacon—Hobbes—Locke（反映论者）。

Descartes 从算学怀疑感性经验，提出"天赋观念论"，走入唯心主义，他是二元论者。

在资本主义上升时期，Bacon："一切知识来自对客观世界的经验。"From Bacon to Locke 皆为唯物主义，及 Berbrley 始开始走上唯心论，时值资本主义走上没落时期。

教条主义重复了经验论的错误。

相互渗透：将感性与理性绝对化是不对的，因为感性包含理性因素，andvice versa，两者不会混，因最主要的标志，感性认识只为外部联系。

理性认识必须认识事物本质及其内部联系。

4. 通过实践检验真理的阶段。

真理必有客观内容，要问主观与客观相符合一致，将我们的行动变成计划、方案，改造客观世界，看它能否达到预期目的，如不能达到，便非真理，不能用理论来证明理论。

社会科学虽不能用直接实践，但可用间接实践，如高级数学，可以通过物理、化学等来证明之。间接实践可以与直接实践结合起来。

整个认识过程说明了实践的主导作用。

第三节　ML 主义的真理论

1．真理论不是琐碎的哲学。

追求真理、坚持真理对革命行动有重大意义。

真理四性具备（相对、绝对、具体），但不应看作分类。

任何真理必为客观性的，但"客观实在"不等同于"客观真理"，否则，便等于说客观存在于吾人主观之中。

客观实在 ≒ 客观空理

（客观）（主观）

宇宙　　吾心

客观实在之存在，不等于真理已发现，否则不必经吾人辛苦之探求。

2．真理的绝对性与绝对真理。

宇宙无限发展，故认识的长河无终止时。

但有个别的绝对真理（在任何时候，均不会被推翻），如物质第一性，精神第二性等。

绝对真理与相对真理之间的关系是相对的：

（1）任何真理，既有绝对性，亦有相对性。

（2）任何真理，只为绝对真理的成分、阶梯。

反之，如承认绝对真理而否认相对真理，便为"绝对主义"；但只承认相对真理而否认绝对空理，便为相对主义，其失则均。

3．毛主席论共性与个性的联系。

真理的具体性——与时间、地点、条件相结合，背此者为教条主义。

第四节　认识世界的目的

1．认识论的目的何在？不在认识本身，而在改造世界。

2．改造客观世界与改造主观世界（思想）的关系。

（1）改造客观世界，才能改造思想，不能关起门来改造。

（2）改造思想，才能更好地改造客观世界。

附录二　《历史唯物主义》

（1956 年 9 月至 12 月）

1956 年 9 月 7 日　星期五

第一题　历史唯物主义是科学

Ⅰ. 历史唯物主义是关于社会发展一般规律的科学

1. 历史唯物主义的对象。

合于 Logic 方法的定义：Constantunov 研究社会生活和历史的科学。

Stalin（联共党史）把辩证唯物主义推广到社会生活、社会历史研究去。

每一门社会科学均有其专门对象。

His. M 是属于整个社会发展一般规律的科学。

概括≒总和　（必要性）。

有了 His. M.，便可以不需要个别科学的研究吗？一般的不等于个别完全包进去，它不能代替专门研究。

2. Dia. M. 与 His. M. 的统一。

Stalin 定义便从这点出发（将其具体化）富有斗争性。Stalin 定义的正确性，由于两者：

（1）不可分割的统一性——修正派接受 His. M.，但反对 Dia. M.。

（2）理论与实践一致的原则。

Ⅱ. His. M. 的建立是科学中最伟大的革命

1. 资产阶级社会学和历史学的局限性，M L'ism 对唯心历史观的批评。

唯心史观两点根本错误：①仅从思想动机来研究历史活动，认为思想服从于意志自由。②夸大个人在历史上的作用。两点密切联系。

梁启超：《中国历史研究法》否认历史规律性，历史亦是在生产过程中起作用，Marx 论地理条件对劳动生产率的影响。Geog. det.[①] 六点错误。

地理环境仅提供条件（可能性），变为现实则必须为社会制度。

地理为外因，必须通过内因。

Geog. det. 的目的，十六至十八世纪法国 Montesquieu[②] 在反对封建神权时有一定进步作用，但亦有其局限性，不能贯彻其观点，如加入"理性"等来说明，及今则完全为反动的了。今天的实质：①形而上学的外因论，将资本主义罪恶转嫁于地理上。②机械论，高级的降为低级的现象，社会有能动性，与自然界（低级动物）不同。③主张此论者，多数同时主张唯心史观，且为宿命论者。凡离开生产方式来谈历史的，都不免陷入唯心史观。

更进一步，社会存在决定了地理环境的利用，改造社会是能够改变自然界的。首先，生产力的发展决定了地理条件的改造。

地理决定论的危害，如有人以中国的地理位置不良来解释中国长期停滞在封建社会的原因（太平洋，Himalaya[③]，etc）。

Ⅲ. 人口作用

1. 人口压力论（英 Spencer，俄 Bogademov），使社会进步。

2. Malthus[④] 生活资料增长赶不上人口增加率（1798），批判。

（1）事实驳斥了他。1800 年欧洲人口有一亿八千万，如按此算，1125 年应为一人。

（2）英国　　　　　　　1688 年　　　　　　　1913 年

---

① 地理决定论。

② 孟德斯鸠。

③ 喜马拉雅山。

④ 马尔萨斯。

人口	100	827.1%
生活资料	100	4.471.9%

（3）没有"绝对人口过剩规律"，Marx 说在资本主义社会中有相对人口过剩。

（4）必须以为社会对土地的利用，收入是递减的，此论亦误。因仅晓得土地利用是无机过程，不晓得这亦是有机（生物）的过程：Neo – malthusisn① 的反动本质，与种族主义相勾结。

我们认为社会对人口倒起了决定的作用，Marx 认为在阶级社会中增长率较低，死亡率较高。

我国	生	死	
解放前	35%	25%	
解放后	37%	17%	5 岁以上婴儿占全人口 $\frac{1}{5}$。

Ⅳ. 生产方式是决定的力量

1. 生产力和生产关系的概念，生产方式、生产条件：①劳动本身。②劳动对象。③劳动资料，土地为立足点：仓库、道路等。

生产方式、生产力与生产关系的辩证统一。

生产力：①人。②工具。主观与客观要素辩证的统一，不能将劳动对象包括到生产力来（战斗力不包括敌人的力量）。

生产力性质水平：决定生产力性质的应从它自己的两个要素来考虑，五种不同生产方式有五种生产力性质，但生产力有其继承性。

Lenin：简单协作——劳动者使用手工工具，传统作法。

工场手工业——分工，只担任一个过程。

机器生产——另一种劳动者。

另一意见：引 Marx "生产力的社会性与生产关系无政府性"一语，认为"社会性"为性质的注释，此一意见，不免与生产关系混淆起来。

———————

① 新马尔萨斯论。

生产力水平主要由劳动生产率来表现。

生产关系的类型与形式问题：Stalin 说，统治与服从的类型，合作与互助的类型。但历史上亦有过渡性的类型，过渡性的生产关系，如农业公社既包括原始社会的残余，亦包括私有制度的萌芽，问题于是发生。

9 月 21 日　星期五

第三题　生产力和生产关系发展的规律

Ⅰ. 生产的经常变化与发展是社会发展的基础

1. 生产的经常变化与发展。

生产与消费是辩证统一的关系，Marx《政治经济学批判导言》："生产不仅为主体生产着对象（消费品），并且也为对象（新消费品）生产着主体。"生产起着决定作用。

从再生产理论，说明生产为什么不断发展，在单纯再生产过程中亦有发展，劳动者生产经验与技术慢慢提高，表现为生产工具的改良，因而劳动率提高，于是剩余生产出现，扩大生产也出现了，在此过程中，剩余生产品将优先使用于生产工具方面，也许是不自觉的，扩大再生产的形态是每一个社会内不同的。

生产从量变至质变，五种生产方式正说明这问题。每一个生产方式是一个整体，不能将生产力与生产关系孤立起来看，否则便忽视了生产力的继续性和生产力的质的规定性，且亦不可将生产力只看为量变，而将生产关系看成只为质变。

2. 社会发展历史是生产方式发展的历史，是社会的主要生产力、劳动群众的历史。

两点困难：①①②材料不足。③方法不善。

文学史上的庸俗社会学和唯心史观（拒绝历史唯物主义）。

生产的第一特点：

---

① 原稿缺。

（1）历史是生产方式发展的历史（生产观点）

（2）历史是群众的历史（群众观点），分不开的。

Ⅱ．生产力和生产关系的辩证法（生产第二特点）

1. 生产发展的动力。

对立面的统一与斗争是发展的源泉。

Constantinov 生产力发展决定了［新的］生产关系（指的另一问题，但意义不大，因新的仅为形式；且不全面，因忽视了内在原因）。

批判：地理、人口、科学技术、消费决定论。

"物化"三阶段：①萌芽。②准备（潜力）。③转化为生产力。

Engels 与其说生产沾科学的光，毋宁说科学沾生产的光，120B. C. 格隆已发明了蒸汽机的原理。

生产力是生产的内容，生产关系是生产的形式。

形式（社会集团、结构组织）（生产关系）
内容（内部过程）（生产力） ｝同一对象（社会生产）

Stalin "首先从生产工具开始"——命题不一定完全正确。英国从简单协作开始，如此句话易为"主要从——"便妥。毛主席："先合作化，后机械化。"

故 Stalin 语不应作"严格的时间的限定"来解释。

生产关系比较不易变，原因：

（1）生产资料所有制。

（2）生产过程中的社会集团。

（3）以上二者为基础的分配状态。

2. 生产关系一定要适合生产力性质的规律。

9 月 28 日　星期五

生产发展从生产力开始，生产力发展从生产工具开始。

生产关系两个特点：

（1）生产关系经常落后于生产力的发展。

（2）生产关系虽由生产力所决定，但它反过来亦可影响生产者。

对抗性社会历史中生产力与生产关系矛盾发展的阶段性：

（1）两者相互适合。

（2）两者相互冲突。

（3）重新适合。

生产关系一定要适合生产力性质的规律。

在对抗性社会，两者的矛盾不能在本生产方式内得到解决，必须推翻原有生产方式。但在社会主义社会，则不然，因非对抗性的矛盾，没有对立阶级基础，其矛盾只在生产力或生产关系的某些具体方面。

目前中国农村的生产关系是否走到生产力的前头？

（1）问题怎样提出的？——有人根据毛主席报告中两句话提出来的？"先合作化，后技术改革"。

有人下过农村，根据农村实际情况亦得到此感觉。

（2）这一问题意义何在？——①理论上似为生产关系决定生产力。②对社会生活来看，关系是社会主义的，但生产力是非社会主义的。

（3）从新民主主义社会胜利开始，第一步将农村生产力解放出来（恢复时期），1952（对1949）＋77.5%，工业产值在工农业总值的比重：1949年17%；1952年26.7%，但矛盾已暴露出来，资本主义经济成份束缚了生产，个体经济限制了生产。

	1949 年	1952 年
社会主义工业	36.7	61
私有工业	63.3	39

党提出了总路线，制订了五年计划。

1955年又发现了新矛盾：农业合作化步骤与社会主义工业化步骤不相适应，此即生产力与生产关系矛盾的一种表现。原料不足供工业制造的需要，农村生产关系落后，轻工业无销路亦为一矛盾。总的情况，是生产力的发展推动了生产关系的变化，由此而发生的反作用甚大，故非走在前面的问题。

如专就农村生产工具来说，则走在前面之说可以同意，但生产力不只是工具一项，而且亦包括劳动者的生产经验与技术能，增产措施更提高了农村生产力。总之，今天农村生产力与生产关系是相适应的，并不是谁走在谁前头的问题，且不要忘记这是过渡时期，今天应强调新生产关系的反作用，待等到完全走入社会主义社会，生产力必走到关系之前。

我国农业合作化是属于社会主义范畴的。

农民起义的根源：太平天国以前，皆有其阶级根源，社会革命必须提出"改变什么生产关系"，农民起义不是社会革命，是阶级斗争的最高形式。

批判机会主义者谬论：认为必须等待生产力条件成熟，才能改变生产关系，否则没有经济根源。

10 月 5 日　星期五

Kacetsky[①]认为非生产力条件成熟不能革命，Lenin 斥之。

光从生产力发展程度来看问题，我国革命时亦有之。

解放初期，资本主义与社会主义生产力的矛盾尚不甚显著。

Ⅲ．由旧生产方式向新生产方式过渡的规律性

1. 新的生产力及其相适应的生产关系在本旧制度内部发生的自发过程，摧毁旧的与确立新的生产关系的自觉过程。

什么是自觉？自觉与自发皆为辩证法的范畴，两者是对立的统一，自觉指目的在实践时得到实现（与原有目的相符）。

任何新生产方式皆在旧制度内部产生，且为自发产生。

生产的变动首先从生产工具起，多由自己切身利益，并未及社会后果，故为自发的。

自发到一定时期，须变为自觉，且如不转入自觉，则可为旧势力所战败。

---

① 考茨基。

生产力两个因素：机器生产、无产阶级，皆在旧制（资本主义）内部已产生，且为自发的；且社会主义生产关系亦是从资本主义内部产生的，资本主义内部不可能产生公有制，故必用革命手段将其推翻，故必为自觉的行动。

认为过去历史上的革命运动，皆无自觉性（仅有自发）者未免过失。

甚至在社会主义社会里，亦可能产生一些自发行动，Stakhanov运动，初亦由自发性搞起，且新的，或旧的残余，亦带有自发性质，但迅速地转入自觉过程。

第四题　基础与上层建筑

Ⅰ. 基础与上层建筑在社会发展上的地位和作用

1. 基础与上层建筑的定义。

这是一个承先启后的关键问题。

Marx, *Critique of Pol. Eco.*①，"基础是生产关系的总和"，Lenin《人民之友》加以阐发，Stalin 经典定义，"在一定阶段上的经济制度"。

"总和"包括"生产关系"的三方面：①生产资料占有制。②在基础上所形成的人与人关系（生产关系）。③对产品的分配关系。

在一定历史阶段上，只有占统治地位的所有制——经济制度，才是经济基础。

蒋介石时期的经济基础，以国家垄断所有制为主，但与帝国主义所有制、封建地主阶级所有制相勾结，一共同勾结，其他所有制（如民族资产阶级所有制）不能认为蒋反动政权的经济基础。

亦有主张"综合性的基础"的（总和）。此说似不通，特别在过渡时期内尤然。

2. 基础的作用。

（1）决定社会的性质与面貌。

---

① 马克思《政治经济学批判》。

（2）在经济上为社会服务，——在不同历史时期有不同意义，在对抗性社会里，首先为统治阶级服务，同时亦不能不为全社会服务，因生产是全社会的，表现为一定的经济规律，或通过这规律，才能起作用。如在资本主义社会，必通过剩余劳动的剥削才起作用，到了帝国主义垄断时期，才通过 Stalin 所下的最大限度的利润的规律了。

（3）评定基础的原则——以生产力与生产关系的辩证关系为原则。如推动生产，便为进步的；相反，则为腐朽的。

什么是上层建筑？建立在基础上与此相适应及其所反映的五种观点（宗教、艺术、政治、法权、哲学）。

基础——第一性，物质的。

上层建筑——第二性，精神的。

基（第一性）（物质关系）、上（第二性）（思相关系），二者是密切连系的（Lenin）。

10 月 12 日　星期五

Ⅰ. 基础与上层建筑在社会发展上的地位和作用（continue）

1. 什么是基础？基础的社会作用。

2. 什么是上层建筑？和什么是上层建筑现象？

从是否反映基础来判断其是否上层建筑。

如封建社会有多套制度：

（1）封建主观点和制度√

（2）农奴观点和制度？（√&×）前者包括矛盾的两面，后者注重"统治地位"。

（3）奴隶主观点和制度的残余×。

（4）资本主义（生产关系萌芽）观点和制度×。

观点与制度是不可分离的。

反映论不是机械的反映。

社会的性质从矛盾的主要方面来说明，不能将矛盾的两面作半斤八两来看，故应以占统治地位的封建主之观点和制度为主，这并不是

"取消了矛盾"。一种制度便能反映对抗关系，不定需要两套。又如宗教并没有两套对抗阶级的宗教存在，且有时农奴亦不免以封建主的观点和制度认为自己的。

有些社会意识（如自然科学）不属于上层建筑。

黄黎洲：均民田、废金银、重工商。

上层建筑现象大概包括四种：

（1）某一时代的上层建筑。

（2）旧制度上层建筑的残余。

（3）新社会上层建筑的萌芽状态中的观点和制度（如黄）。

（4）不属于以上三种，并不反映经济基础。黎洲及一些古典文学。

既不属于基础也不属于上层建筑的现象。

（1）自然科学。

（2）语言。

（3）家庭。

3．基础与上层建筑的相互关系和发展规律。

生产力与生产关系的关系是形式与内容的关系。

基础与上层建筑的关系是第一性与第二性的关系。物质关系是第一性的（即生产关系），生产力不包括在（社会的）物质关系以内。

思想关系是第二性的。

基础是物质关系，但非基础的生产关系亦包括在物质关系中，故物质关系≶基础。

制度——观点的物质形式（成为历史事实）。

"物质与意识对立的绝对性和相对性"原理。

在新基础形成时，在腐朽基础过程中，上层建筑均起积极作用。

对上层建筑的评价，应从基础对生产力与生产关系的辩证关系（在社会的作用）来看。

规律：

上层建筑、基础、生产力①①

②三者之关系，生产力与上层建筑不发生直接连系。

"基础的中介规律"，但有时上层建筑亦与生产力发生直接的连系，如今日"纸荒"，学校不足。

③基础、上层建筑产生、发展和消灭的规律。

基础的产生由于生产力的发展，基础建立后，才有整个（完整）的上层建筑的体系。

基础的发展，在对抗性社会内，分三阶段：

（1）进步的。

（2）反动的。

（3）经过革命，将旧基础消灭，上层建筑不随而消灭，须晓得：

①上层建筑继承性的规律。

②各种上层建筑变革的规律——如被选举人对选举人负责乃由资本主义社会遗留下来，但经改造当基础被消灭时，上层建筑便中止其上层建筑的地位。

10 月 19 日　星期五

上层建筑各个组成部分的相互关系。

彼此是不可分离的，但不是完全一样，有其中心环节，此为政治法权。"政治是经济的集中表现。"艺术、宗教、道德皆不能超政治。总之，政治、法权离基础最近，最集中、最尖锐的反映基础。其他一切均渗透政治。

各种上层建筑均有其反映的特殊途径及其特点，如艺术等便不如此直接。

Ⅱ．我国社会主义基础和上层建筑形成的道路

"八大"党的决议指出已建立起来。

社会主义制度。

---

① 原稿缺。

经济制度（基础）。

政治等制度。

刘少奇报告 p.8-21"社会主义改造"已有详细的叙述。我国建立社会主义的特点：

1. 长期性和复杂性，革命第一阶段，两个政权，蒋区内为"国家垄断资本主义"（即官僚资本主义）。①官僚所有制。②帝国主义所有制。③封建阶级所有制为旧日社会的基础，三者占统治地位，三位一体。

解放区已有社会主义生产的萌芽，参考毛主席《农业合作化报告》①（互助组、复工队、生产合作社，等），政权性质为联合政府。

革命第二阶段，政权为无产阶级专政。

2. 全面的和平改造（此点亦与苏不同），主要由于阶级力量对比与苏不同，不但有此可能，且必要。

3. 农业社会主义改造的道路亦与 S.② 不同，先有"合作化"，然后再进行技术改造——"机械化"。

S. 1913 年，大工业在工农总产值已达 42.1%，我国在解放初仅为 17%。

S. 工农联盟情况亦与我不同，资产阶级（反革命政治在农民的影响在苏为大，故需艰苦的斗争，且富农力量，技术水平在 S. 均较高，故非机械化不可）。

现阶段我国经济基础的面貌：

第一，从生产资料所有制来看：

a. 全民所有制（国营企业、国营农场、属新公私合营企业，亦正向全民所有制发展）。

b. 集体所有制（农业生产合作社、城市中手工业生产合作社属之）"单干户"等等。

第二，社会上人与人的关系

---

① 即《关于农业合作化问题》。

② 苏联。

a. 国营企业中，已为"同志"关系。

b. "五反"后合营前，工人监督资本家（根本上仍为统治与服从的关系）；合营后，"三权"（财产权、管理权、人事权）已取消，资本家已变为一般管理、技术人员，使其"有职有权"，他们与工人的关系为"共事"而非"同志"。

c. 农业生产合作社，现正"升级并社"，社员为"同志关系"。

第三，从分配形式来看：

工资按劳取酬。

新公私合营企业亦向"按劳取酬"进展，在改造中合作社示范章程，定出"工作定额"与劳动日来订工资（附奖金）。

现阶段我国上层建筑面貌。

环绕着党与政权为中心，青年团、职工会、民主党派皆为上层建筑，起助手，引带作用。

艺术为社会主义服务
哲学—ML 主义 } 皆为上层建筑

宗教已中止为上层建筑，虽则仍合法地存在着。

我党先有 ML 和政权，然后从事基础，是否与"基础第一性、上层建筑第二性"的原理相矛盾？答：不然，因上层建筑，应从"整体"来看，这个整体在社会主义改造以前仍是不存在的。

且在政权成立的同时，已取得基础的支柱。如没收帝国主义及官僚资本。

第五题　人民群众和个人在历史上的作用

Ⅰ. ML 主义论人民群众和个人在历史上的作用

1. 人民群众是历史上的创造者。

社会客观规律，与个人主观努力的统一。

劳动群众是物质财富的创造者。

精神文化是否为少数人创造的？回答前，先问

知识分子从何而来？知识是从何而来？

李时珍"夷果、番药"，从郑和下西洋后回国之船夫、工、兵

问得。

知识之确立和推广更有待于群众。

10 月 26 日　星期五夜

在无产阶级登上政治舞台以前，人民群众的创造力量受限制、局限，没有工人政党来领导；及上台后，创造力量便大大提高了。在社会主义下，情形更突出了。组织性、纪律性为重要的条件。

2．ML 主义论个人在历史上的作用。

从不把二者对立起立，只有宿命论，客观唯心主义如此看法。

Engels 说同一资产阶级革命，各民族有其独特色彩：英工业革命、法政治、德思想。

前提：个人作用应不违反社会发展规律的要求为条件之一；第二条件：个人不违反群众的要求。

Marx："伟大的人物总是在历史转变关头出现。"

是不是有天才？有！但不是由先天遗传所决定。各种能力的综合力为一定的才能，才能发展到最高水平，即为天才。

个人起作用离不开他的才能、性格、遭遇，但不是决定作用，而为影响作用。

个人的产生有其必然性，但特定的个人之出现则为偶然性。

如何评价历史人物？六大困难：①阶级转变（如朱元璋）。②阶级民族矛盾之复杂（岳飞），应以其一主要方面为判断。③战争性质问题，正义或非正义？④阶级对抗和统治阶级内部矛盾的错综（汉太学生，明东林党，宋王安石，包拯）。⑤统一和卫国矛盾（秦始皇、信陵君、蔺相如、廉颇）。⑥历史分期未解决（孔子）。

群众、阶级、政党和领袖的相互关系：群众应为人民群众，但新兴阶级在其历史上升时期（如资产阶级在革命初期），亦应算入人民群众中，无论如何，反动统治阶级不算在人民群众里面。每一阶级的积极部分形成政党，各按其模样和要求选出其领袖。

资（产阶级）政党 $\left\{\begin{array}{l}\text{与人民脱离}\\\text{四分五裂}\end{array}\right.$

$$无（产阶级）政党 \begin{cases} 与人民联系 \\ 内部统一、真正领袖，一身兼备领导的经验 \\ 与雄厚的理论基础，从斗争锻炼出来 \end{cases}$$

Ⅱ. 党和群众路线

1. 党的群众路线的科学基础。

参考"八大"邓小平报告。

第一方面：党章的基本精神，党不能将人民当作工具，反之，为人民服务（"四大观点"）等。

第二方面：党的组织路线（领导问题）——"从群众中来，到群众中去。"

不能把群众与实践等同，领导与认识等同。

党的领导的伟大成就：抗日时反扫荡战成功，由于依靠群众。党的领导近日合作化运动，又表示群众运动的自觉性大大提高了。

官僚主义是与群众路线不相容的，今天主要从主观主义得来的。

11 月 2 日　星期五

任何工作均有官僚主义产生的可能。

2. 党论集体领导原则。

民主集中制，党中央集中了一切专家。毛主席："在民主基础上的集中，在集中指导下的民主。"统一领导、民主与分散主义毫无相同之处。

3. 党反对个人崇拜的斗争。

（1）个人崇拜的根源。

（2）个人崇拜的后果。

（3）克服的途径。

个人崇拜不是 Soviet① 制度或党带来的。

个人崇拜有了三千年历史根源，家长在生产上有了权威（小生产

_____

① 社会主义。

时期），S. 的建国，经过长期斗争，要求铁的纪律，因而不能不带来给民主权利的限制。

Stalin 个人主观因素（品质方面）亦有作用。

遗嘱亦提到这点，党十三次代大会亦向 St. 提过意见，1932 后 St. 渐自满，理论与实际渐脱节。

后果：①对人民积极性、创造性限制了，教条主义。②限制了社会主义民主进一步的发展（1937 年苏已建立起社会主义基础，St. "社会主义愈接近胜利时，斗争愈尖锐"——理论之错误）。

克服途径：恢复 L. 集体领导的原则，自下而上监督，批评自己，加强世界观教育。

Ⅲ．留待第六题中附带讲

第六题　阶级与阶级斗争

Ⅰ．理论

1．ML 的阶级定义、阶级的起源。

Marx 通信：（"我自己的贡献"）。

（1）阶级的存在，必与生产发展一定阶段相适应（经济规律）。

（2）阶级斗争必然走到无产阶级专政（政治规律）。

（3）无产阶级专政只为走到无阶级的过渡。

阶级定义：L. "伟大的创举"（四点）。

（1）在社会生产体系中地位的不同（统治或服从？）

（2）对生产资料关系的不同（占有或被剥夺？）

（3）在劳动组织中作用不同（管理被管理）

（4）收入（分配）的形式和数量的不同

第（2）条为中心（关键）。

必须补充：社会—法团占有他集团的劳动，这说明了阶级与阶级斗争是分不开的。

梁漱溟"阶级谬论"（政治上统治与被统治者）。

阶级起源：

前提——两条道路。

生产力低时无阶级，新石器末期才有阶级，原始社会两次大分工：①农业与游牧分工。②农业与手工业分工。由分工，出现交换，交换发展又刺激了生产，在交换中产生了私有，以私有为前提。

中国有阶级从夏代始，黑陶文化、家族从氏族分裂出来，由共有制到个体经济，考古学家认为商桀时，家庭奴隶制（女奴）。

11 月 9 日　星期五

氏族社会，家长在战争中俘虏敌人，初时将其杀掉，及生产能提供剩余劳动时，才将其变为奴隶（初为家庭劳动），其后为主要劳动，后来本族亦有人降为奴隶者。Engels，*Anti-During*①。

不要将暴力认为奴隶的决定因素，它只起作用而已。

2. 阶级斗争是诸对抗社会中发展的动力。

（1）在社会相对稳定时期（和平发展时期），社会发展的推动力是什么呢？两个基本阶级仍然是对抗的，所以不管在任何时期，阶级斗争都是发展推动力。

（2）资产阶级对封建阶级的斗争是否为资产阶级革命的动力？在法，是的，且资产阶级起领导作用；英，比较迂回曲折，它反封建的彻底性比法差；德，则非革命的了（资产阶级并没有参加革命）。即在法，革命发动亦不能全功归于资产阶级，农民阶级及小生产者群众亦参加，且以农民参加为实现条件。

斗争渗透一切，三个形式：①经济。②政治。③思想。

三种是贯串整个历史时期的，特点突出点不同而已，无产阶级走上政治舞台时，其初皆为经济斗争；但内容不限于这些；且同时亦进行政治（如议会、选举等）斗争，特尚未将"政权"被提出来罢了。思想斗争亦然。

经济斗争对社会发展所起的作用，工作时间、强度等，工具、技术。

---

① 恩格斯《反杜林论》。

必须将斗争推到政治方面，否则资产阶级决不放弃其政权，在政治斗争时亦有经济斗争。

无产阶级专政时，为了巩固政权，还有阶级斗争，因资产阶级被推翻，不等于已消灭。

①组织性。②觉悟性。③党性是巩固无产专政的三个条件，故思想斗争亦甚重要。

S. 亦有斗争。

Ⅱ. ML'ism 论社会革命（过去为一专题，今编入此）

1. 一般理论。

革命为历史飞跃，由一种社会经济形态过渡到另一种更高的社会经济形态。

（1）革命任务：消灭落后生产关系，从经济任务提出政治任务，要完成经济任务必须亦完成政治任务。

（2）在什么条件爆发？①客观条件。②革命形势。整个社会都不能按原有状态维持下去，主观的条件，并应估计到：领导革命力量、组织工作、群众觉悟性、革命热潮等，阶级力量对比等。

历史上几种革命类型（略）。

2. Lenin 革命理论。

（1）从资产阶级民主革命到无产阶级社会主义革命（革命转变论）。

1905 资产民主阶级。

Lenin 将无产阶级和半无产阶级结合到社会主义革命，包括三个问题：①领导权够强大否？②被领导方面，城乡工作做得好未？特别对贫农。③对反动阶级作斗争（资产阶级），同时考虑为什么要马上转变？不停留的转入社会主义革命，因为在帝国主义时期而非资本主义上升时期了，如果停顿便犯罪影响成败。

（2）社会主义革命在一国首先取得胜利学说。

帝国主义各国经济发展不平衡（政治亦不平衡），引起力量对比的不平衡，重新分割世界。

"薄弱环节"，不只是 eco.① 的落后，且指无产阶级的革命力量。

Ⅲ．过渡时期的阶级与阶级斗争

Lenin 论：

"无产阶级专政是无产阶级斗争的继续"，任务是加强阶级斗争来消灭阶级。斗争的焦点：社会主义和资本主义谁战胜谁的问题。根据从社会经济形式来了解：资产阶级、小资产阶级、无产阶级。斗争基本情况：资产阶级不只没消灭，且有国际背景（联盟），与小生产者有连系。无产阶级方面：第一次掌握政权，领导动摇分子，镇压反动分子，有利与不利方面：政权与官僚主义。五种斗争形式：①镇压剥削者反抗。②进行国内战争。③说服、教育，甚至强迫小资产阶级中立。④利用资产阶级专家为我服务。④②

11 月 16 日　星期五

过渡时期是否阶级斗争越来越尖锐？有此可能性，但视主观、客观条件决定：①国内外形势。②党的领导政策、统一战线，对资本家的实际教育政策：耐心与说理、鼓励与批评相结合，"三面包围，网开一面。"

甚至对反革命分子，据罗瑞卿表告，亦采取：严肃与注意的政策，宽大与严厉的方针，故亦不见得越来越尖锐。

第二阶段，阶级面貌的变化：农村方面，中农、贫农皆为劳动农民，富农仍为剥削阶级，但新的富农人数不多。

12 年农业合作化纲要，第 4 条：放弃剥削的富农，允许其入社，入社后，改变成分。

思想斗争中的政治意义：巩固人民民主专政，在经济方面的意义，近日有弃农就商问题。

今天阶级斗争是否也起推动作用呢？是从完成社会主义基础起作用，但阶级斗争已非主要内容。新动力：政治与道德的一致。批评、

---

① 经济上。
② 原稿缺。

自批，乃动力之动力。

Ⅳ．现阶段各资本主义国家的阶级斗争，etc.

基本矛盾——社会主义与资本主义之间的矛盾，无产阶级与垄断资产阶级，和平共处与社会主义要求分不开。

主要矛盾——不一定与基本矛盾等同，因随各时期而有所不同，有时帝国主义之间上升为主要矛盾的地位。

和平共处不是调和矛盾，乃是通过和平竞赛。

第二次世界大战后，矛盾的变化，有利于社会主义，不利于资本主义。

战争与和平的矛盾，贯穿于各国之间。

美国颠覆活动。

英法侵略埃及，纳赛尔"总体战"。

11 月 23 日　星期五

匈牙利问题与波兰问题不同，但为国内问题。

国家与法权，无产阶级专政及其形式

Ⅰ．国家与法律的起源和实质

1．国家与法律的实质和起源。

国家的产生与阶级同时，Lenin：国家是阶级斗争的不可调和的产物。Engels：Origin①。两个规律：①以地区划分来替代血统的划分，随原始公社的瓦解，氏族贵族奴隶主与工商业者的利益是矛盾的，Afghan② 为典型。②公共的权力的设立——暴力机关，冲突——战争，以战争为职业的人，为统治阶级服务。国家，从历史看来，永远为一阶段压迫另一阶段的机器。职能：①对内镇压奴隶。②对外，扩大领土。

资产阶级的三要素说：领土、人口、主权，但将压迫本质故意模糊。

---

① 《家庭私有制和国家的起源》。

② 阿富汗。

2. 法权的起源和实质。

与阶级国家同时。

Engels：原始公社时有一种风俗：血仇报复，初为无限制报仇，由于生产发展，进为"对称报仇"，再发展为赎罪（赔偿）办法，至于已面临原始公社的解体，即为阶级性赔偿，这就是刑事规范的起源。关于民事规范，在 Afghan 亦可看到，欠债可将自由民的土地没收或降为奴隶。

道德为全体遵守，法律则仅为统治阶级意旨上升的表现，以国家之产生为前提，没有暴力、警察、法庭、监狱，没有法律。

3. 国体和政体。

国体即国家的类型、性质，或阶级内容；政体为其形式方面，二者即形式与内容的［矛盾］统一关系。

资产阶级学者皆从形式方面探讨。

历史上并没有全民的国家。

历史上国家有两大类型：①剥削阶级国家：a. 奴隶主国家。b. 封建主国家。c. 资产阶级国家。②新型国家。

国家形式主要包括三内容：

政体（国家形式）：

①治理形式

最高权力机关	君主国	与共和国
a. 是什么	君主	共和
b. 如何产生	世袭	选举
c. 权力如何分配	无限制	宪法规定

新型国家的最高机力机关苏维埃

政体的变更，应从阶级力量对比的变化来说明。

②国家结构——中央与部分（地方）的关系

a. 单一国。

b. 联邦国（国中有国）亦有标志着国家权力的部分。

苏联为新型的，美为旧型的。

苏联为各民族的结构，实行社会主义，故与美不同。

③政治制度（为更重要方面）：采取一定的方式、方法的总和。

a. 民主制—希腊→资产阶级民主（参考 Lenin 定义，进步与虚伪方面）。

b. 独裁制。

资产阶级民主危机为其经济危机的政治表现。

Fascist[①] 不是表现资产阶级力量的壮大，相反地，它削弱下去了，因为它已不能照原来（欺骗）方法统治下去。

美化，与垄断资本。

11 月 30 日　星期五

Ⅱ．ML'ism 的无产阶级专政理论

苏二十大关于无产阶级专政的指示：7（月）2（日）苏共中央发表关于个人崇拜及其后果的决议。

1. 无产阶级专政及苏维埃民主的关系问题。

"革命忍耐"须要将个人利益放在革命利益之下。

在个人崇拜影响下，S. 民主政治本质并没有改变。

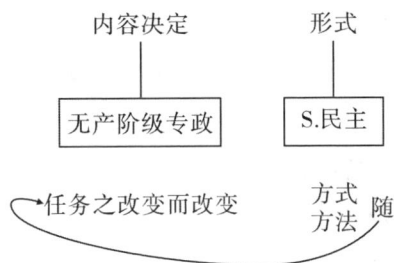

S. 国家职能有两个阶段：

民主不断发展更加完美、完整。暴力起初在国内外敌人夹攻下，比较特出；其后暴力（含有教育、改造意义），Stalin 的悲剧，在"革命的过火"。

---

① 法西斯。

（1）民主不能脱离了专政，孤立地来看。

（2）民主更不能脱离了基础，孤立地来看。

S. 民主特征：①人数最多。②物质内容最丰富。

官僚主义的根源：Foster 说，我党认为：有社会根源、历史根源和思想根源（主观主义）。

2. 无产阶级专政的形式与途径问题。

通过议会达到社会主义，有此可能，但以条件为定：①国际条件，社会主义已成为世界体系。②国内阶级力量对比，工人阶级政治、经济上力量的强大，掌握全国命脉，由可能性转为现实。必须打击机会主义，使无产阶级在议会内占稳定的多数。

Marx：巴黎公社为直接行动，行动管理的类型。

Engels：对《爱尔福特纲领（草案）批判》，"可以用民主共和国的特殊形式"。

专政有种种方式，这一理论有两点作用：①粉碎帝国主义对兄弟国的挑拨、中伤；②标志着各国无产阶级党的成熟。

Ⅲ. 中华人民共和国

1. 中华人民共和国的性质。

决定政权性质的两个条件：

一是阶级、政党、领导（两个时期是同的）。

二是它的历史任务（两个时期是不同的）。

2. 人民民主专政特点：

（1）是一种广泛的阶级联盟。

Lenin：无产阶级联盟是无产者和非无产者、知识分子的联盟，甚至包括社会上"中立"分子，此一思想可惜未在 S. 得到发挥。

12 月 7 日　星期五

（2）以共产党为唯一领导者，且与民主党派长期共存。

阶级联盟与无产阶级专政有无矛盾？没有。

社会主义社会有更高的"民主传统"，其特征为"与人为善"，对资产阶级进行改造。

苏联只有一党，由它的革命历史所决定，在革命过程中，证明其他党皆反革命，为人民所抛弃而破产。

政党是阶级的积极部分。

为了改造资产阶级的思想残余，需要或设立新的机构，或仍利用原有的机构（如民主党派）亦可。阶级虽消灭了，但民主党派仍有其存在的基础不变。关于"互相监督"，党需要接受广大群众的监督，故亦包括民主党派在内。监督什么东西？什么内容？对于党的政策、方针。

长期共存与互相监督是联系的，而非孤独的。

人民民主法治问题：加强国家法制，来巩固社会主义事业，我们的法制是人民性的：①在与旧法制斗争的过程，如司法改革等，目的在摧毁旧法制，树立新的法制观点，故为与人民斗争联系起来的。②从群众路线、实际出发的，是人民创造出来的。以全国发展农业纲要为例。在新条件下，有必要制定一套完美的法律，有哪些法律尚未制定呢？刑法、民法、土地使用法等；有哪些尚未修理完毕，如私营企业管理条例。

有法可守和有法必守，广东各县违法事例，这些都是小资产阶级及无政府主义的表现，且干部亦缺乏经验。

第八题　社会意识及其形态

Ⅰ. 社会存在与社会意识

1. 什么是社会意识？

2. 社会意识的相对独立性及其继承性。

3. 社会意识的反作用。

（1）对社会意识有三种看法：

a. 观点、知识、心理的总称——这是最广义的看法。

b. 关于社会的意识——狭些。

c. 观念的总和（观念形态或思想体系）——最狭。

三者皆有共同的基础，亦有其分歧之点。

三者皆承认：

产生根源
内容来源
决定

社会存在（？）　①物质生活条件（自然条件）
　　　　　　　　——自然
　　　　　　　　②生产方式——将自然科学排除
　　　　　　　　于生产方式之外，因二者并不同。
社会意识　　　③基础

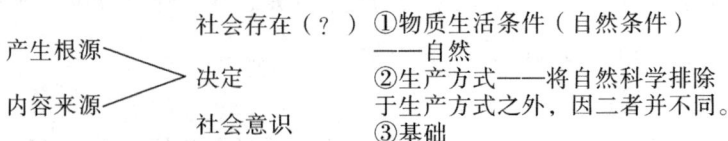

我们赞成 b."关于社会意识"一说的前提（社会存在解释作生产方式），但不赞成无结论，将自然科学排除出去，认自然科学为一种特殊社会意识形态。

（2）社会意识的相当独立性及其继承性。

社会意识当其一产生时，便有其相对的独立性。

12 月 14 日　星期五夜

分论：

Ⅰ. 道德

1. 关于道德的几个理论问题。

道德是一种意识，它规范了人对群众、对阶级、对国家，以及人与人之间的关系的规范、原则、准绳。

（1）永恒的（超历史的）？或历史的？

阶级的？普通妥当的（超阶级的）？

冯友兰：新事论、新世训，"五常是永恒的道德。"

孔子："亦有君子而不仁者矣，未有小人而仁者也。"

程明道将仁看作天体论的一部分。

毛主席论《无产阶级专政》："仁政"是人民内部的民主。如将道德看作有阶级性的，是否会走到道德的相对主义去？

道德是有阶级性的，但也有标准，道德是符合于成熟的［社会］物质任务，既有标准，便不会走到相对主义上去。

共同生活中，起码的行为规范，如整洁、守时、礼貌，是否有阶级性的呢？不然，这是人类长期积累起来的，但这不是主要的道德问题，且这些也不免打上阶级的烙印。

（2）道德的判断。

动机？效果？

动机论主张意志自由，否则损失人类尊严，中国为盛。

效果论者（如 Bentham 功利主义），西洋为盛。

ML'ism：动机与效果统一，统一于：

①只有通过效果，才能看到动机。

实践是真理的，也是善恶的标准。

②真正的善良动机，一定顾及效果。

③在实践中，可能因偶然因素，使得原来动机走了样，怎样办呢？可以减轻道德责任。

道德之产生根源，由于经济条件，故有其必然性，但人的道德行为，亦有其一定的自由（相对的意志自由），效果论陷于宿命论。

一是动机与效果的统一本身就是道德，心口如一，言行如一。

二是动机与效果的统一应有科学预见，使效果有一定保证。

真与善是一致的。

（3）道德的作用。

①道德的决定论。

②道德的无用论。

如只从"道德"的形式来看，而不追究其在阶级斗争中的作用，便得不到真相。

道德通过：①内心意志力。②社会舆论（此为条件）而起作用（和反作用）。

2．共产主义道德。

（1）人与社会的道德关系（集体主义原则）

（2）人与国家的道德关系（爱国主义、国际主义原则）

（3）人与人类的道德关系（社会主义人道主义原则）

集体主义在资本主义社会中已萌芽起来，斗争中成长。

一是集体主义标志着集体与个人利益的统一。

二是集体利益是个人的根本利益的所在（为了整个社会和后代）。

三是个人从物质利益上去关心生产发展（可能有孤军奋斗的情况，但不会是普遍现象）。

两者虽统一，但亦有矛盾，但在社会主义社会，没有对抗性的矛盾，"根本的利益"不等于"一切利益"。

爱国主义与国际主义的统一

12月21日　星期五夜

批评 Tito[①] 演讲。

社会主义的人道主义原则，在生产资料公有的基础上，消灭了人剥削人，在人道主义规范中，有几个具体项目：

1. 对人的尊重，谁也不依附谁。

2. 对人的力量的信任（乐观）。

3. 对人提出严格的要求。

4. 对人的关怀，对充分发展、生活，给予方便的条件。

分论

Ⅱ. 宗教

第一部分　根源和实质

1. 宗教的起源。

考古发掘证明，在 50—100 万年期中，没有宗教的痕迹。约在 10 万年前，Neanthal 人期中（冰河时期劳动条件完全改变了，劳动范围也改变了），才有能力来歪曲地反映世界，发生一种恐惧心理，于是产生了原始宗教，将自然界人格化了，开始崇拜一些认为好的力量（对象）。

具有世界性的宗教，产生不过二千余年。

佛教的产生：在印度奴隶制下，以前曾经有过的种姓恢复了阶级压迫：佛教前的婆罗门教，等级分明。

释迦主张禁绝七情六欲，佛教两个组成部分：①众生平等。②否

---

① 铁托。

定人生。原始佛教没有多少偶像（主要如何否定），及阿育王始有之。

基督教初亦为被奴役的犹太劳动人民，渴想得到从国内及罗马人的压迫下解放出来。参考 Engels。

另一方面，基督教亦没有将社会本质揭发出来。

到 Constantine 大帝时，它已有很大的质变，为统治阶级所利用。

Lenin：宗教的存在，以人的软弱为前提。

宗教有没有现实的因素（或根据）？有。

多元→一元

第二部分　宗教的世界观与无神论的对立

近日教皇庇护十二提倡科学与宗教联盟。

无神论是否定宗教的。

它是随历史发展的，ML 前的无神论，缺点：没有找出宗教的社会根源。

范缜神灭论，缺点：①机械论（完全决定于生产基础：圣、九之分）。②对"鬼"让步（有神、有鬼，人死为鬼）。

共产党对宗教的态度：①党的世界观与宗教决不调和。②认为宗教问题乃社会问题、民族问题，其消灭为历史的过程，不采取命令方式，把宗教当作社会主义革命之一部（分）。宗教的社会根源，为剥削制度。

苏克服宗教的途径：宪法规定人民有信仰和不信仰宗教的自由，实行宗教与政治、与教育分离的原则，但不采放任自由主义。

2．中共党对宗教的原则。

（1）宪法规定，宗教徒在法律前权利、义务都平等，违法者，一律依法制裁。

（2）宗教问题必须与政治问题加以区别：①宗教乃私人问题，但不等于说他可以不进行社会主义改革（即不以宗教决定政治，不能放弃政治原则）。②利用宗教破坏国家利益者，制止。

（3）尊重宗教自由。

12 月 28 日　星期五

分论

Ⅲ．艺术

1．艺术在社会生活中的地位和作用。

①艺术有什么根源使用在社会中占了上层建筑的作用？

②艺术的特点为其他东西所不能替代的，就是美学的实质。

第一部分　艺术是一种上层建筑现象

艺术总是历史地反映现实的（直接反映生产方式），Marx，*Critique of Pol. Eco.* "导论"，经济与艺术发展不平衡的，艺术的体裁和对象亦不平衡，体裁虽多，但对象则一（为人），社会关系的总和为艺术的对象，故不能不为生产方式。

卡马里新论站不住。

艺术有其一定的思想倾向性。

反对庸俗社会学不等于放弃文学艺术的阶级性理论。

第二部分　艺术的美学实质和根源

思想性与艺术性的结合。

美（客观）和美感（主观）的关系。

几个范畴：（美是社会范畴）

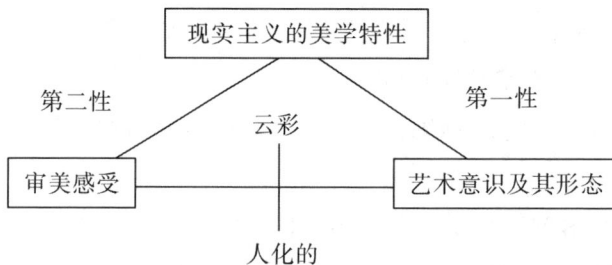

自然物，合乎规律，均匀，和谐，节奏，肯定精。客观性
（不依人的意识而存在）——有人参加（朱光潜说）

Engels：悲剧是历史必然性与现实无法解决的矛盾。

Marx：喜剧——人类在哭声当中送走自己的过去（缺点）。

悲剧、喜剧，皆为艺术范畴。

美是客观的（≒不变的规律），历史地、发展的（但≒相对主义的）。

凡历史上（有一定具体内容）促进进步和发展，有助于人的才能和力量的展开，都是美的。

美感两问题：

（1）反映有正确与不正确之分，有社会根源，如何反映？什么人能正确反映？必为先进阶级。

（2）个别差异（个别性）能否代替阶级性？否。

审美感受必须通过物质过程才能反映现实的美。

艺术意识及其形态

（1）①

（2）审美感受是工作母机、资料室、尚须。

（3）使美感培养得更集中、明确、丰富。

---

① 原稿缺。

附录三 《政治经济学》

（1957 年 2 月至 6 月）

1957 年 2 月 15 日 星期五夜 7 点（第 1 周）

第一题 P. E. ①) 的对象

1. P. E. 乃 M. L. 极其重要的组成部分，三个组成部分（不可分割）：

（1）辩证唯物主义与历史唯物主义。

（2）政治经济学。

（3）科学的社会主义。

2. 什么是 P. E. ？

——专门科学，研究人类社会在不同阶段上物质资料的生产与分配过程的规律。

生产三要素：

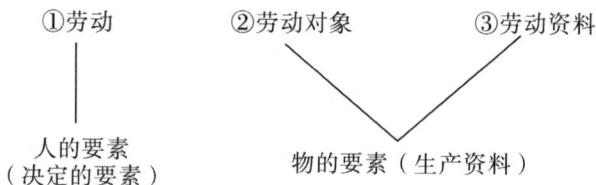

①劳动　②劳动对象　③劳动资料

人的要素（决定的要素）　物的要素（生产资料）

社会物质生产的两方面：生产力（人与自然的关系）与生产关系，两者的统一，名"生产方式"。

（1）生产力最活跃、积极的因素。

（2）有什么生产力便有什么生产关系，生产关系并不是完全消极

---

① 政治经济学英文缩写。

的，它对生产力提出具体的要求，开拓广阔发展场所。

3．社会发展的经济规律及其客观性质。

经济规律是经济现象中经常重复的本质的连系。

（1）特有的经济规律。

（2）共有的经济规律（如"生产关系必须适合生产力的性质"适用于一切社会）。

经济规律与自然规律同为客观的存在，其区别：

（1）经济规律具有历史性，自然规律是长期不变的。

（2）经济规律在阶级社会里被利用时具有一定的阶级背景。

4．P. E. 的对象。

生产可分为：

（1）技术方面（自然科学界属之）。

（2）社会方面——P. E. 不是研究生产，而是研究生产的社会关系——生产的社会组织，包括了生产、分配、交换、消费，四者不可分：生产为消费的起点，生产本身亦为消费，除直接消费以外，社会进步了，须经过分配与交换的过程，生产是最主要的。

Stalin：生产资料的所有制形式的不同决定了社会集团的不同，其社会地位与相互关系均有所不同。

P. E. 的对象：研究生产关系的规律（不只是一个时期的，而且是各个发展不同阶段的规律，故为历史科学）。

5．P. E. 的阶级性和党性。

资产阶级、小资阶级、无产阶级的 P. E. 。

（1）阶级性和党性表现在对不同阶级的无情斗争。

无产阶级没有阶级的局限性，代表全人类的利益。

（2）表现在理论与实践的一致性。

Marx 以前不可能有科学的 P. E. 。

6．为什么我们学习 P. E. ？

（1）巩固、建立革命人生观。

（2）了解当前局势的变化（国际的）。

（3）了解党的政策。

（4）对业务。

2 月 22 日　星期五（第 2 周）

第三题　商品生产、商品和货币

1. 商品生产是资本主义产生的起点和一般特点。

为了市场和出卖而生产、条件：①社会分工。②生产资料与产品分属不同所有者占有。

C. prod.（商品生产，以下缩写为 C. P.）是 Cap.（资本）的起点，Cap. 是 C. P. 的最高形式。

研究 C. P. 的理由：

①在 Cap. 社会中，C. P. 是最普遍的现象，可以重复至一万次。

②在 C. P. 历史来看，C. P. 先于 Cap.，是 Cap. 发生的基础。

③C. P. 是 Cap. 社会生活的细胞——包括 Cap. 一切矛盾的萌芽。

2. C. 及其属性，体现在 C. 中的劳动二重性。

（1）C. P. 的二重性——使用价值与价值。

Stalin 的定义：可以出卖的物品，出卖后失去所有权。

商品是用来交换的劳动产品。

必须满足购买者的需要，故首先要具有使用价值，使用价值是商品的效用——满足人们欲望的效用，对别人的使用价值。

农奴给地主送上门的地租不是商品（虽则有使用价值）。

使用价值是 C. 的物质基础。

商品的第二属性，为交换价值——通过交换而实现的使用价值〔使用价值一切社会都存在，Exch. V.（交换价值）乃历史范畴〕。

Exch. V. 是商品的一定比例及与别的 C. 的属性。首先，是数量上的比例（五斗米 = 1 只山羊）。

不用的 Use V.（使用价值）能够交换，必有其共同的东西——那就是人类的劳动的消耗，后者决定了 C. 的 value. C. V. 凝结在商品中的劳动，使用 V.（价值）是商品的自然属性，Exch. V. 是 C. 的社会属性（你为我劳动，我为你劳动）。交换价值是 V. 的交换形式。

Use V. 是 V. 的承当者。

没有 V. 的东西，可以有 Use V.，如空想。

（2）劳动的二重性——具体 L.（劳动）与抽象 L.

具体 L.：一定目的、形式（工具、对象、方法等）。

抽象 L.：人类劳动的支出，人类一般劳动无差别的（抽出其具体特殊的情况），抽象 L. 亦是一定的历史范畴，在社会主义下，人类一般劳动并不是抽象劳动。

Marx 对于劳动二重性的发现，甚为高兴，写信告诉 Eengles。

（3）简单 C. P. 的基本矛盾——私人劳动与社会劳动的矛盾。

劳动的社会性，在 C. P. 下，只有通过交换才体现出来，卖不出去的劳动只能为私人劳动（卖低了的劳动＝社会劳动与私人劳动的差额）。

3 月 1 日　星期五夜（第 3 周）

表现为具体劳动与抽象劳动的矛盾，使用价值与价值的矛盾，这是私人劳动与社会劳动矛盾的结果。

（4）商品的价值量。

价值是抽象 L. 的结晶。

抽象 L.（人类一般 L. 无差别的）。

价值（凝结结晶在 L. 对象）。

交换价值（是价值的表现形式，价值是 Exch. V. 的基础）。

商品的价值量，由生产这商品的 L. 量来"决定"，L. 量由 L. 时间来"计算"，社会主要劳动时间来计算。

3. 货币的产生与本质　M.（货币）的职能

（1）M. 的产生与本质。

①价值形式的发展——四阶段：

商品并不是一开始使用 M. 来表示的。

甲、简单的或偶然的 V. 形式——第一次社会大分工前。

1 袋麦子（相对 V. 形式）＝1 只山羊（等价形式）

乙、总和的或扩大的形式——第一次社会大分工后。

$$\text{一只山羊}=\begin{cases}1\text{ 袋麦子}\\2\text{ 张弓}\\20\text{ 尺麻布}\\\cdots\cdots\\（\text{且彼此互相换，物物交换商品直接交换}）\end{cases}$$

丙、一般价值形式。第二次社会大分工出现了。将一种商品分离出来，作为一般等价物。

$$\left.\begin{array}{l}1\text{ 袋麦子}\\2\text{ 张弓}\\20\text{ 尺麻布}\end{array}\right\}=1\text{ 只山羊}\left(\begin{array}{l}\text{只有山羊固定为等价物，不是直接交换，}\\\text{乃间接交换}\end{array}\right)$$

这种办法解决了个人劳动与社会劳动（价值）的矛盾，但无法解决且产生了指定等价物的多样性与不稳定性的矛盾。

丁、货币的价值形式（固定在一种贵金属）

$$\left.\begin{array}{l}1\text{ 袋麦子}\\2\text{ 张弓}\\20\text{ 尺麻布}\\1\text{ 只羊}\end{array}\right\}=3\text{ 分黄金}$$

1937 年 6 月至 1948 年 8 月 21 日，法币发行额从 14.1 亿元增至 663 万余亿元，增 47 万倍，同时上海物价指数上涨了 4923 万亿倍，从 8 月（1948）以三百万元对一的比率发行金元券。

M. 的产生是 C. 生产矛盾的结果。

M. 出现后，买与卖可以在不同时间发生，私人劳动不能体现为社会劳动的形式，经济危机已存在了。

M. 的本质：

充当一切商品等价物的商品，是一般等价物。含有一定量的社会劳动，且直接表现为社会劳动，人和人的生产关系，也通过 M. 来计算、鉴定。所以反映了生产关系，剥削手段。

黄金不一定为货币，只有在一定的历史条件下才成为 M.——商品生产到一定程度。

1957 年 3 月 11 日　星期一（补 3.8 妇女节假日）（第 4 周）

（2）货币的职能（根据历史发展的矛盾深化）。

①价值尺度（基本职能）。

②流通手段（商品交换与流通以 M. 为媒介）二者流通是不可分割的，但走相反的道路，当尽此职能时，M. 必须出场；不能以观念的 M. 出场，这是在"价值尺度"下是可能的，块状亦得，不一定非铸不可。

论通货膨胀。

③积累和贮藏手段（积累货币成为积累财富的手段）。

④支付手段（Defened pay'f）。

到了这时期，已为商品经济发展的结果。

⑤世界货币。

4. 价值规律是 C. P. 的经济规律。

商品交换必须与 C. 所消费的社会必须劳动是相适应。这一规律，与生产无政府状态——规律共起作用（私有制为基础论）。

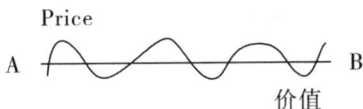

价值规律的实现由于不断地被破坏而得来。

5. 规律的作用。

（1）价值规律对 C. P. 与 C. 流通，起调剂作用。

（2）价值规律刺激 C. P.，改进技术。

（3）价值规律引起小商品生产者的分化。

拜物教是人类自做出来的，而认为超自然而存在。

3月15日　星期五（第5周）

第四题　资本与剩余价值

Ⅰ. 货币变为资本，劳动力成为商品

1. 资本家剥削雇佣劳动的基础是生产资料的资本主义所有制。

资本家和大地主占有生产资料，利用它来剥削一无所有的雇佣劳动，从而得到不劳而获的财产和利润，从而决定了他们统治和被统治的地位和奴隶、封建制的区别：在人身的隶属，超经济的剥削上。

2. 货币变为资本。

C—M—C（最终目的为使用价值，为买而卖）。

M—C—M（流通目的为 M. 所得，为卖而买）。

M—C—M＋m（作为资本的货币）资本的一般公式，上一公式与等价交换规律相矛盾。

3. 劳动力之成为商品。

——是体力与精神力之总和，存在于活人的身上，应用时产生使用价值。

劳动力成为商品之条件：①劳动者在人格上是自由的。②他必须丧失一切生产资料和生活资料。

商品 LP（劳动力）的价值与商品 LP 的使用价值。

人是 LP 的担当者。

LP 的价值是由养活工人及其家庭所必需的生活资料（包括教育训练费用）的价值所决定。每一个国家不同，除文化、技术之外，工人斗争力量的大小亦起作用。

通常劳动者多以低于价值的代价出卖，但 Marx 假定劳动者得其全部价值为前提。

劳动力在使用过程中不但没有消灭（如一般商品一样），且具有增值的能力。

劳动力的价值与劳动力所创造的价值是不同的。

Ⅱ. SP. V.（剩余劳动价值）的生产是 Caps.（资本主义生产过

程）的基本经济规律。

1. SP. V. 的生产过程和资本家占有 SP. V.。

资本主义的生产过程是劳动过程（使用价值）与价值增值过程（价值——抽象劳动）的统一。

资本主义生产二重性。

M（8）—C（5）—Mm

M—C（13）　　　　　　　8 元—旧（物化劳动）

C（10）—M（18）　　　　　10 元—新创造

　　　　　　　　　　　　资本家给工人 5 元

　　　　　　　　　　　　8 + 5 = 13，18 – 13 = 5（M）

3 月 22 日　星期五（第 6 周）

经济规律与基本 eco. 规律——后者表现在某一生产方式的主要方面和发展路线——其本质。

封建社会不是追求 SP. V.，而由领主的胃纳来决定，Cap. 社会追求 SP. V. 永无止境。

Marx：SP. V. 是 Capit. 生产方式的绝对规律。

Singer's（个人）和四马分肥、定息。

Ⅲ. 资本的本质。不变资本与可变资本。

资本是一种社会关系，capitalists（资本家）和工人阶级的生产关系。

资本的本质不是物，它的物质形式如厂房、机器等等只有在一定条件下（雇用劳动）才具有资本职能。

（1）资本不是物，它只是社会生产关系的物质担当者（采取物质的外壳）。

资本不可与生产资料相混。

（2）Marx 根据劳动二重性来区分可变与不变 C。C + V + M

劳动是 V. 的源泉，生产资料是生产的必要的条件。

（3）SP. V. 率与 SP. V. 量。

$$10C + 3V + 3M = 16 \text{ 元}$$

$$\frac{3M}{3V} = 100\%$$

SP. V. 量 $= 3V \times 100\% = 3$ 元

Ⅳ. 提高剥削程度的两种方法，绝对 SP. V. 与相对 SP. V.

（1）延长劳动时间——绝对 SP. V. 的方法。

必要劳动时间 + 剩余劳动时间

工作日 + 小时

（2）提高劳动生产率，缩短必要劳动时间——相对 SP. V. 方法。

对个别生产者言（如其生产条件特别有利），则有额外 SP. V. 的产生。

此外，资本家亦可用增加劳动强度来实现绝对剩余价值（Marx 不承认这是相对 SP. V. 的范畴）。

资本阶级与劳动阶级的阶级斗争——互相联系、互相对立，此外尚有农民阶级（小商品生产者）存在，这一批人天天分化。

3月29日　星期五（第7周）

Ⅴ. Cap. Sytem（资本主义系统）下，工资的本质与实际工资的下降

1. 工资的实质。

工资是劳动力价值与价格的转化形式。

表面上似为劳动的价值或价格（聊斋"画皮"故事）。

工资掩盖了 Cap. 的剥削制度及其虚伪性、欺骗性。

劳动创造价值，但本身无价值，不能买卖，理由有三：

（1）假如劳动有价值，那是由什么决定的呢？（循环论证）——背理的同义反复。

（2）在 Cap. 下，商品是以等价交换，如劳动有价值，便不能说明 SP. V. 的产生。

（3）假如劳动是商品，则商品在出卖前是存在的，但劳动在出卖前是不存在的。

2. 工资的基本形式。

（1）计时与

（2）计件

另有血汗工资

3. 实际工资的下降。

理由：

（1）劳动力是商品，受价值法则的支配（供求关系决定），长期看来，劳动量的需要相对降低了。

（2）劳动简单化，大量引用童工与女工。

（3）Cap. 危机扩大，设备开工不足。

此外，如 money 贬值等。

$$\text{wages（工资）}\begin{cases}\text{min. income} & \text{生理限度}\\ \text{max. income} & \text{劳动力价值}\end{cases}$$

第五题　资本积累与无产阶级贫困化

Ⅰ. Cap. 的简单再生产

1. 生产与再生产。

任何再生产包括两要素：①物质的兼人的。②一定的历史条件下，原有生产关系的类型及其继续、重复。

2. Cap. 的简单再生产。

生产在原有规模上的重复。

资本家垫借工资理论之驳倒，是工人垫借给资本家。

Ⅱ. Cap. 的扩大再生产

生产在扩大规模上的更新，它以 Cap. 积累为前提，剩余 V. 是资本积累的泉源。

Cap. 积累的动机：不管愿意与否，都要这样做，理由：①利润的追求（资本家是资本的人格化，唯利是图）。②竞争面前的恐怖。

资本有机构成、技术构成、Cap. 的价值构成以技术构成为基础。

4 月 2 日　星期二夜（第 8 周）

随着技术提高，不变 C. 相对增多，可变 C. 相对减少，是谓 C.

有机构成的提高。

Ⅲ. 资本的积累和集中

1. 集中的方法：①竞争。②信用（将社会上现有货币资本集中到银行或大资本家手中，结果大大打击了中小资本家）。

积累与集中有密切关系。

2. C. 积累与产业后备军的形成。

有机构成提高，机器代替了工人工作，增加了中小资本家的破产、失业。

相对过剩人口形成了产业后备军，威胁了在业工人的生活水平。三种形式：①波动的人口过剩（工业中心地方）。②潜在的人口过剩（农业的）半失业、半就业。③停滞的人口过剩（就业不规则，丧失技能、流氓、娼妓）。

对 Malthus 1798 年出版人口论的批判：人口过剩是自然的、绝对的规律。

Engels 致 Koutskey 书（《学习译丛》第三册）。

Ⅳ. 资本主义积累的一般规律

1. 在一端 Cap. 在积累，另一端无产阶级日益贫困、痛苦，这是 Cap. 积累的绝对规律，这是 Cap. 基本规律（剩余价值）的具体表现。

2. 工人阶级的绝对、相对贫困化。

绝对贫困化：生活水平直接下降：①工资下降。②失业的扩大与持久。③伤亡事故。④食、住条件恶化。

3. 对资产阶级辩护者的批判。

Bernotein 否认绝对贫困化理论，且以为改进了。

Ⅴ. 资本主义积累的历史趋势

资本主义的基本矛盾（生产社会性和生产成果私人占有）尖锐化一方面见发展生产力，另方面造成自己的掘墓人（无产阶级）。

4 月 12 日　星期五　在厦大，缺课

4 月 19 日　星期五

二、商业利润及其来源

1. 商业资本是为产业资本流通的服务资本。

甲、资本主义前的商业资本以小生产者为剥削对象。商人以中介人出现，他们买贱卖贵，通过奴隶主、领主间接地剥削奴隶、农奴，投机性甚为浓厚。

资本主义时期，Com'l cap.（商业资本）成为产业 cap. 中的独立部门，在流通中为后者服务，产业 cap. 的运动采取三种形式：

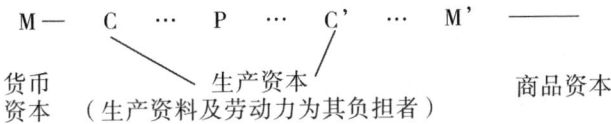

$$M \underset{\substack{\text{货币}\\\text{资本}}}{\quad} C \underset{\substack{\text{（生产资料及劳动力为其负担者）}}}{\cdots \quad} P \underset{\text{生产资本}}{\cdots} C' \cdots M' \underset{\text{商品资本}}{\quad}$$

随着产业 cap. 发达，Com'l cap. 分离出来了，条件：

（1）市场距离日远，生产时间愈长。

（2）商品流通复杂化，变动大，会计等设备日趋完备，只好分工。

商业资本的运动形式：

M—C—M′

2. Com'l 利润是剩余价值的一部分。

Com'l 利润是产业资本家拨给商业资本 CmP. V. 的一部分，它以低于商品价值出卖商品给 Com'l 资本家。

900 社会总产业资本

720C + 180V + 180M（= 1080）

$$P' = \frac{180}{900} = 20\%$$

$$\frac{180}{900 + 100} = 18\%$$

720C + 180V + 162 = 1062，产业资本家利润 180 − 162 = 18 ⎱利润

1080 − 1062 = 18 商业资本家利润 ⎰平均化

C + V + 企业利润 + 商业利润

3. Com'l 资本在资本主义矛盾中所起尖锐化的作用。

加强经济危机、延长和扩大危机。

剥削劳动人民，使 Cap. Countries 矛盾增强。

三、借贷利息及其来源

1. 借贷资本是资本主义下的生息资本，它是货币资本所有者为了取得一定报酬而暂时出贷的资本。

由高利贷资本转变为借贷资本的过程：前者可以高过平均利润率，产业资本家与高利贷者进行斗争，用闲置资金自设银行。

借贷 Cap. 是产业 Cap. 的独立部分。

2. 借贷利息的本质。

借贷利息是 SP. V. 形式之一。

首先表现为资本家剥削劳动者的关系，但非直接剥削，故表现为两种资本家之间的关系，于此，生产的血汗与资本的所有者已非一人，作为财产的资本与职能资本已分了家。

3. 借贷利息率下降的趋势。

利息率是平均利润率的一部分，不能高于后者，也不低于零。利息率的高低，决定于供求关系。

利息率往往与利润率的升降不在同时（非正比例的），利息率与利润率不是直接地关联。

（1）由于资本有机构成不断提高，不变资本增加，可变资本减少，所以利润和利息都下降。

（2）由供求方面，亦可说明利率不断下降。

四、地租与资本主义在农业中的发展

1. 资本主义地租及其形式。

甲、资本主义土地所有制是资本主义地租的基础

资本主义地租是与资本主义农业的发展过程分不开的，两条路：

（1）普鲁士道路——以地主经济为主，德、日、意，进程甚慢。

（2）美国式——资本主义经营方式，美、法，初为小农，后分化

为大农。在 Cap. 下的地租农业资本家对农业劳动工人的剥削，为平均利润以上的差额部分（与封建时期取去全部不同）。

地租与租金不同。

地租纯粹指土地所有权的报酬制度。

2. 级差地租与绝对地租（前者是土地经营的资本主义垄断所产生，后者是土地私有权垄断所产生）。

5 月 3 日　星期五

（上星期学习"再论"及"人民内部矛盾"）

级差地租：

（1）农业中超过平均利润的余额（"额外利润"），——由〔土地〕肥沃、距离市场远近等生产条件不同，工业中额外利润与农业中的额外利润不同：①前者为暂时性的，且资本可无限制投入；后者是相对的、经常性的，由于天然条件得来的，不可能由资本创造出来……土地是有限的，由于已租出去，不可能再由另一资本家来经营。②"土地经营的垄断"，使得生产物的生产价格由劣等地的生产条件来决定；工业生产物价格由中等的、平均的生产条件来决定，人口日增对食物的需要，从优等地不能得到完全满足。

（2）级差地租的两种形态。

第一形态——肥沃，与市场距离（土地不同；同量资本投入）。

第二形态——在同一土地上，资本连续投入为前提，这类收入多与集约耕种相连系，与前一收入多以新垦地为限者不同；这时已表现资本主义经营有更进一步的发展。

（3）对报酬递减说的批判

在技术不变条件下，投资有效率有一定限度，不独农业收入为然，故不是农业的普遍规律。

绝对地租：

在谷物价格不断提高之下，劣等土地亦有地租。

农业资本的有机构成比工业资本的为低（即 V 较大），这是绝对地租的来源。

农产品价格＝劣等土地生产费用＋绝对地租。

所有的耕地，都带有绝对地租。

只有中等、优等地，才有级差地租（苏联只有后者，无前者）。

3. 资本主义在农业中发展的特点：

（1）资本主义在农业生产积聚。

大生产比小生产占绝对优势。

资本主义的发展，使小农不断分化。

Bernotein Kautskey，等倡"小农巩固"谬论，结果使工农联盟不可能。

资本主义大农经营沿着集约化走，不是扩大面积，说明了对农民剥削更加残酷。

（2）城乡对立的加深。

农业落后于工业，城乡对立趋尖锐，是资本主义农业生产的特征，皆由土地私有而来。

城统治乡通过不等价交换来进行剥削。

（3）农村贫富化与阶级斗争。

第七题　社会资本的再生产与经济危机

这是 Cap. 生产方式的终点与总结。

Ⅰ．个别资本的再生产与社会资本的再生产

1. 社会资本。

是互相连系、互为条件、全体个别资本的总体（不是数学总和，乃有机体连系）。

5 月 10 日　星期五下

M（货币资本）—C（生产资本）—P⋯M′（商品资本）—C′（按：应作 M—C⋯P⋯C′—M′）

C＋V＋M

8C＋4V＋4M

①价值补偿。②物质补偿。两者都要注意到，这是讨论社会资本所应注意的，——与个别资本不同。

从社会总产品来看，包括：①价值形态。②物质形态［千千万万使用价值，可分为生产资料（第一部类）与生活资料（第二部类）两大类］。

$I\,C + I\,V + I\,M = I\,(C + V + M)$

$II\,C + II\,V + II\,M = II\,(C + V + M)$

Ⅱ. 社会资本的简单再生产与扩大再生产的实现条件

1. 资本主义简单再生产的实现条件。

$I\,(5000)\quad 4,000C + 1,000V + 1,000M = 6,000$（全部商品价值）

$II\,(2500)\quad 2,000C + 500V + 500M = 3,000$（全部产品价值）

$I\,(V + M) = II\,C$（资本主义简单再生产的实现条件）

$I\,(V + M) > II\,C$（资本主义扩大再生产的实现条件）

$I\quad$同上 $(4,000C + 1,000V + 1,000M)\begin{cases}500M_1\\500M_2\begin{cases}400MC\\100MV\end{cases}\end{cases}$

$II\quad 1,500C + 750V + 750M$

$4,000C + 400MC + 1,000V + 100MV + 500M = 6,000$

$I\quad 4,400C + 1,100V + 500M = 6,000$

$II\quad 1,500C + 750V + 750M\begin{cases}600M_1\\150M_2\begin{cases}100MC\\50MV\end{cases}\end{cases}$

第Ⅱ部由第Ⅰ部决定。

$II\quad 1,500C + 100MC + 750V + 50MV + 600M = 3,000$

$1,600C + 800V + 600M = 3,000$

$I\,(1,100V + 500M) = II\,1,600C$

$I\,(V + M) > II\,C\,(1,500)$

以上公式，Marx 假定 $C : V = 4 : 1$，乃为了简单说明起见，原有缺点，已在 Capital. vol Ⅲ 提到，但修正主义者企图用此来说明资本主义之可以永远存在，Leninism 指出 Organic Composition（有机竞争）是不断提高的。

生产资料的优先增长是扩大再生产的经济规律，不只在资本主义社会为然，社会主义社会亦然。

Ⅲ. 资本主义社会的国民收入的分配（V + M = 国民收入）

国民收入（第一次分配）：工资、利润（利息）、地租。

国民收入（再一次分配）：官吏、演员、牧师、教师等等，他们通过国家预算或服务费（如理发师）方式取得。

国家预算基本上为资本家服务；租税公债则由劳动人民负担。

病缺课一次

5 月 24 日　星期五

第十题　帝国主义

1. 生产的积聚和垄断。

（1）帝国主义的准备时期——19 世纪后 30 年（准备物质条件）。

Cantel（卡特尔）自 1873 年后已有相当势力，1900—1903 年随经济危机之出现，已成为领导的地位，为垄断前和垄断时代的分界线。

（2）帝国主义五个特征。

（3）垄断的必然性，生产积聚和资本积聚必然引至垄断。

（4）垄断组织及其形式：

①Cantel——标准价格、限卖期、限量等（同一部门中）。

②Syndicat（辛迪加）——通过总办事处分配买卖——即失去买卖独立，但生产独立仍保留。

③Trust（托拉斯）——个别资本已合并了，组织总管理部。

④Combinat（康采恩）——由分工有关系的企业合并起来。

⑤参与制。

垄断价格是获得高额垄断利润的基本手段之一。

用高关税政策维持垄断价格。

倾销政策。

Marx：全部垄断价格与非垄断价格之总和等于全部价值。

垄断价格改变了代用品的限制。

（5）垄断资本主义下的竞争更加强了，形式：

①垄断组织内部的竞争。

②垄断组织之间的竞争。

③垄断组织与非垄断组织间的竞争。

2．财政资本和财政寡头。

（1）银行资本的积聚和集中使得少数银行取得垄断地位。

（2）银行的新作用，由简单的中介人变为可能的垄断者。

5月31日　星期五夜

短期贷款时，仅为借贷关系；长期贷款，则企业与银行之关系趋密切，通过"参与制度"种种方法，后者控制了前者。

（3）财政资本的形成与财政寡头的统治形式：

①财政资本是混合成长起来的银行垄断和工业垄断的资本，生产积聚过程中的垄断组织，保证垄断利润。

②财政寡头是少数上中层的金融统治巨头，每个康采恩用"参与制度"控制别人大量资本，对国家政权的支配。

（4）第二次世界大战后财政寡头反动作用的加强。

3．资本输出。

（1）资本输出是 Imp.（帝国主义）典型特征之一，它的可能性与必要性：一是殖民地及落后国家存在，故可能。二是 Cap. 在少数国家已成熟透了，故必要，因平均利润率下降。

（2）资本输出是保证高额垄断利润的手段之一。

（3）资本输出的形式与后果。

①生产资本的输出
②借贷资本的输出形式 } 形式

a. 输出 Cap. 国发生某种停滞现象，Imp. 国家发展更不平衡。

b. 加速输入国 Cap. 关系的发展，并使其受奴役与掠夺。 ⎫ 后果

c. Imp. 之间矛盾日益尖锐 ⎭

（4）第二次大战后资本输出的特点。

6月7日　星期五夜

a. 国家资本输出为主，以前以私人资本输出为主。

b. 有强烈的反动的军事化政治的目的，干涉别国内政。

c. 英法亦为美帝的投资对象。

4. 世界的 eco. 分割和领土分割及其为重新分割的斗争。

帝国主义的殖民体系。

（1）国际垄断组织从经济上瓜分世界。

越出国界的垄断同盟，——价格提高，划分市场，规定生产规模，Lenin："超垄断阶段"。

国际垄断的形式：1931 年 300 余个，采取国际 Cantel 形式（不是 Trust），Cartel agreement，保守技术秘密。

目的为保证高额垄断利润。

列强对旧中国的 eco. 分割。

各国垄断组织间斗争尖锐化，英美争夺橡胶、石油（美亦缺锡、锰、黄麻、羊毛等）。

（2）领土瓜分完毕及为重新分割世界的斗争。

领土瓜分经常以经济瓜分为基础。

1867 年殖民地分割完毕。

1886 年英法德经济地位上起基本变化——法降为第三位。

1900 年德工业已超过英。

两次大战后，当今世界主要矛盾为英美矛盾。

战争和国民 eco. 军事化，给垄断组织带来高额利润，吞并小企业，甚至可以不依赖国内购买力。

（3）帝国主义的殖民体系。

后者为前者发展必然的结果，且亦为前者不可缺少的组成部分，不可与罗马帝国时期的殖民地相混。

它的新作用：

a. 原料产地。

b. 宗主国商品的销售市场。

c. 投资场所。

d. 超经济收入的泉源。

e. 战略基地。

保证高额垄断利润的方法：

a. 奴役和掠夺。

b. 种族歧视（压低工资，威胁白人降低工资）。

殖民地解放斗争：

5. 帝国主义时代资本主义基本经济规律的作用。

剩余价值规律在整个资本主义社会发生作用，但形式上有所改变：前垄断时期，平均利润；垄断时期，高额垄断利润；前者通过自由竞争发生作用；后者通过垄断统治（人为价格，etc.）起作用。

6月14日　星期五下

第十一题　帝国主义的历史地位

Ⅰ. Imp. 是垄断的 Cap.

垄断代替了自由竞争，生产的积聚和集中产生了垄断。

1. 实质——见上。

2. 垄断的四种形式：①经济的垄断 Cantel、Trust，康采恩，Syndicat。②银行的垄断（财政寡头）金融。③原料的垄断。④殖民的垄断（独占殖民地）。

垄断资本主义发展为国家垄断资本主义——国家政权机关与财政寡头结合。

3. 生产的社会化与私人所有制的矛盾尖锐化。

Ⅱ. Imp. 是寄生的腐朽的 Cap.

1. 寄生性表现在生产技术的进步被阻碍了，但不是绝对的停滞，Stalin 说错了，L. 没错。Khrushorv（赫鲁晓夫）说有四个原因：①军事订货。②美、英、法等市场扩大了，日、德等退出。③固定资本大量更新。④加强对工人剥削，降低人民生活水平，将未来购买力提走。

2. 腐朽性——非生产消费的增长和军国主义化。

3. 腐朽性——剪息票人数增多，"食利国"。

4. 腐朽性——工人运动中机会主义的形成。

政治上全面反动，农业日益落后等。

Ⅲ. Imp. 的垂死性——是社会主义革命的前夜

1. 劳动与资本之间之

2. 帝国主义者之间的 ⎫ 矛盾——故尖锐化起来。

3. 殖民地与 Imp. 之间的 ⎭

Ⅳ. Imp. 时代 Cap. 发展不平衡的规律

eco. 和 pol.（帝国主义经济政治发展）发展不平衡是 Cap. 的绝对规律，这一规律在 lmp. 时代作用加强了。

旧工业国与新工业国的发展速度不同，后者很快追上前者，力量的对比及其国际地位也改变了。

帝国主义最弱的一环可能被冲破，造成社会主义可能首先在一国取得胜利。

Kaustskey "超帝国论" Trust 联合组织。

6 月 21 日　星期五下

第十二题　资本主义总危机

Ⅰ. Cap. 总危机的本质

1. 是世界 Cap. 体系中既包括经济也包括政治的全面危机，是世界整个体系的、经济及政治的。

2. 主要特征：

（1）基本特征——世界分为两种制度——死亡着的 Cap. 对强大

的 Sociation.（社会主义）。

（2）殖民地体系的瓦解。

（3）市场问题尖锐化，生产设备经常闲置，失业常备军扩大。

3．Cap. 生产周期的变化——生产过剩更频繁、扩大了。例如1929—1933 年，将生产力破坏了三分之一。

4．第一次世界大战和 Cap. 总危机的第一阶段。

第一次世界大战至第二次 world war 以前为第一阶段，其特征为出现了苏联；世界分为两大体系，十月革命后，殖民地革命才有前途，否则，不堪设想。在殖民地内造成民族资产阶级及知识分子，有了 ML'ism. 领导，加深了殖民地的危机，市场和投资问题尖锐化了。

Ⅱ．第二次世界大战后总危机的加深（第二阶段）

特征：

1．欧亚许多国家（中国在内）已脱离了 Cap. 体系，社会主义阵营的形成（人口占世界三分之一，土地四分之一），国民经济计划的互相配合。

2．世界市场的瓦解——两个市场平衡发展，两条经济路线：民主阵营内是平等的，工作母机比英美便宜30％－60％。

欧洲共同市场（西德、比、意、荷、卢森堡、比等六国），关税同盟、资本和劳动力交流，废除贸易管制。

欧洲自由贸易区（英及其自治领土等）。

美国

3．殖民地体系瓦解，变成民主阵营的后备力量。

Cap. 发展不平衡的加强。

美生产发展速度赶不上德、日及法。

以争取世界霸权为目的。

军事化增强。